Daten mit Raspberry Pi
im Netz speichern und visualisieren

1. Auflage 2023

Umschlaggestaltung: Elektor, Aachen

Satz und Aufmachung: Udo Brandes
Druck: Ipskamp Printing, Enschede, Niederlande

ISBN 978-3-89576-580-3 Print
ISBN 978-3-89576-581-0 eBook

Elektor-Verlag GmbH, Aachen
www.elektor.de

Daten mit Raspberry Pi im Netz speichern und visualisieren

Datenbankmodelle und -software für Elektronik-Anwendungen

Udo Brandes

Hinweis: Alle Angaben in diesem Buch wurden vom Autor mit größter Sorgfalt erarbeitet bzw. zusammen gestellt. Trotzdem sind Fehler nicht gänzlich auszuschließen. Der Autor sieht sich deshalb in der Pflicht darauf hinzuweisen, dass er weder eine Garantie noch die juristische Verantwortung oder irgendeine Haftung für Folgen, die auf fehlerhafte Angaben zurückgehen, übernehmen kann.

Die in dem Buch angegebenen Gebrauchsnamen, Handelsnamen, Warenbezeichnungen usw. können auch ohne besondere Kennzeichnung Marken sein und als solche den gesetzlichen Regelungen unterliegen.

Für die Mitteilung etwaiger Fehler ist der Autor jedoch dankbar. Sie erreichen ihn unter brandes.iot@gmx.de. Internetadressen oder Versionnummern stellen den bei Bucherstellung verfügbaren Informationsstand dar. Der Autor übernimmt keine Verantwortung oder Haftung für Veränderungen, die sich aus von ihm nicht zu vertretenden Umständen ergeben. Zum Download angebotene Dateien und Informationen dienen ausschließlich privaten Zwecken.

Einleitung

Der Raspberry Pi ist eine rasante Erfolgsgeschichte. Seit der Markteinführung in 2012 hat sich der Einplatinencomputer in der Maker- und Technikszene etabliert und ist belastbare Basis einer Vielzahl von Anwendungen. Seine Energieeffizienz und ein reiches Spektrum quelloffener Software sichert ihm einen sicheren Platz auch bei der Speicherung von Daten und deren grafische Aufbereitung lokal oder im World-Wide-Web (WWW).

Dieses Buch stellt verschiedene Datenbankmodelle und diverse Datenbanksoftware vor. Es zeigt darüber hinaus ausgewählte Ansätze, gespeicherte Daten anzuzeigen und zu verwalten. Ein eigener Abschnitt ist sowohl der SSL-Verschlüsselung der Verbindung als auch dem Betrieb von Servern im WWW gewidmet.

Für wen das Buch gedacht ist

Das Buch richtet sich an alle,

- die neugierig sind und gerne die Möglichkeiten des Raspberry Pi‘s ausloten möchten,
- die einen Einstieg in das Management von Daten mit Datenbanken suchen,
- die mit einfachen Mitteln schnell loslegen möchten,
- die Alternativen aufgezeigt bekommen möchten,
- die in komprimierter Form Tipps für eigene Entwicklungen suchen,
- die Freude am eigenen Entwickeln und Realisieren haben.

Das Buch kann aber an keiner Stelle die Möglichkeiten der jeweiligen Programmpakete vollständig und in aller Breite diskutieren. Dies würde den Umfang dieses Buches gleich mehrfach sprengen, denn selbst Open-Source-Programme bieten aktuell eine solche Fülle von Optionen, dass jedes Programm für sich ein eigenes Buch wert ist.

Voraussetzungen

Programmierkenntnisse und Erfahrungen in der Installation von Software sind nicht erforderlich, da jeder einzelne Schritt detailliert beschrieben und mit Screenshots visuell unterlegt ist.

Der Inhalt dieses Buchs

Die Kapitel dieses Buches stehen im Grund für sich und bilden keine linear abzuarbeitende Folge. An geeigneter Stelle verweisen Referenzen auf weiter führende Abschnitte.

- **Den Raspberry Pi aufsetzen**

  In aller Kürze geht es um das Aufsetzen und Einrichten des Betriebssystems.

- **Daten speichern**

  Dieses Kapitel gibt einen kleinen Einblick in Verfahren der Datenspeicherung

- **InfluxDB**

  Kern dieses Kapitels ist die Datenbank InfluxDB

- **MariaDB**

  Gegenstand ist die SQL-Datenbank MariaDB

- **SQLite**

  Dieses Kapitel stellt eine SQL-Datenbank-Alternative vor

- **Telegraf / Chronograf / Kapacitor**

  Kern ist im Wesentlichen das Softwarepaket Telegraf, das Daten für die InfluxDB sammelt

- **Grafana**

  Dieses Kapitel zeigt einen Einstieg in die Visualisierung von Daten mit Grafana

- **MQTT**

  An dieser Stelle geht es um einen Einstieg in das Protokoll MQTT.

- **Das Netz und der Raspberry PI**

  Dieses Kapitel befasst sich mit der Anbindung des Raspberry Pi an das heimische und externe Netz und führt in die Verschlüsselung des Datenverkehrs ein

- **Apache**

  Gegenstand ist der Aufbau eines Webservers

- **PHP**

  An dieser Stelle geht es darum, PHP zugänglich zu machen.

- **Node-RED**

  Gegenstand ist beispielhaft der Einsatz von Node-RED im Zusammenhang mit verschiedenen Datenbanken

- **Systemadministration über das WEB**

  Gegenstand ist, wie Sie Ihre Server über das Web administrieren können

- **Docker**

  Hier geht es um einen Einblick in die Verwaltung von Diensten mit Docker

Besondere Schriftarten

Verschiedene Objekte werden in von einer im üblichen Text abweichenden Schriftart dargestellt:

- ***Begriffe*** sind in blauer Kursivschrift fett hervorgehoben
- `Code-Zeilen` sind in nicht proportionaler Schrift dargestellt
- Dateipfade und -namen besitzen eine graue Schriftfarbe
- `Konsolenbefehle` sind rot
- Tastaturbefehle wie **Strg+V** sind grün
- unter einem ***Screenelement*** ist eine mit der Maus auswählbare Bildschirmschaltfläche zu verstehen

Noch zwei dringende Bitten vorab

Manche Dinge lassen sich mit englischen Begriffen besser beschreiben als mit deutschen. Sehen Sie mir bitte das Pendeln zwischen den beiden Sprachen und ein gewisses Denglisch nach.

Wichtiger noch ist, dass die Verhältnisse rund den Raspberry Pi und seine Software einer unglaublich rasanten Entwicklung unterliegen. Dinge die gestern noch nicht möglich waren, bereiten heute vielleicht keine Schwierigkeiten mehr oder funktionieren morgen in einem völlig anderen Zusammenhang. Verdammen sie deshalb nicht den Autor, sondern geben Sie bitte entsprechende Hinweise, damit künftige Auflagen des Buches entsprechend aktualisiert werden können.

Vielen herzlichen Dank

Udo Brandes

Inhaltsverzeichnis

1 Raspberry Pi aufsetzen 11

1.1 Installation 11

1.2 Einstellungen anpassen 14

1.3 Hilfreiche Tools 15

1.3.1 Windows PowerShell 15
1.3.2 Ergänzende Software aufspielen 16
1.3.3 Secure Copy (SCP) 18
1.3.4 Log2RAM 18
1.3.5 SD Karte klonen 20
1.3.6 Den SD-Kartenspeicherplatz beobachten 22

2 Daten speichern 25

2.1 Sequentielle Speichermedien 26

2.2 Datenbanken 28

2.3 Beispieldaten für Datenbanken 30

3 InfluxDB 32

3.1 Das Datenbankkonzept 32

3.1.1 Anforderungen an das Datenbankmanagement einer TSDB 33
3.1.2 Datenbankkonzept / -aufbau 33

3.2 Installation InfluxDB 2.x 35

3.3 Zugriffswege auf die InfluxDB 39

3.4 Mit der InfluxDB arbeiten (Einstieg)....43
3.5 Daten speichern....44
3.6 Daten abrufen mit dem Data Explorer....48
3.7 Notebooks....59
3.8 Dashboards....60
3.9 Tasks....62
3.10 Warnungen....64
3.11 Daten löschen / die Datenbank „sauber“ halten....65
3.12 Die InfluxDB-API....66
Flux query request an den /api/v2/query-Endpoint....66
Query 1.x compatibility API....66
Daten mit Hilfe einer Client-Library speichern....67
3.13 InfluxDB administrieren....68
3.13.1 Das Datenbankschema anzeigen....68
3.13.2 API-Token....70
3.13.3 Verwaltung von «Organisation»....71
3.13.4 Buckets verwalten anlegen....71
3.13.5 Benutzerverwaltung....74
3.13.6 TLS konfigurieren....74
3.13.7 Die Datenbank sichern und wieder herstellen....75
3.13.8 Scrapers....76
4 MariaDB Server....78
4.1 Was ist eine relationale Datenbank?....78
4.2 Datenbankkonzept / -aufbau....80
4.3 Installation....81
4.4 MariaDB administrieren....84
4.4.1 Weitere Benutzer einrichten....85
4.4.2 Die Datenbank sichern und wieder herstellen....86
4.4.3 SSL....87
4.5 Mit MariaDB arbeiten....92
4.5.1 Eine Datenbank anlegen....92
4.5.2 Eine Tabelle anlegen....93
4.5.3 Datensätze (Tupel, Reihen) einfügen, ändern und löschen....94
5 SQLite....98
5.1 Datenbankkonzept / -aufbau....99

5.2 Installation......99
5.3 SQLite administrieren......99
5.3.1 Die Datenbank sichern und wieder herstellen......99
5.3.2 SSL......101
5.3.3 phpLiteAdmin......101
5.4 SQLite nutzen......101
5.4.1 Eine Datenbank anlegen......101
5.4.2 Eine Tabelle anlegen......102
5.4.3 Datensätze einfügen, ändern und löschen......104
6 MongoDB......107
6.1 Was ist eine Dokument orientierte Datenbank?......107
6.2 Datenbankkonzept / -aufbau......107
6.3 MongoDB auf dem Raspberry Pi......109
7 Telegraf / Chronograf / Kapacitor......110
7.1 Telegraf......111
7.2 Chronograf......117
7.3 Kapacitor......117
8 Grafana......118
8.1 Installation......119
8.2 Grafana administrieren......121
8.2.1 Grafana CLI......121
8.2.2 Anonymen Zugriff erlauben......121
8.2.3 Benutzer-Signup......121
8.2.4 Weitere Grafana Nutzer zulassen......121
8.3 Erstmalige Anmeldung in einem Browser......123
8.4 Anzeigen der Telegraf-Systemdaten......124
8.5 Warnmeldungen einrichten......134
8.6 Grafana versus InfluxDB UI Dashboard (Chronograf)......143
8.7 Grafana und MySQL-Daten......144
8.8 SSL für Grafana......148
8.8.1 Grafana mit SSL......148
8.8.2 SSL für den TIG-Stack......149
9 MQTT / Mosquitto......151

9.1 MQTT 151
9.2 Installation 152
9.3 Mosquitto mit Passwort absichern 153
9.4 Mosquitto testen 154
9.5 Mosquitto TLS / SSL 155

10 Das „Netz“ und der Raspberry PI 157
10.1 Verbindung mit dem heimischen Netz 157
10.2 Verbindung mit dem Internet 157
10.2.1 Das Domain Name System 158
10.2.2 Die eigene Domain 161
10.2.3 Das Dynamic Domain Name System 161
10.3 Der VPN-Tunnel 184
10.4 TLS / SSL 187
10.4.1 Die HTTPS-Verbindung und der -Verbindungsaufbau 188
10.4.2 Das Erstellen von Verschlüsselungs-Zertifikaten 189
10.4.3 Selbst-signiertes Zertifikat mit openssl 190
10.4.4 Privat signierte Zertifikate mit openssl 193
10.4.5 Zertifikate mit Let's Encrypt 196

11 Apache 197
11.1 Installation 197
11.2 Apache nutzen 197
11.3 TLS / SSL 198

12 PHP (7.4) 204
12.1 Installation 205
12.2 PHP nutzen 205

13 Node-RED 207
13.1 Installation 207
13.2 Node-RED administrieren 210
13.2.1 Passwortschutz einrichten 210
13.2.2 Verbindung über SSL / TSL 212
13.3 Node-RED nutzen 212
13.4 InfluxDB und Node-RED 216

13.5 MariaDB und Node-RED....222
13.6 SQLite und Node-RED....229

14 Systemadministration über das Web....237
14.1 Cockpit....237
14.1.1 Installation....237
14.1.2 Cockpit nutzen....238
14.1.3 Cockpit mit SSL....240
14.2 Webmin....241
14.2.1 Installation....241
14.2.2 Webmin nutzen....243
14.3 Webmin versus Cockpit....244

15 Docker....245
15.1 Installation und Test....246
15.2 Mosquitto in Docker ausführen....255
15.3 InfluxDB in Docker ausführen....257
15.4 Telegraf in Docker ausführen....260
15.5 Grafana in Docker ausführen....264
15.6 Node-RED in Docker ausführen....265
15.7 Portainer....266
15.8 Docker Compose....271

Anlage....275

Stichwortverzeichnis....278

1 Raspberry Pi aufsetzen

Dieses Kapitel beschreibt in aller gebotenen Kürze das Aufsetzen eines Raspberry Pi's. Es geht nicht ohne!

1.1 Installation

Dreh und Angelpunkt der Installation ist das Präparieren einer SD-Karte mit dem Betriebssystem. Dafür bieten sich zwei Wege an:

- durch den Raspberry-Pi-Imager
- über eine .zip-Datei

Mit dem Raspberry-Pi-Imager

Der Raspberry-Pi-Imager ist ein einfaches und komfortables Werkzeug, Raspberry OS oder andere Betriebssysteme auf eine SD-Karte zu packen. An Bord ist sogar eine Formater für SD-Karten. Es gibt ihn für Windows, MacOS und Ubuntu.

Laden Sie den Installer für den Imager entsprechend Ihres Betriebssystems herunter (https://www.raspberrypi.org/software/); starten Sie ihn und beantworten Sie die Konfigurationsfragen (z.B. kein Icon, Installationsort C:\Programm(X86)). Rufen Sie das Tool direkt aus dem Installationsprozess auf, damit Sie zum Auswahlbildschirm gelangen (vgl. Abbildung 1).

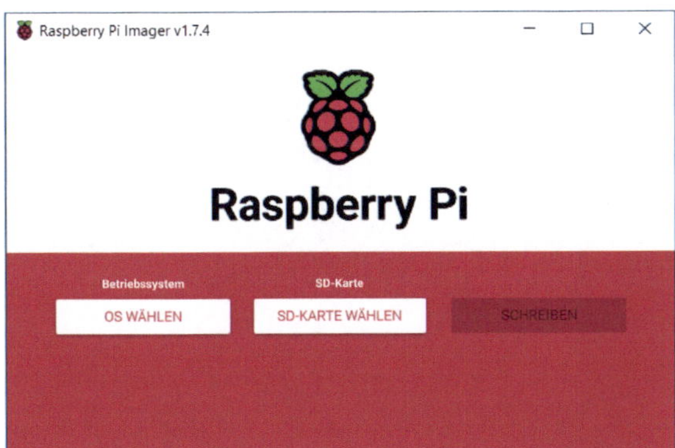

Abb. 1: Raspberry-Pi-Imager Auswahlbildschirm

Wählen Sie das Betriebssystem (vgl. Abbildung 2).

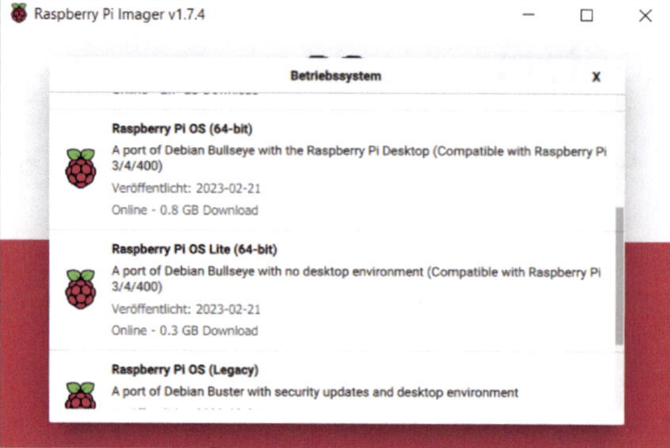

Abb. 2: Raspberry-Pi-Imager Betriebssysteme

Die Beispiele dieses Buches beruhen durchgängig auf «Raspberry Pi OS (64-bit) Bullseye» (***Raspberry Pi OS (other)***).

Legen Sie das SD-Karten-Gerät fest (vgl. Abbildung 3).

Abb. 3: Raspberry-Pi-Imager SD-Karten-Gerät

Klicken Sie anschließend auf ***Schreiben***. Der Vorgang sollte mit einer Erfolgsmeldung schließen (hier für eine 32-bit-Version; vgl. Abbildung 4).

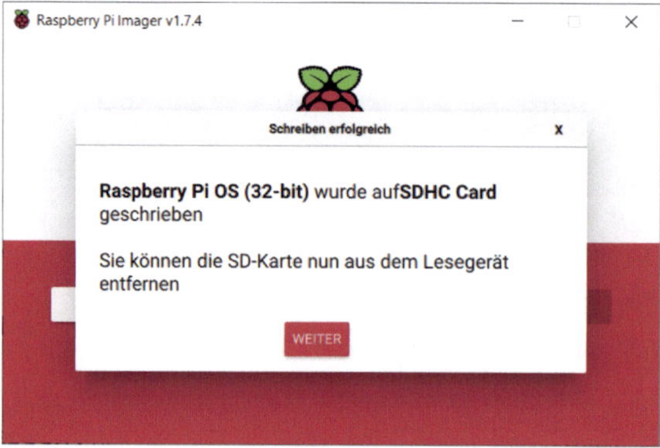

Abb. 4: Raspberry-Pi-Imager Raspberry Pi OS geschrieben

Manuell

Suchen Sie die Seite https://www.raspberrypi.org/software/ auf und gehen Sie dann über *Software → See all download options* weiter. Wählen Sie die Desktop-Version und klicken Sie auf Download (vgl. Abbildung 5).

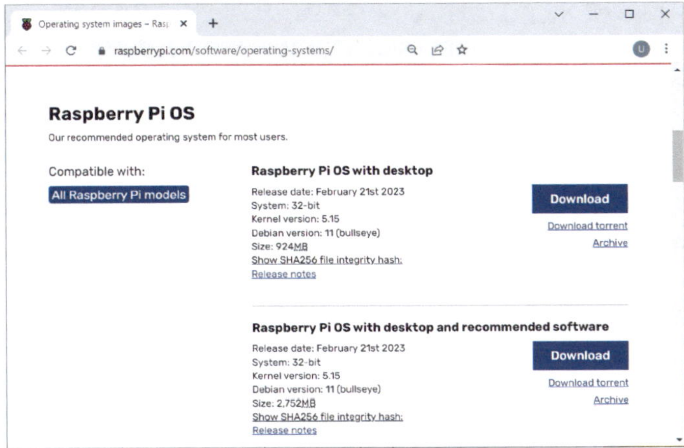

Abb. 5: Raspberry Pi OS Download

In Ihrem Download-Ordner befindet sich eine .zip-Datei, die Sie im nächsten Schritt entpacken. Ihnen liegt nun eine .img-Datei vor (z.B. 2021-01-11-raspios-buster-armhf-full.img), die Sie mit einem geeigneten Tool (z.B. Win32DiskImager) auf die SD-Karte transferieren können.

Geben Sie in einem Terminal

```
cat /etc/os-release
```

ein, wenn Sie sich bei einem installierten Betriebs-System die Version angezeigt bekommen möchten (vgl. Abbildung 6).

```
pi@raspberrypi:~ $ cat /etc/os-release
PRETTY_NAME="Debian GNU/Linux 11 (bullseye)"
NAME="Debian GNU/Linux"
VERSION_ID="11"
VERSION="11 (bullseye)"
VERSION_CODENAME=bullseye
ID=debian
HOME_URL="https://www.debian.org/"
SUPPORT_URL="https://www.debian.org/support"
BUG_REPORT_URL="https://bugs.debian.org/"
pi@raspberrypi:~ $
```

Abb. 6: Raspberry Pi OS Download

Die Bit-Größe des Kernels erhalten Sie mit:

```
getconf LONG_BIT
```

Die Ausgabe sollte hier 64 sein.

Anmerkung: 32-Bit versus 64-Bit-System

Seit Anfang 2022 ist das Standard-Betriebssystem für den Raspberry Pi (Raspberry-Pi-OS) auch als 64-Bit-Variante verfügbar. Damit stellt sich die Frage, welche Variante zum Einsatz kommen soll. Es gibt einen Benchmarktest (https://openbenchmarking.org/result/2202058-NE-RASPBERRY79&sgm=1) der klare Vorteile bei dem 64-Bit System sieht (auch wenn dies in der Praxis kaum augenfällig ist). Hinzu kommt, dass bei den meisten Linux-Distributionen 64 Bit inzwischen Standard sind. In der Folge gilt dies auch für die auf dem Betriebssystem eingesetzte Software.

Ein klares Votum für die 32-Bit-Variante ist nur dann gegeben, wenn zwingend benötigte Software nicht in einer 64-Bit-Umgebeung läuft.

1.2 Einstellungen anpassen

Überprüfen und passen Sie ggf. noch ein paar Einstellungen an (***Pi-Icon → Einstellungen → Raspberry-Pi-Konfiguration***).

- Passwort (***System→ Passwort ändern***): Das Standardpasswort „raspberry“ verursacht spätestens dann erhebliche Sicherheitslücken, wenn Sie Ihren Raspberry Pi im WWW betreiben.
- Hostname (***System***); ein eindeutiger Hostname erleichtert spätestens beim Betrieb mehrerer Geräte eine zutreffende Zuordnung und Identifikation.
- Display (***System→ Display Auflösung***): ändern Sie hier Einstellungen entsprechend Ihres bevorzugt eingesetzten Bildschirms.
- Schnittstellen (***System→ Schnittstellen***): aktivieren Sie benötigte Schnittstellen (z.B. SSH, VNC, Serial Console, etc.).
- Sprachumgebung (***Lokalisierung → Sprachumgebung festlegen***)
- Zeitzone (***Lokalisierung → Zeitzone festlegen***)
- Netzwerk: Die Netzwerkeinstellungen können Sie jederzeit ergänzen bzw. ändern. Klicken Sie auf das Icon mit dem Doppelpfeil in der Kopfleiste und wählen Sie das Netzwerk (vgl. Abbildung 7).

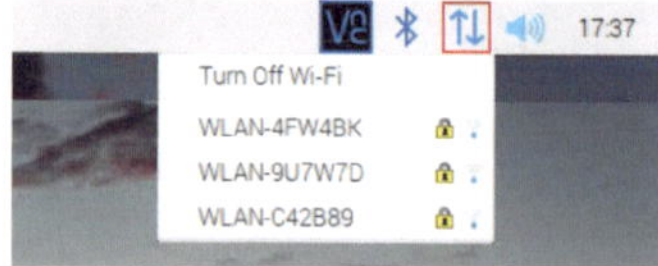

Abb. 7: Netzwerk auswählen

Ergänzen Sie das Passwort.

- Software Update: führen Sie im Terminal eine Aktualisierung der Software durch (`sudo apt-get update`).

`uname -a` zeigt Ihnen die Kenndaten (Hostname, Kernelversion, etc.) des installierten Systems an (vgl. Abbildung 8 bzw. Abbildung 9).

```
pi@raspberrypi:~ $ uname -a
Linux raspberrypi 5.15.84-v8+ #1613 SMP PREEMPT Thu Jan 5 12:03:08 GMT 2023 aarch64 GNU/Linux
pi@raspberrypi:~ $
```

Abb. 8: Ausgabe uname Raspberry Pi OS 64-Bit

```
pi@raspberrypi:~ $ uname -a
Linux raspberrypi 5.15.84-v7+ #1613 SMP Thu Jan 5 11:59:48 GMT 2023 armv7l GNU/Linux
pi@raspberrypi:~ $
```

Abb. 9: Ausgabe uname Raspberry Pi OS 32-Bit

Das Kommando `lsb_release` informiert Sie über ihre Linux Distribution (`-i` = Distribution ID z.B. Debian; `-c` = Codename der Distribution z.B. bullseye) :

```
echo $(lsb_release -si)
echo $(lsb_release -sc)
```

Ziehen Sie sich eine Sicherheitskopie des Erstzustandes, wie auch im Übrigen ein regelmäßiges Erstellen von Backup-Images hilft auf definierte (und funktionieren) Zustände zurückzugreifen.

1.3 Hilfreiche Tools

Eigentlich ist der Raspberry Pi mit der Anpassung der Einstellungen umfassend einsetzbar. Das eine oder andere Tool erleichtert jedoch den täglichen Betrieb oder sogar das Aufspielen ganzer Softwarepakte. In Diesem Abschnitt möchte ich Ihnen ein paar Werkzeuge hierfür vorstellen.

1.3.1 Windows PowerShell

Windows PowerShell ist ein plattformübergreifendes Framework von Microsoft zur Automatisierung, Konfiguration und Verwaltung von Systemen, bestehend aus einem Kommandozeileninterpreter sowie einer Skriptsprache.

Die Windows PowerShell gibt es in unterschiedlichen Versionen (vgl. Abbildung 10).

Abb. 10: Windows PowerShell Versionen

Öffnen Sie die erste der Alternativen (*Windows Menü → Alle Programme → Windows-Power-Shell → Windows PowerShell*). Das Kommando für den Verbindungsaufbau ist `ssh`; hinzu kommt der Benutzername und die IP-Adresse bzw. der Rechnername Ihres Raspberry Pi's.

```
ssh pi@192.168.178.215
```

Es folgt noch die Aufforderung zur Eingabe des Passwortes. Bei erfolgreichem Verbindungsaufbau sind Sie im Home-Verzeichnis von „pi" (vgl. Abbildung 11).

```
Windows PowerShell
Copyright (C) Microsoft Corporation. Alle Rechte vorbehalten.

Lernen Sie das neue plattformübergreifende PowerShell kennen - https://aka.ms/pscore6

PS C:\Users\udobr_ockvj9c> ssh pi@192.168.178.215
pi@192.168.178.215's password:
Linux pi4 5.4.51-v7+ #1333 SMP Mon Aug 10 16:45:19 BST 2020 armv7l

The programs included with the Debian GNU/Linux system are free software;
the exact distribution terms for each program are described in the
Linux pi4 5.4.51-v7+ #1333 SMP Mon Aug 10 16:45:19 BST 2020 armv7l

The programs included with the Debian GNU/Linux system are free software;
the exact distribution terms for each program are described in the
individual files in /usr/share/doc/*/copyright.

Debian GNU/Linux comes with ABSOLUTELY NO WARRANTY, to the extent
permitted by applicable law.
Web console: https://pi4:9090/ or https://192.168.178.215:9090/

Last login: Thu Jan 28 13:27:56 2021 from 192.168.178.21

SSH is enabled and the default password for the 'pi' user has not been changed.
This is a security risk - please login as the 'pi' user and type 'passwd' to set a new password.

pi@pi4:~ $
```

Abb. 11: Windows PowerShell Versionen

1.3.2 Ergänzende Software aufspielen

Auf https://tech.scargill.net/the-script/ befindet sich die Beschreibung eines Skriptes, das auswahlgesteuert die Installation vieler Softwarepakete wie z.B. InfluxDB, Apache vornimmt. Einige dieser Pakete kommen auch in den folgenden Kapiteln zur Anwendung. Öffnen Sie ein Terminal und holen Sie sich das Skript mit (vgl. Abbildung 12):

```
wget https://bitbucket.org/api/2.0/snippets/scargill/kAR5qG/master/files/script.sh
```

```
pi@raspberrypi: ~
Datei  Bearbeiten  Reiter  Hilfe
pi@raspberrypi:~ $ wget https://bitbucket.org/api/2.0/snippets/scargill/kAR5qG/master/files/script.sh
--2023-03-12 07:32:41--  https://bitbucket.org/api/2.0/snippets/scargill/kAR5qG/master/files/script.sh
Auflösen des Hostnamens bitbucket.org (bitbucket.org)… 104.192.141.1, 2406:da00:ff00::3403:4be7, 2406:da00:ff00::22c0:3470
, ...
Verbindungsaufbau zu bitbucket.org (bitbucket.org)|104.192.141.1|:443 … verbunden.
HTTP-Anforderung gesendet, auf Antwort wird gewartet … 200 OK
Länge: 65836 (64K) [text/plain]
Wird in »script.sh« gespeichert.

script.sh           100%[===================>]  64,29K   231KB/s    in 0,3s

2023-03-12 07:32:42 (231 KB/s) - »script.sh« gespeichert [65836/65836]

pi@raspberrypi:~ $
```

Abb. 12: Download Scargills-Skript

Führen Sie das Skript aus; hierzu müssen Sie die Datei ggf. noch ausführbar machen (***Eigenschaften → Berechtigungen → Ausführen***):

```
./script.sh
```

Aktivieren oder deaktivieren Sie einzelne Punkte durch Betätigen der Leerzeichen-Taste und setzen Sie den Installationsvorgang mit **TAB → ENTER** (von `<ok>`) in Gang (Ausführung 32-Bit Betriebssystem vgl. Abbildung 13).

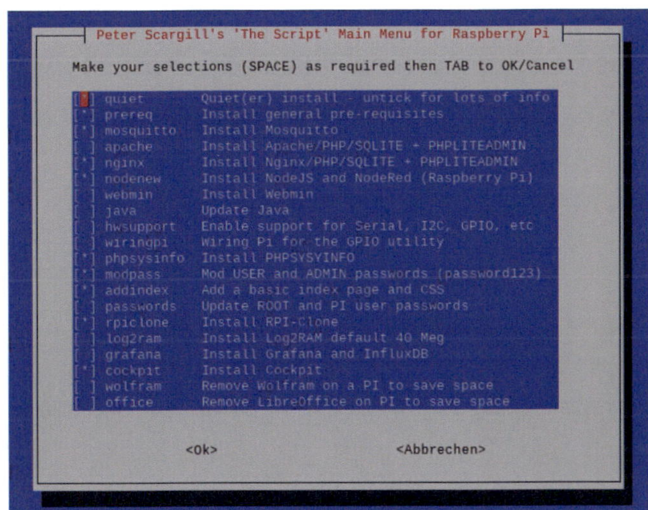

Abb. 13: Scargills-Skript ausführen

Die Installation dauert eine ganze Weile (bis zu mehr als einer Stunde).

Anmerkung: skriptgeführte versus manuelle Installation

Die skriptgeführte Installation ist vom Grunde eine feine Sache. Nachteilig ist, dass das Geschehen auf den Vorstellungen des Programmierers des Skriptes beruht. Eine m.E. vielleicht sinnvollere Option ist, die erstmalige

Installation von Paketen manuell vorzunehmen und das Skript als Blaupause und Anregung für spätere automatisierte Vorgänge zu nutzen.

1.3.3 Secure Copy (SCP)

Secure Copy (abgekürzt SCP) ist ein Protokoll sowie ein Programm zur verschlüsselten Übertragung von Daten zwischen zwei Computern über ein Rechnernetz. Umständlicher Datentransfer mit USB-Stick oder dergleichen sind damit obsolet.

Das folgende Kommando kopiert die Datei script.sh vom Raspberry Pi in das aktuelle Verzeichnis. Die IP-Adresse ist die Adresse des Raspberry Pi‘s in Ihrem lokalen Netz. Das nachfolgende Beispiel (vgl. Abbildung 14) holt die Datei script.sh.

```
scp pi@192.168.178.215:/home/pi/script.sh script.sh
```

```
Microsoft Windows [Version 10.0.19041.685]
(c) 2020 Microsoft Corporation. Alle Rechte vorbehalten.

C:\Users\udobr_ockvj9c>scp pi@192.168.178.215:/home/pi/script.sh script.sh
pi@192.168.178.215's password:
script.sh                                          100%   59KB 319.0KB/s   00:00

C:\Users\udobr_ockvj9c>
```

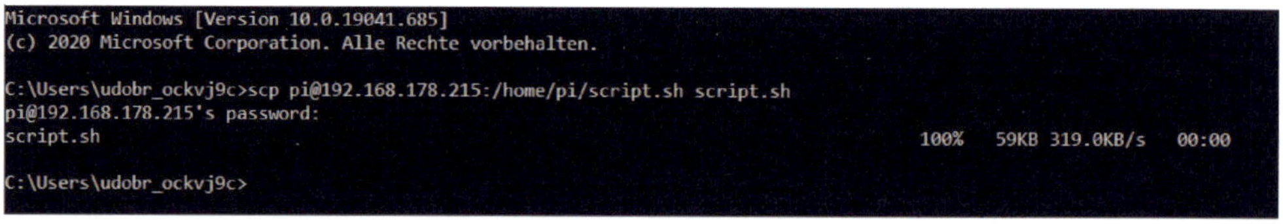

Abb. 14: Datei mit SCP transferieren

Passwort ist das Passwort des Benutzers pi (nach Installation: raspberry).

Selbstverständlich funktioniert der Upload auch von Ihrem Rechner auf den Raspberry Pi.

```
scp test.sh pi@192.168.178.215:
```

1.3.4 Log2RAM

Ein wichtiger Baustein eines Raspberry Pi's ist die SD-Karte. Aktuell verwendet der Raspberry Pi standardmäßig eine Micro-SD-Karte als Speichergerät für jedwede Daten. Dies beinhaltet nicht nur das Betriebssystem selbst sondern auch die Daten oder die Datenbanken der Anwendungen. Jeder Speichervorgang löst dabei das Flashen eines Speicherblocks aus.

Jeder FLASH-Block kann jedoch nur eine begrenzte Anzahl von Schreibvorgängen verkraften. Bestimmende Faktoren sind Herstellungsgüte und Speicherzellentechnologie (MLC-NAND-Chips 100.000 Schreibvorgänge / SLC-NAND-Chips 1.000.000). Ist ein Speicherblock abgenutzt und steht deshalb nicht mehr zur Verfügung, weist das System zum „Verschleißausgleich" einen neuen Flash-Block zu. Im Laufe der Zeit sind jedoch keine freien Blöcke mehr vorhanden, sodass das System ausfällt.

Logging-Vorgänge produzieren häufig eine besonders hohe Last an Speichervorgängen mit der Folge, dass das Speichermedium schneller altert. Glücklicherweise sind unter Linux standardmäßig alle Protokolldateien in einem gemeinsamen Verzeichnis /var/log auf der lokalen Festplatte (der SD-Karte beim Raspberry Pi) gespeichert. Der Speicherort diese Dateien lässt sich ändern und so auch in das RAM verlegen. Hier greift ***Log2Ram***.

Die Software erstellt per Skript einen /var/log-Einhängepunkt im RAM. Das Schreiben von Protokolldaten in den Ordner /var/log erfolgt also nicht mehr auf die Festplatte, sondern direkt in den Arbeitsspeicher. Standardmäßig startet dann der CRON jeden Tag eine Synchronisierung des Arbeitsspeichers mit dem Ordner auf der physischen Festplatte. Eine Synchronisierung ist auch im Falle eines geregelten Herunterfahrens des Computers sicher gestellt. Dies gilt nicht für eine Systemcrash; dann sind leider auch mutmaßlich oder tatsächlich wertvolle Logging-Informationen verloren.

Log2RAM installieren

Die Installation erfolgt in wenigen Schritten.

1. das Skript besorgen

   Öffnen Sie ein Terminal und klonen Sie das GitHUB-Repository:

   ```
   git clone https://github.com/azlux/log2ram.git
   ```

2. installieren

   Wechseln Sie in das Verzeichnis, in das das Repository geklont wurde:

   ```
   cd log2ram
   ```

   Machen Sie die Installationsdatei install.sh ausführbar:

   ```
   chmod +x install.sh
   ```

   Rufen Sie schließlich das Installationsskript auf:

   ```
   sudo ./install.sh
   ```

3. Reboot

   Führen Sie einen Reboot durch, damit Log2Ram wirksam wird.

Überprüfen Sie mithilfe des `df`-Kommandos, ob Log2Ram funktioniert. Danach sollte /var/log im Dateisystem als log2ram eingehängt sein (vgl. Abbildung 15).

```
pi@pi4:~ $ df -h
Dateisystem     Größe Benutzt Verf. Verw% Eingehängt auf
/dev/root        7,1G    5,7G  1,1G   85% /
devtmpfs         431M       0  431M    0% /dev
tmpfs            463M       0  463M    0% /dev/shm
tmpfs            463M    6,6M  457M    2% /run
tmpfs            5,0M    4,0K  5,0M    1% /run/lock
tmpfs            463M       0  463M    0% /sys/fs/cgroup
/dev/mmcblk0p1   253M     54M  199M   22% /boot
log2ram           40M     23M   18M   56% /var/log
tmpfs             93M       0   93M    0% /run/user/1000
pi@pi4:~ $
```

Abb. 15: Log2RAM Einhängepunkte

Sofern Sie nicht später auf das uninstall-Skript zurück greifen möchten, können Sie den Installationsordner log2ram nach der Installation löschen.

Log2RAM konfigurieren

Über die Datei /etc/log2ram.conf bietet Log2Ram drei Konfigurationsparameter:

- `SIZE`: definiert die Größe, die der Protokollordner im RAM reserviert (Standard ist 40 MB).
- `MAIL`: deaktiviert Systemfehlermeldungen, wenn nicht genügend Speicherplatz im RAM vorhanden ist (`MAIL=false`).
- `PATH_DISK`: Aktivieren Sie Log2Ram für einen anderen als den Standardpfad. Pfade sollten mit „;“ getrennt werden.

Standardmäßig schreibt Log2Ram jeden Tag auf die Festplatte. Sie können dieses ändern. Geben Sie als Kommando ein:

```
sudo systemctl edit log2ram-daily.timer
```

Fügen Sie dann folgende Zeilen ein:

```
[Timer]
OnCalendar = weekly
```

1.3.5 SD Karte klonen

Es empfiehlt sich sehr, regelmäßige Sicherungen der ***SD Karte*** anzulegen. Ein einfacher Weg ist das Klonen der SD Karte. Hierzu benötigen Sie einen ***USB-Card-Adapter*** (vgl. Abbildung 16) und natürlich eine weitere SD Karte.

Abb. 16: USB-SD-Card-Adapter

Das Klonen geht denkbar einfach.

1. Dateisystem erweitern

   Stelle Sie sicher, dass das Dateisystem auf die ganze SD Karte erweitert ist (`sudo raspi-config`: ***Advanced Options → Enlarge Filesystem*** (vgl. Abbildung 17).

   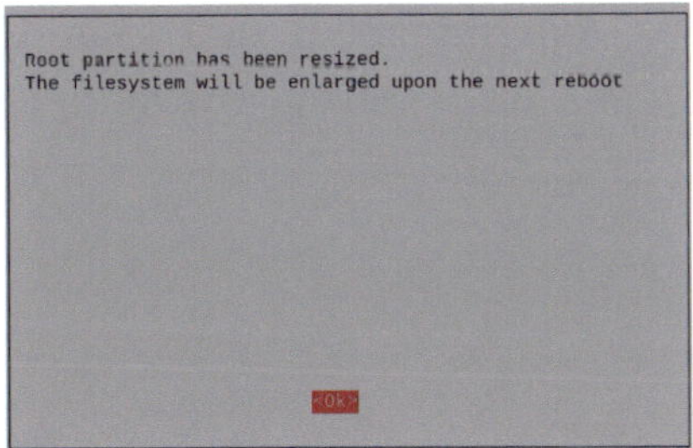

   Abb. 17: SD Karte klonen raspi-config Erweiterung Dateisystem

   Führen Sie den Reboot aus.

2. SD Karte formatieren

   Formatieren Sie Ihre Ziel SD Karte neu (z.B. mit dem ***SD Card Formatter***).

3. SD Karte klonen

   Stecken Sie nun den SD-Kartenleser mit der SD Karte in einen USB-Port. Raspbian OS registriert einen neuen Wechseldatenträger (vgl. Abbildung 18).

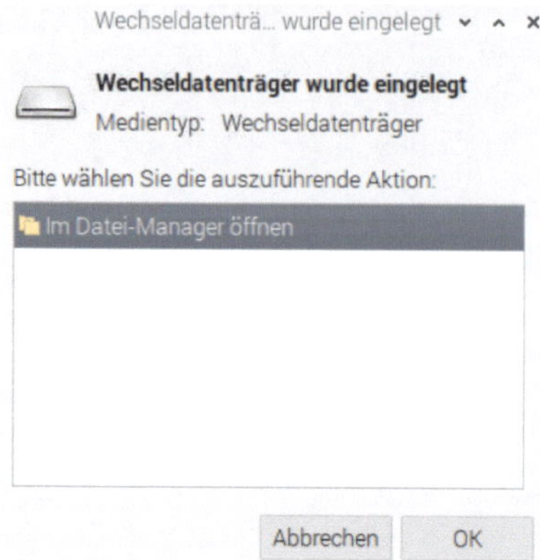

Abb. 18: SD Karte klonen Wechseldatenträger eingelegt

Schließen Sie die Meldung und Rufen Sie den SD Card Kopierer auf (***Menu → Zubehör → SD Card Copier***). Wählen Sie für eine Sicherung bei "Von Gerät kopieren" das Gerät /dev/mmcblk0 und "Auf Gerät kopieren" das USB-SD-Card-Adapter als Gerät /dev/sda (vgl. Abbildung 19).

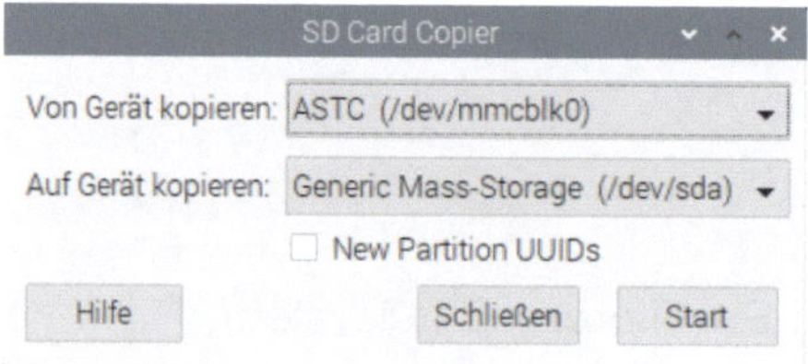

Abb. 19: SD Card Copier

Start setzt das Kopieren der Partitionen in Gang. Der Vorgang benötigt insgesamt jedoch seine Zeit

Das Verfahren eignet sich auch dann und insbesondere vorzüglich, das Speichermedium zu verkleinern; das heißt den Inhalt einer größeren Speicherkarte auf eine kleinere zu transferieren. Dies setzt natürlich voraus, dass die Empfänger-SD-Karte groß genug ist, die Daten aufzunehmen.

1.3.6 Den SD-Kartenspeicherplatz beobachten

Im Laufe des Betriebs sammelt sich auf der SD-Karte eine Vielzahl von Daten an; seien es Log-Dateien, Datenbanken oder Daten installierter Programme. Verschaffen Sie sich einen groben Überblick über den insgesamt verfügbaren und den freien Speicherplatz der SD-Karte. Unter Linux zeigt das Tool "df" (für disk free) den gesamten, den belegten und den freien Speicherplatz von Laufwerken an. Die Angaben erfolgen in kByte. Leichter lesbar (gerundete Werte) erhalten Sie mit dem zusätzlichen Parameter `-h` (vgl. Abbildung 20).

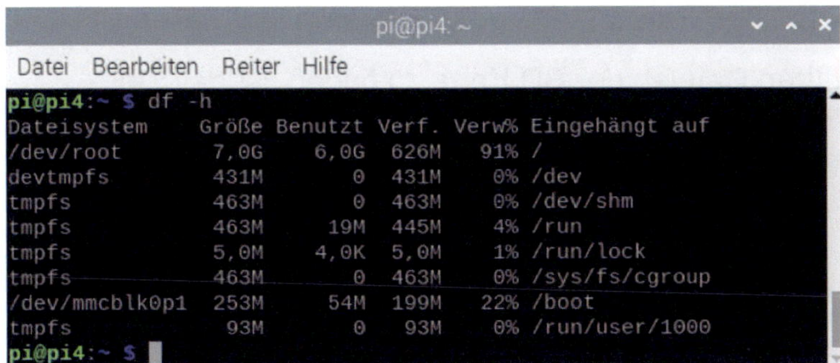

```
pi@pi4:~ $ df -h
Dateisystem     Größe Benutzt Verf. Verw% Eingehängt auf
/dev/root        7,0G    6,0G  626M   91% /
devtmpfs         431M       0  431M    0% /dev
tmpfs            463M       0  463M    0% /dev/shm
tmpfs            463M     19M  445M    4% /run
tmpfs            5,0M    4,0K  5,0M    1% /run/lock
tmpfs            463M       0  463M    0% /sys/fs/cgroup
/dev/mmcblk0p1   253M     54M  199M   22% /boot
tmpfs             93M       0   93M    0% /run/user/1000
pi@pi4:~ $
```

Abb. 20: Freier und belegter Speicherplatz SD-Karte

Hilfreich ist in der Folge dann auch, welches die größten „Speicherfresser" sind. Diese Informationen liefert das Kommando `du` (disc usage). Eine Weiterbearbeitung des Ergebnisses mit Folgeanweisungen ergibt dann eine verwertbare Übersicht (vgl. Abbildung 21):

```
du -a . | sort -n -r | head -n 5
```

```
pi@pi4:~ $ du -a . | sort -n -r | head -n 5
du: das Verzeichnis './.dbus' kann nicht gelesen werden: Keine Berechtigung
448064  .
168080  ./.node-red
167208  ./.node-red/node_modules
83996   ./.npm
83984   ./.npm/_cacache
pi@pi4:~ $
```

Abb. 21: Ordner mit der größten Speicherplatzbelegung

Der Aufruf auf der Kommandozeile besteht aus drei unterschiedlichen Programmen deren Ausgaben jeweils mit der so genannten Pipe `|` zur Eingabe des nächsten (rechts stehenden) Programms werden. Dies sind:

- `du`

  disc usage gibt alle Dateien mit benötigten Speicherplatz in KB in einer Liste aus. `-a` als Parameter gibt alle Dateien aus, nicht nur Verzeichnisse. „`.`" legt den Startpunkt der rekursiven Ausgabe fest.

- `sort`

  `sort` erlaubt die Sortierung von Listen. Der Parameter `-n` definiert eine numerische Sortierung, `-r` legt die Reihenfolge fest (hier: absteigend nach einer Zahl).

- `head`

  `head` gibt von einer Liste eine bestimmte Anzahl Zeilen aus, das in unserem Fall durch den Parameter `-n 5` die ersten fünf Zeilen ist

Um nun die fünf größten Dateien der SD Karte zu finden, ist der Star

tpunkt root nur:

```
find / -type f -exec du -a {} 2>/dev/null + | sort -n -
r | head -n 5
```

Die Erweiterungen des Konsolenbefehls sind:

- `find`

  `find` sucht alle Dateien beginnend bei root (/), die vom Typ f sind (eine Datei und kein Ordner). `-exec` sorgt für die Weiterverarbeitung des Ergebnisses mit dem vorgenannten `du`-Kommando.

- `2>/dev/null`

  `2>/dev/null` lenkt Fehlermeldungen auf /dev/null um, sodass diese nicht in der Ausgabe erscheinen.

Abbildung 22 zeigt das Ergebnis:

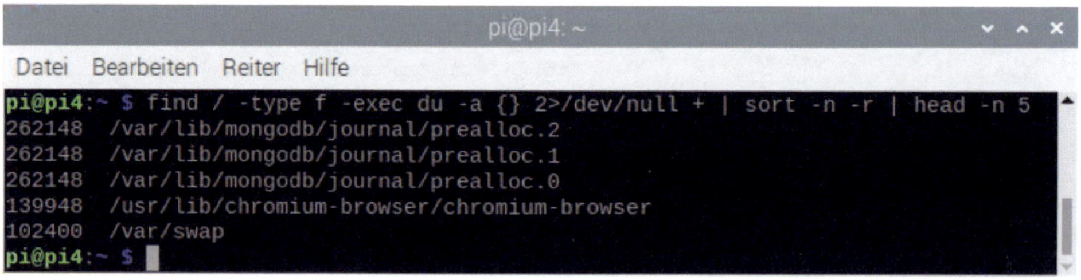

```
pi@pi4:~ $ find / -type f -exec du -a {} 2>/dev/null + | sort -n -r | head -n 5
262148	/var/lib/mongodb/journal/prealloc.2
262148	/var/lib/mongodb/journal/prealloc.1
262148	/var/lib/mongodb/journal/prealloc.0
139948	/usr/lib/chromium-browser/chromium-browser
102400	/var/swap
pi@pi4:~ $
```

Abb. 22: Dateien mit der größten Speicherplatzbelegung

2 Daten speichern

Das Erheben von Daten ist der erste Schritt in dem Prozess, der im Allgemeinen die Bezeichnung ***Datenverarbeitung*** hat. Es ist jedoch nur eine Momentaufnahme. In vielen Fällen reicht dies auch, beispielsweise um auf ein eintretendes Ereignis oder einen bestimmten Zustand zu reagieren und weitere Aktionen auszulösen. Den größten Raum nehmen wahrscheinlich aber Anwendungen ein, die die erhobenen Daten für spätere Auswertungen und Aktionen sammeln.

Das alles ist nicht neu. So stellen mit Keilschrift beschriebene Tontafeln längst nicht den Beginn der Aufzeichnung von Informationen dar. Die elektronische Datenverarbeitung hat ihre eigenen Modelle und Methoden entwickelt, Daten aufzuzeichnen und für weitere Zwecke verfügbar zu halten. Beginnend mit Lochkarten und weiter über Magnetbänder kamen als Speichermedium recht bald Magnetplatten zum Einsatz.

Aber nicht nur das Speichermedium hat sich geändert. Viel mehr hat sich die Art und Weise gewandelt, wie Informationen abgespeichert und wieder zurück geholt werden. Im Vordergrund stehen dabei einige Wünsche oder Notwendigkeiten, die unmittelbaren Einfluss auf ***Datenstruktur*** und -organisation haben:

- schnelles Finden von Daten innerhalb einer Datei (geringer Zeitaufwand!)
- wenig Speicherverbrauch beim Abspeichern aller Daten (geringe Kosten)
- wenig Aufwand beim Löschen, Einfügen, Ändern (geringer Zeitaufwand)
- einfacher Algorithmus (wenig Wartung und geringe Fehleranfälligkeit)

Nicht alle vier Wünsche sind gleichzeitig voll erfüllbar. Doch es gibt verschiedene Ansätze. Dieses Kapitel soll etwas die Hintergründe gängiger Speichertechniken beleuchten. Ziel dieses vorangestellten überschlägigen theoretischen Abrisses ist ein besseres Verständnis der nachfolgend beschriebenen einzelnen Softwarelösungen und helfen, die bestmögliche Auswahl für die Ihre Projekte zu treffen.

2.1 Sequentielle Speichermedien

In den Anfängen der elektronischen Datenverarbeitung erfolgte die Speicherung sequentiell. Dies beschreibt eine Datenstruktur, bei der die Datensätze ähnlich einer Liste aufeinanderfolgend angeordnet sind.

Auch kannten die Programme zu Beginn nur den sequentiellen Zugriff auf die Daten. Das heißt, dass der gesamte Datenbestand zu lesen ist, um einen bestimmten Datensatz zur Bearbeitung bereit zu stellen. Dies ist auf Grund des Zeitaufwandes unvorteilhaft und findet aktuell eher nur noch im Zusammenhang mit dem ***Logging*** und dem Sichern von Daten Anwendung.

Der nächste Entwicklungsschritt beseitigte diesen Nachteil, indem er einen wahlfreien (engl.: random) Zugriff schuf. Die Daten sind hier zwar weiter sequentiell abgelegt. Innerhalb eines Datensatzes gibt es jedoch ein Feld, das diesen Datensatz eindeutig definiert (z.B. Produktnummer oder eine sonstige Identifikationsnummer (ID)). Dieses Feld bildet den Index, das einen direkt adressierbaren Zugriff gestattet.

In gleichem Maße wie die Leistung von Rechnern stiegen auch die Anforderungen an die Art und Weise der Datenspeicherung und des Datenmanagements. Die Datenmodelle gestalteten sich komplexer, da die benötigten Informationen nicht mehr sinnvoll und übersichtlich in einem einzelnen Datensatz abgespeichert werden konnten. Darüber hinaus wuchs auch die Anforderung, Datensätze mit einem bestimmten aber nicht eindeutigen Merkmal schnell und einfach aus einem Datenpool zu selektieren.

Stellen Sie sich hierzu folgendes Beispiel vor: Ein Autohersteller führt einen Produktkatalog mit verschiedenen Modellen. Das einzelne Modell kennzeichnet sich durch eine Produktnummer, hat eine Produktbezeichnung und verschiedene Eigenschaften, wie Motor, Farbe, usw.. Diese Eigenschaften haben wiederum selbst einige Eigenschaften wie z.B. Mehrkosten. Die Datenstruktur eines Produktkatalog in einer sequentiellen Datei hätte dann vielleicht folgendes Bild:

P-Nr.	P-Name	P-Preis	Motor	Motor-Preis	Farbe	Farbe-Preis
01	Kombi	20.000	Benzin	1.000	weiß	100
02	Kombi	20.000	Benzin	1.000	rot	200
03	Kombi	20.000	Diesel	2.000	weiß	100
04	Kombi	20.000	Diesel	2.000	rot	200
05	Coupé	30.000	Benzin	1.000	weiß	100
06	Coupé	30.000	Benzin	1.000	rot	200

```
07      Coupé     30.000    Diesel    2.000      weiß      100
08      Coupé     30.000    Diesel    2.000      rot       200
. . . .
```

Es entstünde also ein Wust an Datensätzen, der desto unübersichtlicher ist je mehr Eigenschaften und Ausprägungen zu berücksichtigen sind. An dieser Stelle ist ein Datenmodell vorteilhafter, das die Daten thematisch strukturiert, etwa dergestalt, dass für jedes Thema eine eigene Datei existiert:

Datei Grundprodukt:

```
P-Nr.  P-Name    P-Preis    I-Motor    I-Farbe
01      Kombi    20.000      (B, D)     (w, r)
08      Coupé    0.000       (B, D)     (w, r)
. . . .
```

Datei Motoren:

```
I-Motor  Motor     Motor-Preis
B        Benzin      1.000
D        Diesel      2.000
. . . .
```

Datei Farben

```
I-Farbe   Farbe    Farbe-Preis
w          weiß        100
r          rot         200
. . . .
```

Die Datensätze in der Datei mit dem Grundprodukt enthalten nunmehr nur noch die das einzelne Produkt beschreibenden Daten. Die Informationen zu Produktvarianten sind als Schlüssel in Feldern hinterlegt und verweisen auf Einträge in gesonderten Dateien (hier z.B. das Feld „I-Motor“ mit dem Schlüssel für die Motorart). Bei einem Produktkatalog-Datensatz wäre dies dann eine Tabelle mit den Werten „B“ und „D“ für die Motorvarianten.

Vorteil dieser Datenstruktur ist ihre Übersichtlichkeit und ihre Erweiterbarkeit bei Änderungen oder Ergänzungen. Dem steht zwar der Nachteil von einem Mehr an Programmlogik und Speicherzugriffen entgegen; dies wirkt sich in der Praxis kaum aus.

Grund hierfür ist, dass neben neuen Datenmodellen sich auch ein neuer Ansatz des Datenmanagements entwickelte. Das Verknüpfen und Verwalten (lesen, schreiben, ändern, etc.) der vorgehaltenen Daten erfolgte nun zunehmend über speziell zugeschnittene Software, die sich zwischen Betriebssystem und Anwendungssoftware lagert. Dies ist dann die Basis einer Datenbank.

2.2 Datenbanken

Eine ***Datenbank*** ist eine organisierte Sammlung von strukturierten Informationen oder Daten, die üblicherweise elektronisch in einem Computersystem gespeichert sind[1]. Die wesentliche Aufgabe ist, große Datenmengen effizient, widerspruchsfrei und dauerhaft zu speichern. Darüber hinaus soll eine Datenbank die enthaltenen Informationen in den angeforderten (Teil-)mengen in unterschiedlichen, bedarfsgerechten Darstellungsformen für Benutzer und Anwendungsprogramme bereitstellen.

Damit besteht eine Datenbank aus zwei Teilen: der Verwaltungssoftware (***Datenbankmanagementsystem*** (DMS) und der ***Datenbasis*** (Datenbank im engeren Sinne (DB), vgl. Abbildung 23).

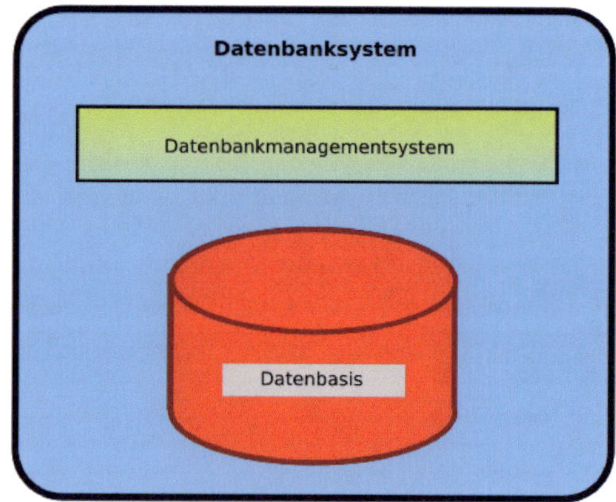

Abb. 23: Datenbanksystem

Das DBMS hat vier Kernfunktionen:

- Datendefinition: Erstellen, Ändern und Entfernen von Definitionen hinsichtlich der Organisation der Daten
- Update: Einfügen, Ändern und Löschen der Daten
- Abruf: Bereitstellung von Informationen in einer direkt verwendbaren Form oder zur Weiterverarbeitung durch andere Anwendungen. Die Form kann dabei im Wesentlichen der Speicherung in der Datenbank entsprechen oder durch Ändern und Kombinieren neue Ausprägungen annehmen.
- Administration: Registrierung und Überwachung von Benutzern, Einrichtung der Datensicherheit, Überwachung der Leistung, u.s.w.

1 https://de.wikipedia.org/wiki/Datenbank

2.2 Datenbanken

Das DMS bzw. der Hersteller des DMS gibt durch seine Software in weiten Zügen vor, wie d.h. nach welchem Datenbankmodell (und welchem Datenbankschema) die zu speichernden Daten in der Datenbasis erfolgen kann. Hierzu existieren unterschiedliche Ansätze:

- hierarchisch: Die Datenobjekte in hierarchischen Datenbanken sind in einer baumartigen Struktur organisiert, wobei jede Datensatzebene in eine Reihe weiterer untergeordneter Kategorien verzweigt. Die Datenobjekte stehen ausschließlich in einer Eltern-Kind-Beziehung zueinander.
- netzwerkartig: Nicht alle Speichergeräte sind an einen gemeinsamen Prozessor angeschlossen, sondern physikalisch an mehreren Standorten verteilt. Die Datenobjekte sind miteinander in Netzen verbunden.
- relational: Die Datenverwaltung erfolgt zeilenweise in Tabellen (vgl. Beispiel oben). Es kann beliebige Beziehungen zwischen Daten geben. Die Verknüpfung übernehmen Werte bestimmter Tabellenspalten (z.B. DB2 von IBM, MySQL, MariaDB (vgl. Kapitel 4 PostgreSQL).
- objektorientiert: Die Beziehungen zwischen Datenobjekten werden vom Datenbanksystem selbst verwaltet. Objekte können Eigenschaften und Daten von anderen Objekten erben (z.B. IRIS von Hewlett Packard, ORION von Microelectronics).
- dokumentenorientiert: Die zu speichernden Objekte werden als Dokumente mit möglicherweise verschiedenen Attributen, d. h. ohne die Voraussetzung der Strukturgleichheit, gespeichert (z.B. MongoDB (vgl. Kapitel 6)).
- zeitreihenorientiert: Alle Datensätze werden chronologisch hintereinander abgespeichert (z.B InfluxDB (vgl. Kapitel 3)).

Datenbanksysteme oder kurz Datenbanken sind seit langem unverzichtbarer Bestandteil professioneller Datenhaltung in Unternehmen und Behörden. Ihre Anzahl geht in die Hunderte (vgl. Rangliste https://db-engines.com/de/ranking). Diese Liste enthält auch Open-Source-Lösungen, die den Einsatz für von Datenbanken auch für private Anwendungen eröffnen.

2.3 Beispieldaten für Datenbanken

In den folgenden Kapiteln möchte ich Ihnen ein paar Datenbanksysteme vorstellen. Den Beispielen liegen zwei zu speichernde Tatbestände zugrunde:

- Systemmesswerte des Raspberry Pi's
- Informationen zu Wohnräumen

Beispiel Systemmesswerte des Raspberry Pi's

Das Beispiel „Systemmesswerte des Raspberry Pi's" steht für einen vergleichbar trivialen Anwendungsfall, in dem es nur um das Sammeln von Daten in einer einfachen Objektstruktur geht. Das Objekt ist der Raspberry Pi und für dieses Objekt gibt es die spezifischen Werte wie CPU-Temperatur nur ein Mal.

Das Ermitteln der Systemmesswerte (***metrics***) des Raspberry Pi's erfolgt entweder über Telegraf (im Zusammenhang mit der InfluxDB 7.1) oder mit entsprechenden Systemkommandos über Node-RED (vgl. Kapitel 13).

Selbstverständlich sammelt die vorgefertigte Lösung mehr Daten als die selbst realisierte mit Node-RED. Diese beschränkt sie sich auf die CPU-Temperatur und die CPU-Last. Als Beispiel sollte dies jedoch ausreichen.

Informationen zu Wohnräumen

Bei diesem Beispiel geht es darum, einen Einstieg in eine mögliche Tabellenstruktur einer Datenbank zu finden. Ausgangspunkt ist ein Haus mit verschiedenen Zimmern. Jedes Zimmer hat Eigenschaften (z.B. der Name, die Größe, die Anzahl Schalter, u.s.w). Ansatz ist deshalb eine Tabelle (*RaumDaten*) mit verschiedenen raumbezogenen Daten.

Tabelle RaumDaten

ZiID	ZiName	qm	Schalter	Steckdosen
1	Wohnzimmer	36	2	5
2	Schlafzimmer	16	3	4
3	Küche	10	1	6

ZiID (Zimmer-ID) ist hier eindeutig; es kann keine mehrfachen Einträge mit der gleiche ZiID geben. Die vorgenannten Raum-Eigenschaften unterliegen i.d.R. keinen Änderungen. Es gibt aber auch raumbezogene Daten, die zum Teil erheblich schwanken (z.B. die Temperatur, die Luftfeuchtigkeit). Hier kann ein permanentes Logging von Interesse sein, wobei jeder Log-

Eintrag einen Zeitstempel aufweisen sollte. Diese Struktur lässt sich mit einer weiteren Tabelle (*RaumKlima*) mit laufend anfallenden Messdaten zum Raumklima beschreiben.

Tabelle «RaumKlima»

ZiID	Zeitstempel	Temperatur	Luftfeuchtigkeit
1	1679381930619000000	22	50
1	1679381990619000000	23	65
1	1679382050619000000	19	55
1	1679382110619000000	19	50
2	1679381940619000000	15	40
2	1679382000619000000	14	50
2	1679382060619000000	14	45
2	1679382120619000000	13	50
3	1679381950619000000	20	60
3	1679382010619000000	19	50
3	1679382070619000000	18	65
3	1679382130619000000	18	75

Die Tabelle *RaumKlima* kann mehrere Einträge mit gleicher *ZiID* haben. Dieses Feld bildet auch die Verbindung zur Tabelle *RaumDaten*. Ein Feld „ZiName" als Bestandteil dieser Tabelle ist nicht nötig, denn der über das Feld *ZiID* lässt sich die Bezeichnung des Zimmers aus der Tabelle *RaumDaten* genau ermitteln.

Zeitstempel nimmt die Zeit im UNIX-Format auf. Die Unixzeit zählt die vergangenen Sekunden seit Donnerstag, dem 1. Januar 1970, 00:00 Uhr UTC.

Demnach ist ein vorläufiges Datenschema wie folgt (vgl. Abbildung 24).

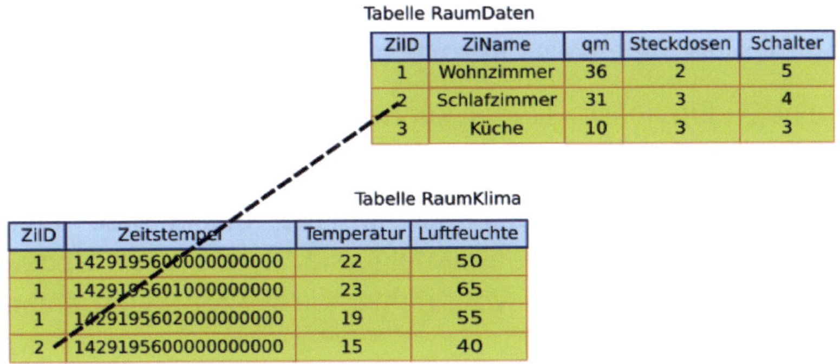

Tabelle RaumDaten

ZiID	ZiName	qm	Steckdosen	Schalter
1	Wohnzimmer	36	2	5
2	Schlafzimmer	31	3	4
3	Küche	10	3	3

Tabelle RaumKlima

ZiID	Zeitstempel	Temperatur	Luftfeuchte
1	1429195600000000000	22	50
1	1429195601000000000	23	65
1	1429195602000000000	19	55
2	1429195600000000000	15	40

Abb. 24: Datenschema Raumgrunddaten und Raumklimadaten

3 InfluxDB

InfluxDB ist ein Datenbankmanagementsystem speziell für ***Zeitreihen*** (engl. time series). Es handelt sich in einer Variante um ein Open Source Produkt. Weitere Optionen sind InfluxDB auf ***Amazon AWS*** und InfluxEnterprise als Bezahlmodell. Entwicklung und Vertrieb liegen bei der Firma InfluxData (https://www.influxdata.com/). InfluxDB ist in ***GO*** geschrieben.

3.1 Das Datenbankkonzept

Die Informationsverarbeitung kennt unterschiedliche Datenbankkonzepte; eines ist die Time Series Database.

Was ist eine Time Series Database?

Zunächst sind ***Zeitreihen*** eine Folge von Datenpunkten (Messungen), die dasselbe über Zeiträume messen und in zeitlicher Reihenfolge abspeichern. Sie haben so den Charakter einer Stichprobe. Ein derartiger Datensatz für das Raumklima könnte folgenden Aufbau haben (siehe auch Abschnitt 2.3):

ZiID	Zeitstempel	Temperatur	Luftfeuchtigkeit
1	1429195600000000000	22	50
1	1429195601000000000	23	65
1	1429195602000000000	19	55

Damit haben die Datensätze hauptsächlich drei Gemeinsamkeiten:

- Jeder Dateneingang bildet i.d.R. (immer) einen neuen Eintrag.
- Die Daten kommen normalerweise in zeitlicher Reihenfolge an.
- Die Zeit ist eine Hauptachse. Dabei können die Zeitintervalle regelmäßig oder unregelmäßig sein.

Üblicherweise wird jeder neue Datensatz an die bestehende Liste „angehängt“. Er markiert in dem Moment die aktuelle Situation; ein Update von Datensätzen erfolgt abgesehen von Fehlerkorrekturen oder einem Löschen nicht.

Der Ansatz, jede einzelne Änderung des Datenspeichers als neuen Datensatz abzuspeichern, macht Zeitreihendaten so leistungsfähig. Es ermöglicht auf einfache Weise, Veränderungen zu messen: zu analysieren, Änderungen in der Vergangenheit präzise aufzuspüren, zu überwachen,

Veränderungen in der Gegenwart zu bestimmen oder sogar Entwicklungen in der Zukunft zu prognostizieren.

In der Praxis gewinnen Zeitreihendaten rasant an Bedeutung. Das Messen von Verkehrsaufkommen, die Analyse von Energieverbräuchen, ja auch das Bestimmen von Nutzerverhalten sind nur ein paar wenige Beispiele des weiten Anwendungsspektrums.

3.1.1 Allgemeine Anforderungen an das Datenbankmanagement einer TSDB

Der Ansatz einer TSDB stellt jedoch das Gesamtsystem vor bestimmte Herausforderungen, die das Datenbankmanagementsystem lösen muss. Das Speichern von Daten mit einer hohen Auflösung an Datenpunkten bringt natürlich ein offensichtliches Problem mit sich: Sie erhalten ziemlich schnell viele Daten. Eine Anforderung ist also, dass das DMS automatisiert die angesammelten Daten bereinigt und auf ein verträgliches Maß reduziert. Die InfluxDB realisiert das mit ***Retention Policies*** (dt. Aufbewahrungsrichtlinien).

Weiter treten Probleme auf, eine große Datenmenge performant abzufragen. An dieser Stelle greift dann eine Indizierung einzelner Datenfelder.

Und schließlich tritt die Anforderung in den Vordergrund unnötige Informationen wie etwa eine Folge von Leerzeichen, Nullen oder nicht belegte Feldinhalte erst gar nicht zu speichern. Dies besorgt die Datenkompression. Sie ist wie die das Index-Management Teil der s.g. ***Storage Engine*** (dt. wörtlich: Speichermotor).

Detaillierte Informationen speziell für die InfluxDB Version 2.6 finden Sie unter https://docs.influxdata.com/influxdb/v2.6/reference/internals/storage-engine.

3.1.2 Datenbankkonzept / -aufbau

Dieser Abschnitt befasst sich mit Konzept und Begrifflichkeiten der Datenspeicherung einer InfluxDB (Datenbankstruktur im engeren Sinne). Abbildung 25 verdeutlicht schematisch die Struktur; die „Datenbasis“ ist das Dateisystem (vgl. Abschnitt 3.2) von InfluxDB.

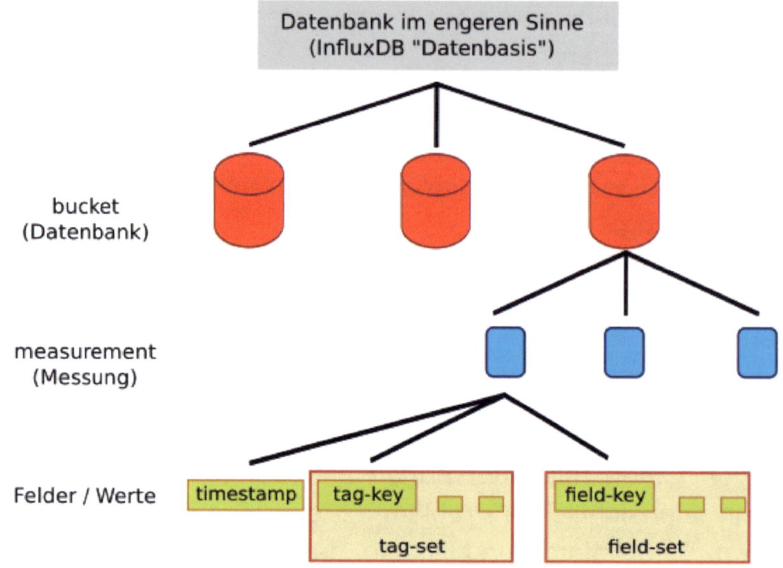

Abb. 25: InfluxDB Datenbank

Das InfluxDB-Dateisystem beherbergt eine oder mehrere Datenbanken. Diese enthalten dann zumindest ein ***measurement*** (dt.: Messung). Dies ist begrifflich nicht ein einzelner Wert, sondern eine Reihe von thematisch gebündelten Messungen, die sich in einer zeitlichen Abfolge befinden. Ein Reihen-Eintrag weist Feld-Wert-Paare auf (s.g. ***tag-keys*** und ***field-keys***), die mit einem Zeitstempel (timestamp) versehen sind. tag-key-Felder sind indiziert, field-key-Felder nicht. Alle tag-keys bilden das ***tag-set***, alle field-keys das ***field-set***.

Die interne Struktur der Datenspeicherung weicht von diesem Schema etwas ab. Das macht es etwas komplizierter und führt zu Verwirrungen. So bastelt das InfluxDB-Datenbankmanagement aus dem Beispiel

ZiID	Zeitstempel	Temperatur	Luftfeuchtigkeit
1	1429195600000000000	22	50

intern zwei Tabellen: eine für die Temperatur und eine weitere für die Luftfeuchtigkeit.

Die gleiche Mimik wiederholt sich für jede Ausprägung von ZiID. In der Folge liegen also intern sechs Tabellen vor, wenn ZiID drei Werte (1, 2 und 3) hat.

Der besondere Aufbau einer InfluxDB, zieht einige beachtenswerte Randbedingungen hinsichtlich des DB-Designs nach sich:

- Vermeiden Sie zu große Index-Listen.

  tag-keys, die hinsichtlich ihres Wertes stark differieren oder sogar einzigartig sind (wie Hash-Werte, UUIDs, o.ä.), führen zu großen Indexlisten, die viel Speicherplatz beanspruchen.

- Vermeiden Sie den gleichen Namen für ein tag-key und ein field key.

  Gleiche Namen führen schnell zu Verwechslungen und damit unerwünschten Ergebnissen.

- Vermeiden Sie Metadaten in der Bezeichnung von Messungen.

  Metadaten in der Bezeichnung von Messungen erschweren die Datenbankabfrage.

- Vermeiden Sie mehrere Informationen in einem tag-key.

  Auch hier erschweren mehrere Informationen in einem tag-key die Datenbankabfrage.

- Speichern Sie häufig abgefragte Metadaten als tag-keys.
- Speichern Sie Daten als tag-keys, wenn Sie sie mit der InfluxQL GROUP BY-Klausel verwenden möchten.
- Speichern Sie Daten als field-keys, wenn Sie sie mit einer InfluxQL-Funktion verwenden möchten.
- Speichern Sie numerische Werte als field-keys (Werte von tag-keys unterstützen nur Zeichenfolgen).

3.2 Installation InfluxDB 2.x

InfluxDB in der Version 2.x ist offiziell seit Ende 2020 am Start. Es unterscheidet sich grundlegend von der Version InfluxDB 1.x.

- InfluxDB 2.x nutzt „flux“ und nicht mehr „influxQL“ als Query Language.
- InfluxDB 2.x setzt zwingend ein 64 Bit Betriebssystem voraus.
- InfluxDB 2.x hat nunmehr ein gutes InfluxDB User Interface (UI).
- InfluxDB 2.x verlangt für den Zugriff auf die Datenbank einen Access Token.
- der s.g. TICK-Stack ist in großen Teilen in InfluxDB integriert (siehe Abbildung 26).

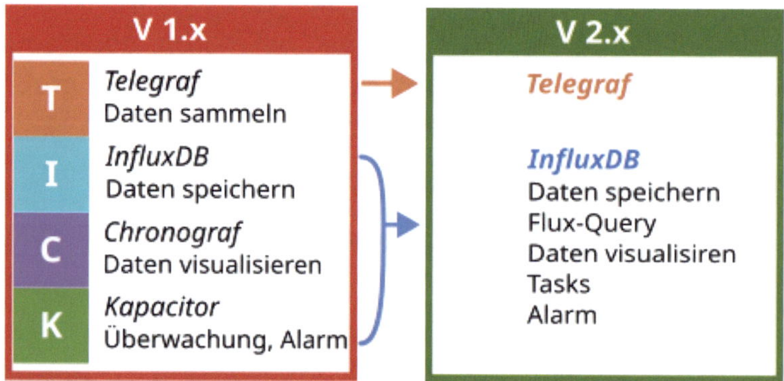

Abb. 26: InfluxDB 1.x versus InfluxDB 2.x

Die InfluxDB lässt sich auf den gängigen Betriebssystemen installieren. Der folgende Abschnitt zeigt die Installation auf einem Linux-System genauer einem Raspberry Pi. Sie finden Anleitungen für:

- Windows z.B. unter https://www.itnator.net/influxdb-installieren-auf-windows-so-gehts/
- MacOS z.B. unter https://docs.influxdata.com/influxdb/v2.6/install/

Gehen Sie für die Installation von InfluxDB 2.x auf einem Raspberry-Pi wie folgt vor:

Schritt 1: Hinzufügen des InfluxDB-Repository-Schlüssels

Fügen Sie im ersten Schritt den InfluxDB-Repository-Schlüssel zu Ihrem Raspberry Pi hinzu. Durch Hinzufügen des Schlüssels kann der Paketmanager des Raspberry-Pi-OS das Repository durchsuchen und die installierten Pakete auf Vorhandensein und Aktualität überprüfen.

Der Paketmanager *apt* verwendet zur Authentifizierung von Paketen eine Liste von Schlüsseln (Schlüsselbund). Pakete die mit diesen Schlüsseln authentifiziert werden können, gelten als vertrauenswürdig.

Das Herunterladen und Hinzufügen des InfluxDB-Schlüssels erfolgt mit folgenden Befehlen:

```
wget -q https://repos.influxdata.com/influxdata-archive_compat.key
echo '393e8779c89ac8d958f81f942f9ad7fb82a25e133fad-daf92e15b16e6ac9ce4c influxdata-archive_compat.key' | sha256sum -c && cat influxdata-archive_compat.key | gpg --dearmor | sudo tee /etc/apt/trusted.gpg.d/influxdata-archive_compat.gpg > /dev/null
```

Hinweis Löschen von Keys / apt-key

Sie entfernen Keys einfach durch löschen der entsprechenden Datei in `/usr/share/keyrings`.

Mancherorts begegnen Sie noch dem Befehl `apt-key`. Dieser ist ab Debian 11 überholt und steht in späteren Versionen wahrscheinlich nicht mehr zur Verfügung.

Schritt 2: Hinzufügen des InfluxDB-Repository

Fügen Sie als nächstes das passende Repository der Liste der Quellen hinzu. In dieser Liste steht, woher die Paketverwaltung neue Programme und Aktualisierungen bekommt. Die Quelle ist abhängig von der Version Ihres Raspberry OS. Mit `export` speichern Sie die aktuellen Systemwerte in Bash-Variablen.

```
echo 'deb [signed-by=/etc/apt/trusted.gpg.d/influxdata-
archive_compat.gpg] https://repos.influxdata.com/debian
stable main' | sudo tee /etc/apt/sources.list.d/influx-
data.list
```

Abbildung 27 zeigt den Ablauf:

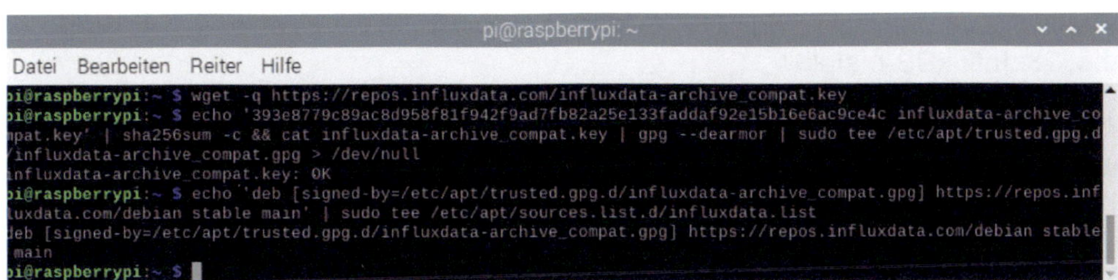

Abb. 27: Hinzufügen InfluxDB-Repository-Schlüssel / Paketliste

Schritt 3: Paketliste neu einlesen

Führen Sie mit `sudo apt-get update` ein Update der Paketliste durch. Der Befehl liest alle eingetragenen Paketquellen neu ein. Hierbei erfolgt auch eine Prüfung auf die Signatur der Paketlisten. `update` benötigt keine Angabe von Paketnamen.

Schritt 4: InfluxDB installieren

Installieren Sie InfluxDB nun mit:

```
sudo apt-get install influxdb2
```

Abbildung 28 zeigt auch hier wieder den Ablauf:

```
pi@raspberrypi: ~
Datei Bearbeiten Reiter Hilfe
pi@raspberrypi:~ $ sudo apt-get update && sudo apt-get install influxdb2
OK:1 http://security.debian.org/debian-security bullseye-security InRelease
OK:2 http://deb.debian.org/debian bullseye InRelease
OK:3 http://deb.debian.org/debian bullseye-updates InRelease
OK:4 http://archive.raspberrypi.org/debian bullseye InRelease
Holen:5 https://repos.influxdata.com/debian stable InRelease [6.883 B]
Holen:6 https://repos.influxdata.com/debian stable/main armhf Packages [2.105 B]
Holen:7 https://repos.influxdata.com/debian stable/main arm64 Packages [3.713 B]
Es wurden 12,7 kB in 3 s geholt (4.757 B/s).
Paketlisten werden gelesen… Fertig
Paketlisten werden gelesen… Fertig
Abhängigkeitsbaum wird aufgebaut… Fertig
Statusinformationen werden eingelesen… Fertig
Das folgende Paket wurde automatisch installiert und wird nicht mehr benötigt:
  libfuse2
Verwenden Sie »sudo apt autoremove«, um es zu entfernen.
Die folgenden zusätzlichen Pakete werden installiert:
  influxdb2-cli
Die folgenden NEUEN Pakete werden installiert:
  influxdb2 influxdb2-cli
0 aktualisiert, 2 neu installiert, 0 zu entfernen und 18 nicht aktualisiert.
Es müssen 50,4 MB an Archiven heruntergeladen werden.
Nach dieser Operation werden 117 MB Plattenplatz zusätzlich benutzt.
Möchten Sie fortfahren? [J/n] j
Holen:1 https://repos.influxdata.com/debian stable/main arm64 influxdb2 arm64 2.6.1-1 [44,5 MB]
Holen:2 https://repos.influxdata.com/debian stable/main arm64 influxdb2-cli arm64 2.6.1 [5.925 kB]
Es wurden 50,4 MB in 2 min 31 s geholt (334 kB/s).
Vormals nicht ausgewähltes Paket influxdb2 wird gewählt.
(Lese Datenbank ... 96858 Dateien und Verzeichnisse sind derzeit installiert.)
Vorbereitung zum Entpacken von .../influxdb2_2.6.1-1_arm64.deb ...
Entpacken von influxdb2 (2.6.1-1) ...
Vormals nicht ausgewähltes Paket influxdb2-cli wird gewählt.
Vorbereitung zum Entpacken von .../influxdb2-cli_2.6.1_arm64.deb ...
Entpacken von influxdb2-cli (2.6.1) ...
influxdb2 (2.6.1-1) wird eingerichtet ...
Created symlink /etc/systemd/system/influxd.service → /lib/systemd/system/influxdb.service.
Created symlink /etc/systemd/system/multi-user.target.wants/influxdb.service → /lib/systemd/system/influxdb.ser
vice.
influxdb2-cli (2.6.1) wird eingerichtet ...
pi@raspberrypi:~ $
```

Abb. 28: InfluxDB-Install

Nach der Installation sollten Sie die Datei influxdata-archive_compat.key aus Gründen der Datenhygiene löschen.

Schritt 5: InfluxDB starten

Starten Sie abschließend InfluxDB:

```
sudo systemctl start influxdb
```

Start von InfluxDB beim Boot:

```
sudo systemctl unmask influxdb
sudo systemctl enable influxdb
```

Der erste Befehl, „entlarvt“ die influxdb-Servicedatei. Ein eventuell maskierter Dienst kann nicht gestartet werden. Das Demaskieren des Dienstes stellt ein Aktivieren und Start des Dienstes sicher.

Der zweite Befehl aktiviert den influxdb-Dienst. Dieser Befehl weist den Service Manager des Betriebssystems an, die Datei influxdb.service zu beobachten und den Service basierend auf seinem Inhalt einzurichten.

3.3 Zugriffswege auf die InfluxDB

InfluxDB bietet einige Zugriffsmöglichkeiten. Manche erlauben das Schreiben und Lesen; einige sind Spezialisten wie z.B. Grafana mit nur lesendem Zugriff.

Zugriffsmöglichkeiten sind:

- das InfluxDB User-Interface (InfluxDB-UI)
- das Influx Command Line Interface (Influx-CLI)
- die InfluxDB API (siehe Abschnitt 3.12)
- Telegraf: Daten sammeln und in Datenbank einpflegen (siehe Kap. 7).
- Grafana: Daten visualisieren (siehe Kapitel 8).

Die folgenden Abschnitte sind ein Wechselspiel zwischen InfluxDB-UI und Influx-CLI. Dies ist sehr praxisnah, da Sie in der täglichen Arbeit vermutlich mit beiden Werkzeugen arbeiten; manchmal ist das InfluxDB-UI das Mittel der Wahl oder hilft bei Verständnisproblemen weiter. Hin und wieder ist es aber auch das Influx-CLI, das eine tragfähige Lösung ermöglicht.

InfluxDB über InfluxDB-UI aufrufen

Das InfluxDB-UI lauscht auf Port 8086. Die Browsereingabe ist also <Ihre_RPi_IP-Adresse>.8086. Ihre Raspberry Pi IP-Adresse erhalten Sie über den Router oder mit:

```
hostname -I
```

Die erste Anmeldung (hier mit: 192.168.178.45:8086) leitet zum Willkommens-Fenster (siehe Abbildung 29):

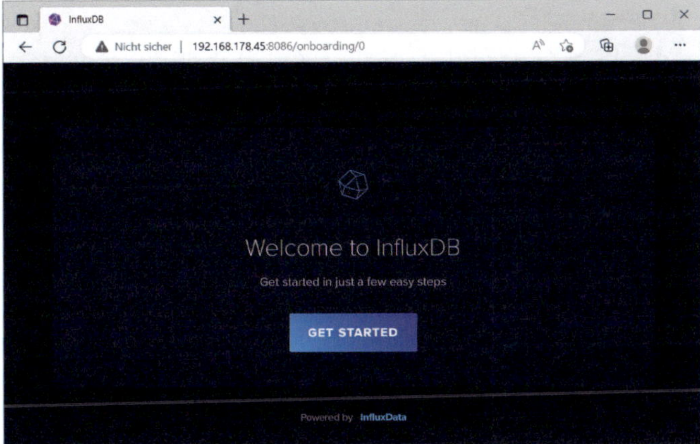

Abb. 29: InfluxDB-Willkommens-Fenster

Der Browser zeigt ein Warndreieck «Nicht sicher». Der Grund hierfür liegt darin, dass Sie eine ungesicherte Verbindung nutzen. Abschnitt 3.13.6 zeigt, wie Sie eine gesicherte Verbindung etablieren. Mit *GET STARTED* beginnt die Ersteinrichtung (siehe Abbildung 30):

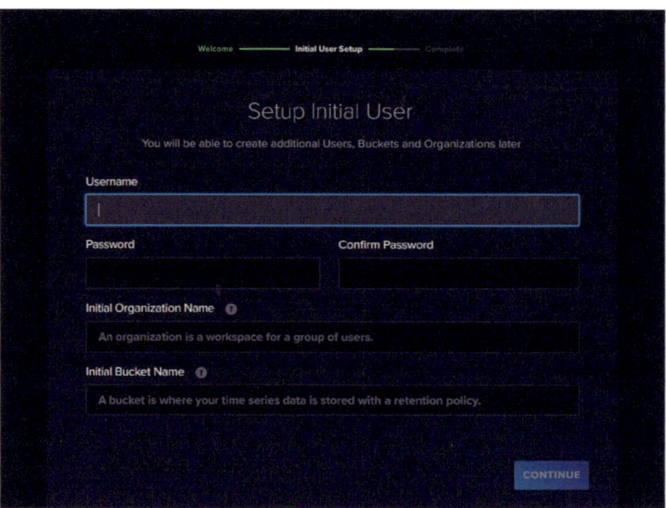

Abb. 30: InfluxDB Ersteinrichtung Teil 1

Belegen Sie die Felder mit Angaben.

Eine Organisation ist ein Arbeitsbereich für eine Gruppe von Benutzern, die Zugriff auf Zeitreihendaten, Dashboards und andere Ressourcen benötigen. Sie können Organisationen für verschiedene funktionale Gruppen, Teams oder Projekte erstellen (hier z.B. «myHome»).

In einem Bucket (hier z.B.: «testdb») werden Ihre Zeitreihendaten mit einer Aufbewahrungsrichtlinie (retention policy) gespeichert.

Anmerkung: influx-CLI

Das Erstsetup lässt sich auch mit dem Influx-CLI (s.u.) bewerkstelligen. `influx setup` startet den Dialog zur Dateneingabe. Dieser umfasst u.a. Benutzername, Passwort, Initial Bucket und Retention Period. Sie finden die Daten in der Datei /home/username/.influxdbv2/configs.

CONTINUE setzt den Ersteinrichtungsprozess fort (siehe Abbildung 31):

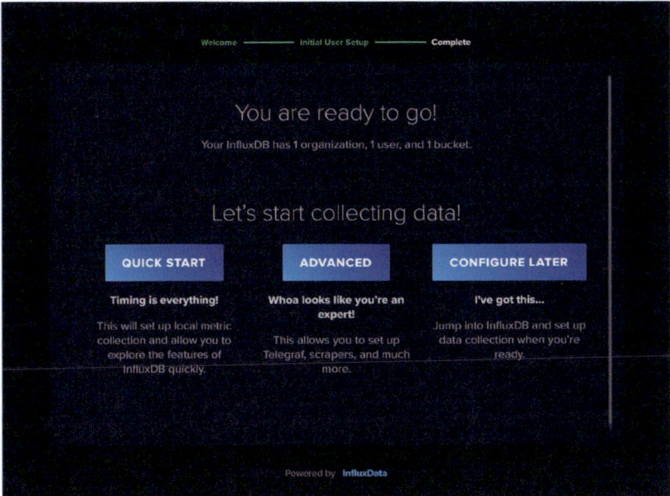

Abb. 31: InfluxDB Ersteinrichtung Teil 2

Sie haben nun die Wahl zwischen drei Optionen:

- *QUICK START*
- *ADVANCED*
- *CONFIGURE LATER*

Wählen Sie die Ihren Gegebenheiten entsprechende Möglichkeit. An dieser Stelle soll es mit *QUICK START* weitergehen. Es öffnet sich ein Getting-Started-Fenster mit verschiedenen Angeboten, InfluxDB kennen zu lernen (siehe Abbildung 32). Dabei führen Icons der linken Seitenleiste zu themenbezogenen Untergliederungen (z.B. Einstellungen).

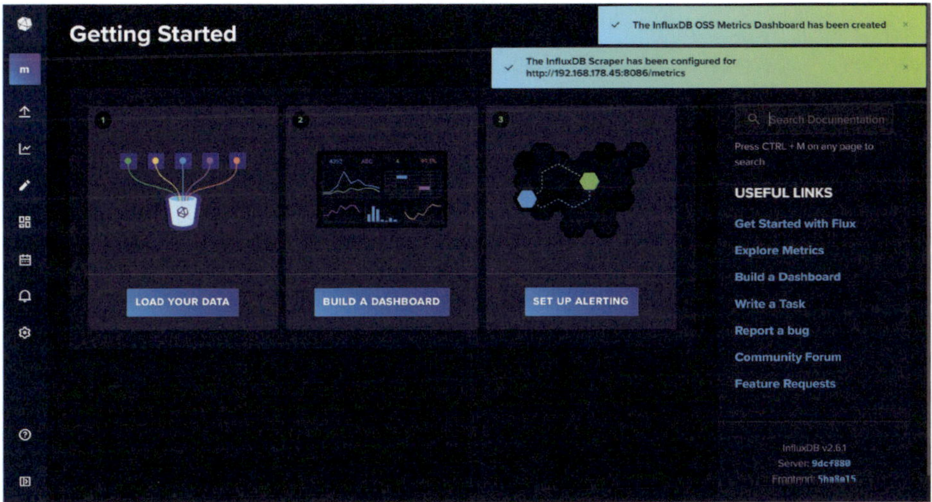

Abb. 32: InfluxDB Ersteinrichtung Schritt 2

Die InfluxDB mit dem Influx-CLI bearbeiten

Zuweilen lassen sich Administrationstätigkeiten auf Kommandozeilenebene einfacher realisieren. Allerdings benötigt influx beim Aufruf Authentifizierungsangaben (so InfluxDB-Host, Organisation und Access-API-Token, den Sie am einfachsten über das Web-UI beziehen können):

- InfluxDB-Host: Host-System der InfluxDB (z.B. http://192.168.178.45:8086)

  InfluxDB host ist per Voreinstellung auf http://localhost:8086 gesetzt.

- Organisation: ein InfluxDB Organisations-Name (z.B. «myHome»)

  Den Organisations-Namen finden Sie über ***m → About*** im Abschnitt ***Organization Profile***.

- Access-API-Token:

  InfluxDB kennt zwei Arten Access-API-Token:

  – den All-Access-Access-API-Token: er gilt universell
  – den Custom-Access-API-Token: damit lässt sich der Zugang zielgenau einrichten

  Der Verwaltung der Access-SPI-Token erfolgt über ***Load DATA → API-Token***. ***+ GENERATE API TOKEN*** erstellt einen neuen API-Token der gewünschten Art. Notieren Sie sich den API-Token, denn er wird nicht mehr angezeigt und bewahren Sie ihn vor allem sorgfältig auf.

Authentifizierungsangaben als Flags mitgeben

Sie können jedem Kommando die Authentifizierungsangaben mit Flags mitgeben ((ggf.) `--host`: InfluxDB host, `-o`, `--org` oder `--org-id`: InfluxDB Organisationsname oder ID. `-t`, `--token`: der API-Token). Dies ist jedoch aufwändig (z.B. mit `influx bucket list` für eine Liste der Buckets):

```
influx bucket list -o myHome -t -71gpQWsu3li8uN7GMUqY-
HcWGH_CFE-01Nv5HtVKfgI6udrUVgAb9dYuGwQKT62afYf04Xdx-
sQZrmfjaZhEWA==
```

Authentifizierungsangaben in bash-Variablen hinterlegen

Das Hinterlegen der Authentifizierungsangaben in Bash-Variablen ist eine Möglichkeit. Sie ist jedoch mit `export` für jede neue Terminal-Session vorzunehmen.

```
export INFLUX_ORG=myHome;
export INFLUX_TOKEN=-71gpQWsu3li8uN7GMUqYHcWGH_CFE-
01Nv5HtVKfgI6udrUVgAb9dYuGwQKT62afYf04Xdx-
sQZrmfjaZhEWA==
```

Lassen Sie sich die Variablen mit `echo` anzeigen:

```
echo $INFLUX_ORG; echo $INFLUX_TOKEN
```

Die Influx-Anweisung können Sie dann wie gewohnt absetzen (z.B. `influx bucket list`).

Authentifizierungsangaben in influx-Konfigurationsdatei hinterlegen

Dies ist der bequemste Weg, Authentifizierungsangaben abzuspeichern. Maßgeblich ist folgende Anweisung:

```
influx config create --config-name <config-name> \
  --host-url http://localhost:8086 \
  --org <your-org> \
  --token <your-auth-token> \
  --active
```

Konkret wäre dies:

```
influx config create --config-name default \
  --host-url http://localhost:8086 \
  --org myHome \
  --token -71gpQWsu3li8uN7GMUqYHcWGH_CFE-
01Nv5HtVKfgI6udrUVgAb9dYuGwQKT62afYf04Xdx-
sQZrmfjaZhEWA== \
  --active
```

Damit haben Sie in Ihrem Ordner .influxdbv2 eine Datei configs mit den benötigten Authentifizierungsangaben.

3.4 Mit der InfluxDB arbeiten (Einstieg)

Die folgenden Abschnitte versuchen den Einstieg in die Arbeit mit der doch sehr komplexen Materie InfluxDB zu ebnen. Die Gliederung orientiert sich im wesentlichen an den Menüpunkten der Seitenleiste des InfluxDB-UI (siehe auch Abbildung 32), wobei Gesichtspunkte der Administration in Abschnitt 3.13 gebündelt sind.

Erleichternd wirkt, sich an dieser Stelle die Begrifflichkeiten der InfluxDB und einer die SQL-Datenbank vor Augen zu halten:

- Ein InfluxDB-measurement (hier: «RaumKlima») entspricht einer SQL-Datenbank-Tabelle.

- InfluxDB-tags («ZiID») sind wie indizierte Spalten einer SQL--Datenbank.
- InfluxDB-fields («Temperatur», «Luftfeuchtigkeit») sind wie nicht indizierte Spalten einer SQL-Datenbank .
- InfluxDB-points (z.B. 1429195602000000000) sind wie SQL-Reihen.

Diesem Schema folgen im wesentlichen auch die in den Beispielen verwendeten Testdaten. Dies ist ein Satz von willkürlich gewählten Temperatur- und Luftfeuchtigkeit-Messungen für drei Zimmer. Der Datenbestand umfasst ca. 100 Daten.

Arbeitsmittel ist das InfluxDB-UI; vergleichbare influx-CLI-Kommandos ergänzen zur Information. Der InfluxDB-API ist ein gesonderter Abschnitt gewidmet (siehe Abschnitt 3.12).

3.5 Daten speichern

Irgendwie müssen die Daten den Weg in die Datenbank finden. Hierzu gibt es unterschiedlichste Ansätze. Sie sind Gegenstand dieses Abschnitts.

Einzufügende Daten müssen den Aufbau der InluxDB bedienen (vgl. 3.1.2). Sie bestehen daher aus *measurement*, *tag*(s), *field*(s) und *timestamp*. Das Grundformat eines InfluxDB-Datenpunktes ist daher:

```
<measurement>[,<tag-key>=<tag-value>...] <field-
key>=<field-value>[,<field2-key>=<field2-value>...]
[unix-nano-timestamp]
```

tag und *unix-timestamp* sind optional. Fehlt ein Zeitstempel, setzt das DMS automatisch die Systemzeit ein, d.h. dass Sie nur dann einen Wert angeben müssen, wenn Sie auf den Wert eines anderen Zeitstempels Bezug nehmen möchten.

Hinweis: Inhalt des Zeitstempels

InfluxDB nutzt für den Zeitstempel die Systemzeit des jeweiligen Gerätes. Für genauere Angaben ist es sinnvoll, auf das Network Time Protocol (NTP) zurück zu greifen.

Sowohl «tag-keys» als auch deren Werte sind Zeichenketten. Hingegen können die Werte von «field-keys» Zeichenketten (z.B. “eine Zeichenkette“), Integer (z.B. `100i`), Fließkommzahlen (z.B. `5` oder `7.8`) oder Boolsche Werte (z.B. `true` oder `false`) sein.

3.5 Daten speichern

Datensätze lassen sich über das InfluxDB-UI einfach einpflegen. Dennoch sind die angebotenen Optionen und die Menüstruktur zunächst verwirrend.

Ihnen stehen optional u.a. folgende Möglichkeiten zur Verfügung, Daten in die Datenbank zu laden:

- File Upload

  Den File Upload erreichen Sie u.a. über ***Load Data → Sources***. Er umfasst:

  - Upload einer Flux Annotated CSV
  - Einfügen mit dem Line Protokoll
  - Upload eine .csv-Datei mit dem Influx-CLI

- über Client-Libraries (z.B. mit Arduino, Python, etc.)
- mit Telegraf (siehe Kapitel 7.1).
- ***Scrapers***: Sie nehmen eine Sonderstellung ein (siehe Abschnitt 3.13.8) ein. Dahinter verbirgt sich ein Instrument, Kenndaten der InfluxDB in einem gesonderten Bucket zu speichern.

Der File Upload mit dem Line Protokoll

Das Line Protokoll übernimmt die zu speichernden Daten Zeilen bezogen. Das heißt, dass alle Metadaten (Feldnamen) in der Zeile mit zu definieren sind. Sie haben die Wahl zwischen dem Upload einer Datei (***UPLOAD FILE***) und der manuellen Eingabe (***ENTER MANUALLY,*** siehe Abb. 33).

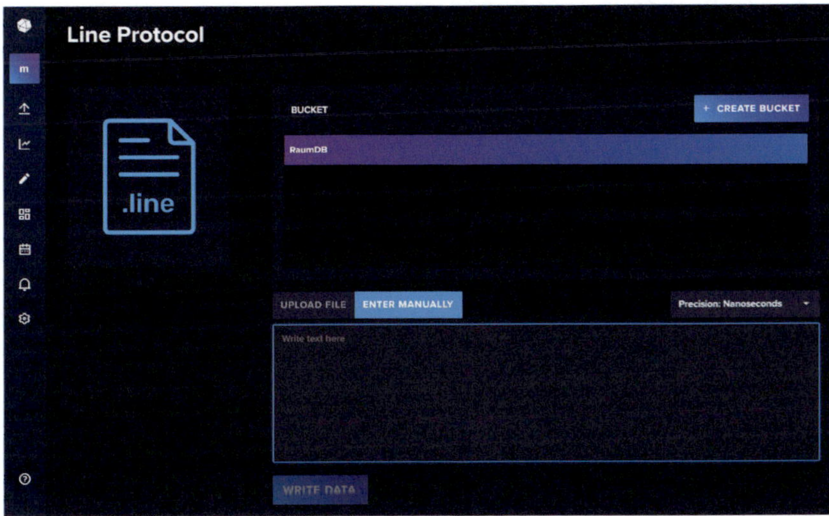

Abb. 33: InfluxDB Daten manuell hinzufügen

Das nachfolgende Beispiel fügt in Anlehnung an die Annahme zu 3.1.2 (Informationen zu Wohnräumen, Raumklimadaten) Daten einem InfluxDB-measurement **RaumKlima** hinzu. Vermeiden Sie aber Sonderzeichen wie das «-» bei tag-key und field-key, da diese bei Auswertungen z.B. als Minuszeichen interpretiert werden und damit falsche Ergebnisse nach sich ziehen könnten. Konkret geht es um das Einfügen eines Datensatzes mit drei Feldern («ZiID», «Temperatur», «Luftfeuchte»). «ZiID» ist ein tag-key; «Temperatur» und «Luftfeuchte» sind field-keys. Der Zeitstempel ist Bestandteil der Eingabe (siehe Abbildung 34).

```
RaumKlima,ZiID=1 Temperatur=22,Luftfeuchte=50
1679381930619000000
```

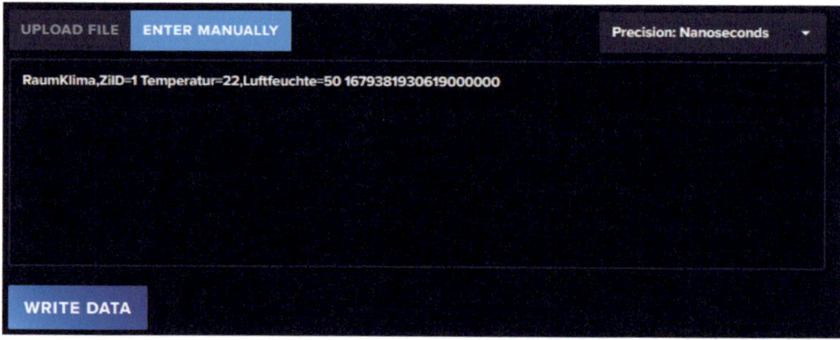

Abb. 34: InfluxDB Daten manuell hinzufügen – Eingabe des Datensatzes

Die Auflösung (***precision***) des Zeitstempels erfolgt per Default gemäß ***rfc3339*** in Nanosekunden seit dem 01.01.1970. Der Wert 1679381930619000000 entspricht 22023-03-21T06:58:50.619000000Z.

Nanosekunden: 1679381930619000000
Microsekunden: 1679381930619000
Millisekunden: 1679381930619
Sekunden: 1679381930

Überprüfen Sie das Ergebnis einfach einmal mit dem Data Explorer (siehe Abschnitt 3.6).

Anmerkung: influx-CLI

Das entsprechende influx-Kommando ist:

```
influx write --bucket RaumDB \
  'RaumKlima,ZiID=1 Temperatur=22,Luftfeuchte=50
1679381930619000000'
```

Die Auflösung (precision) geben Sie mit dem Argument `-p` bzw. `--precision` mit (z.B. `influx -precision ms` für Millisekunden).

3.5 Daten speichern

Das DMS der InfluxDB legt Messungen, tag-keys und field-keys anders als bei SQL automatisch an, wenn sie nicht existieren. Dies ist einerseits angenehm; hat aber andererseits den großen Nachteil, dass beim Einfügen von Datensätzen größte Sorgfalt geboten ist, weil syntaktische oder namentliche Ungenauigkeiten schnell zu unerwünschten Datenmodellen führen.

Das InfluxDB-UI eröffnet mit *UPLOAD FILE* den Datenbestand einer entsprechend formatierten Datei direkt in die Datenbank einzufügen.

Upload einer .csv-Datei mit dem Influx-CLI

Mit dem `write` Kommando lassen sich Massendaten aus einer .csv-Datei importieren:

```
influx write -b RaumDB -f /home/pi/testdaten.csv
```

Für die Beispieldaten sähe der Aufbau wie folgt aus:

```
#datatype measurement,tag,double,double,dateTime:number
m,ZiID,Temperatur,Luftfeuchte,time
RaumKlima,1,22,50,1679381930619000000
RaumKlima,1,23,65,1679381990619000000
```

Upload einer Flux Annotated CSV

Flux Annotated CSVs sind eine Eigenart von InfluxDB und in der Sache eine eine komplexe Materie mit vielen Fallstricken sowie schwierig zu verstehen. Annotated (dt.: kommentiert) besagt, dass die .csv-Datei weitere Meta-Informationen beinhaltet. Sie befinden sich in Reihen mit diversen Themen:

- Annotation rows: beschreiben die Spalteneigenschaften
- Header row: definiert die Spaltennamen.
- Record rows: die Datensätze.

Eine .csv-Datei in Form einer Flux Annotated CSV erhalten Sie mit dem Data Explorer. Beispiel:

```
#group,false,false,true,true,false,false,true,true,true
#datatype,string,long,dateTime:RFC3339,dateTime:RFC3339,dateTime:RFC3339,dou
ble,string,string,string
#default,_result,,,,,,,,
,result,table,_start,_stop,_time,_value,ZiID,_field,_measurement
,,0,2023-01-02T07:46:38Z,2023-04-01T06:46:38.213Z,2023-03-
21T06:58:50.619Z,50,1,Luftfeuchte,RaumKlima
,,0,2023-01-02T07:46:38Z,2023-04-01T06:46:38.213Z,2023-03-
21T06:59:50.619Z,65,1,Luftfeuchte,RaumKlima
```

Ein Ansatz ist vielleicht, über die Zusammenhänge von Subqueries ein gewisses Grundverständnis herbeizuführen:

https://www.influxdata.com/blog/tldr-influxdb-tech-tips-from-subqueries-to-flux/.

3.6 Daten abrufen mit dem Data Explorer

Das InfluxDB-UI bietet mit dem ***Data Explorer*** einen übersichtlichen, einfachen und dennoch leistungsfähigen Zugang zu Ihren Daten (siehe Abbildung 35). Mit wenigen Klicks können Sie das Datenbankschema erkunden, sich den Datenbankinhalt anzeigen lassen oder Prototypen für Datenbankabfragen und Dashboardzellen erstellen. Sich gezielt mit dem Data Explorer auseinanderzusetzen lohnt sich insbesondere, weil andere InfluxDB-UI-Themen wie z.B. das Dashboard auf dieser Mimik aufbauen.

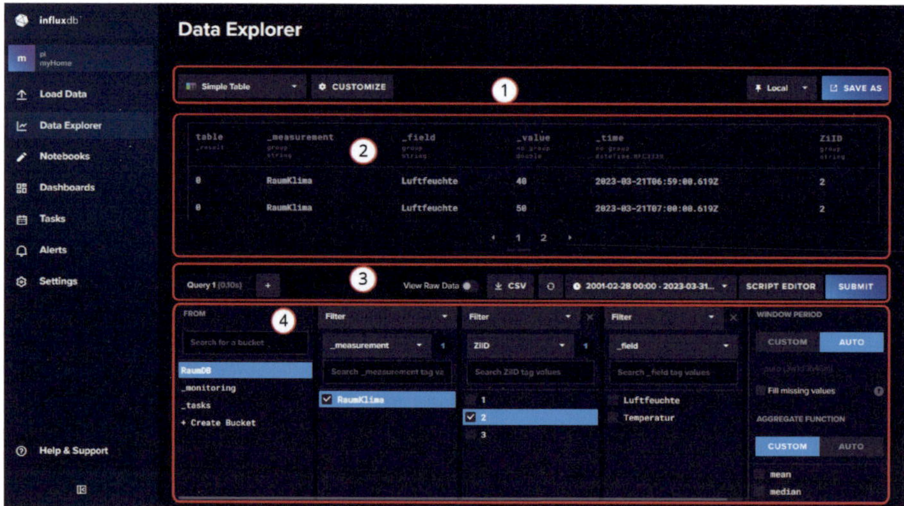

Abb. 35: InfluxDB-UI Data Explorer

Das Fenster des Data Explorers lässt sich grob in vier Abschnitte gliedern. Jeder Abschnitt beinhaltet mächtige Funktionalitäten, die an dieser Stelle nur aber angerissen werden können.

- Die Kopfzeile (1):

  In der Kopfzeile wählen Sie die Darstellung der durch den Data Explorer selektierten Daten aus. Hier ist es eine einfache Tabelle; weitere Darstellungsform sind z.B. ein Liniendiagramm, eine Messwert-anzeige, ein Balkendiagramm und andere mehr.

  Customize erlaubt das Anpassen der Anzeige, so z.B. der Farbgebung, Beschriftungen, etc..

Local / *UTC* legt die Zeitzone fest.

Mit *Save As* sichern Sie die Einstellungen. Hier haben Sie die Auswahl zwischen *NOTEBOOK* (vgl. Abschnitt 3.7), *DASHBOARD CELL*, *TASK* und *VARIABLE*.

- Die Datenausgabe (2)

  Hier sehen Sie das Ergebnis des Data Explorers. In diesem Fall ist es eine einfache Tabelle.

- Die Queryleiste (3)

  In der Queryleiste bestimmen Sie, welche Abfrage (Query) für welchen Zeitraum zur Anwendung kommen soll. Sie können mehrere Abfragen einrichten (+).

  View Raw Data fügt lediglich den gewählten Selektion-Zeitraum der Anzeige hinzu.
  Interessanter ist der Download des Ergebnisses (*CSV*). Sie erhalten hier eine .csv-Datei in Form einer Flux Annotated CSV (s.o.).
  Über *SCRIPT EDITOR* können Sie die Abfrage direkt editieren oder für andere Zwecke kopieren (Beispiel s.u.).
  SUBMIT löst die Abfrage aus.

- Der Selektionsbereich (4)
  Im Selektionsbereich legen Sie die Abfrage zielgenau fest. Wesentlich ist die Angabe des Bucket (hier: *RaumDB*) und weiterer Filter (hier das measurement *RaumKlima*).
  Fallstricke lauern bei den Angaben zu *WINDOW PERIOD* und *AGGREGATE FUNCTION*. Hier kann der Data Explorer in *AUTO* Voreinstellungen haben (z.B. aktivierte *mean*-Klausel), die auf den ersten Blick unplausible Ergebnisse nach sich ziehen können.

Im Weiteren soll es um erste Schritte gehen, Daten aus der InfluxDB abzurufen.

Datenbank-Abfragen

Für Datenbank-Abfragen stehen gleich zwei Sprach-Tools bereit:

- Influx Query Language (*InfluxQL*)
  InfluxQL ist eine SQL-ähnliche Abfragesprache, die den meisten SQL-Sprachen ähnelt, jedoch speziell für die Abfrage von Zeitreihendaten aus InfluxDB 0.x und 1.x entwickelt wurde. InfluxQL arbeitet jedoch nicht innerhalb des InfluxDB-UI sondern nur auf Kommandozeilen-ebene!

- Flux

  Flux ist eine funktionale Skriptsprache zur Abfrage, Analyse und Verarbeitung von Daten in Zeitreihen. Es nutzt die Leistung von InfluxQL und die Funktionalität von TICK-Script (Stapel der influxdata Softwarekomponenten Telegraf, InfluxDB, Chronogar und Kapacitor) indem es diese Komponenten einem System mit einer einheitlichen Syntax kombiniert.

  Flux bildet somit eine Alternative zu InfluxQL und ist der Standard bei InluxDB ab Version 2.x. Das zugrunde liegende funktionale Sprachmuster ist äußerst leistungsfähig, flexibel und in der Lage, viele der Einschränkungen von InfluxQL zu überwinden so z.B. das Arbeiten mit Joins, das Sortieren nach Tags, das Arbeiten mit mehreren Datenquellen, String-Manipulation und Datenformung sowie vieles andere mehr.

Einfache Abfragen mittels Flux über das InfluxDB-UI

Eine einfache Abfrage lässt sich über die Möglichkeiten des Selektionsbereiches schnell zusammenstellen (siehe Abbildung 36).

Abb. 36: InfluxDB Daten mit dem Data Explorer abrufen

Wählen Sie durch Markierung des Buckets sowie über die Einträge in den Drop-Downlisten (Filter / Group) und entsprechende Kontrollkästchen die Optionen Ihrer Abfrage. Passen Sie ggf. noch die mit ***AUTO*** vorbelegten Einstellungen an – so ist z.B. ***mean*** als Aggregationsfunktion standardisiert vorgegeben aber nicht immer erwünscht.

Ändern Sie in der Queryleiste noch den Zeitraum bestimmen Sie in der Kopfleiste abschließend die Darstellungsform (z.B. einfache Tabelle). ***Submit*** löst die Anfrage aus. In der Datenausgabe sollte nun das Ergebnis der Abfrage in der gewünschten Form erscheinen.

Häufig zeitigt der erste Versuch nicht das gewünschte Ergebnis. Ändern Sie einzelne Einstellungen oder versuchen Sie mit einem überschaubaren

Testdatenbestand, die Abfrage zu entwickeln. Lassen Sie sich im ***SCRIPT EDITOR*** die Abfrage anzeigen und übertragen Sie sie für weitere Vorhaben.

Die Flux-Query für das Beispiel ist:

```
from(bucket: "RaumDB")
  |> range(start: 2022-01-01T08:00:00Z, stop: 2023-12-01T20:00:01Z)
  |> filter(fn: (r) => r["_measurement"] == "RaumKlima")
```

Anmerkung: influx-CLI

Das entsprechende influx-CLI-Kommando mit Flux ist:

```
influx query '
from(bucket: "RaumDB")
  |> range(start: 2022-01-01T08:00:00Z, stop: 2023-12-01T20:00:01Z)
  |> filter(fn: (r) => r["_measurement"] == "RaumKlima")
'
```

Die Ausgabe ist hier dann vergleichbar mit der exportierten .csv-Datei. Die Daten sind lesbar in Spalten aufgelistet und nach InfluxDB-interner Tabellennummer gruppiert.

Komplexere Abfragen mittels Flux

Dieser Abschnitt befasst sich mit verschiedenen Klauseln der Flux-Query. Dabei beschränkt sich die Darstellung auf die gebräuchlichsten Funktionalitäten. Sie können aber alle Elemente im InfluxDB-UI Data Explorer im Script-Editor-Modus erstellen und testen.

Anmerkung: verkürzte Trefferdarstellung

In der Anzeige tauchen nicht immer alle Treffer auf. Manchmal hilft es, die Bildschirmgröße zu reduzieren. Ein Download der Ergebnisse beinhaltet aber den zutreffenden Inhalt.

Die Grundform einer Flux-Query

Eine Flux-Query benötigt in der einfachsten Ausprägung die Angabe des Bucketnamens und den Startzeitpunkt der Zeitserie; Beispiel:

```
influx query '
from(bucket: "RaumDB")
  |> range(start: 2000-01-01T00:00:00Z)
'
```

Die Zeichenfolge `|>` trägt die Bezeichnung ***pipe forward*** und besagt, dass noch Anweisungen folgen.

Auf Grund der hin und wieder wenig belastbaren Darstellung im Data Explorer und der doch manchmal langen Zeilen, die ein Lesen im einem beschränkten Terminalfenster erschweren, ist es sinnvoll, die Ausgabe in eine Datei umzulenken.

```
influx query '
from(bucket: "RaumDB")
  |> range(start: 2000-01-01T00:00:00Z)
' > fluxQuery.txt
```

Abbildung 37 zeigt einen Ausschnitt des Dateiinhaltes.

```
Result: _result
Table: keys: [_start, _stop, ZiID, _field, _measurement]
                  _start:time                      _stop:time            ZiID:string            _field:string    _measurem
------------------------------  ------------------------------  ----------------------  ----------------------  ----------
2000-01-01T00:00:00.000000000Z  2023-04-02T13:58:52.655078626Z                       1             Luftfeuchte
2000-01-01T00:00:00.000000000Z  2023-04-02T13:58:52.655078626Z                       1             Luftfeuchte
2000-01-01T00:00:00.000000000Z  2023-04-02T13:58:52.655078626Z                       1             Luftfeuchte
2000-01-01T00:00:00.000000000Z  2023-04-02T13:58:52.655078626Z                       1             Luftfeuchte
Table: keys: [_start, _stop, ZiID, _field, _measurement]
                  _start:time                      _stop:time            ZiID:string            _field:string    _measurem
------------------------------  ------------------------------  ----------------------  ----------------------  ----------
2000-01-01T00:00:00.000000000Z  2023-04-02T13:58:52.655078626Z                       1              Temperatur
2000-01-01T00:00:00.000000000Z  2023-04-02T13:58:52.655078626Z                       1              Temperatur
2000-01-01T00:00:00.000000000Z  2023-04-02T13:58:52.655078626Z                       1              Temperatur
2000-01-01T00:00:00.000000000Z  2023-04-02T13:58:52.655078626Z                       1              Temperatur
Table: keys: [_start, _stop, ZiID, _field, _measurement]
                  _start:time                      _stop:time            ZiID:string            _field:string    _measurem
------------------------------  ------------------------------  ----------------------  ----------------------  ----------
2000-01-01T00:00:00.000000000Z  2023-04-02T13:58:52.655078626Z                       2             Luftfeuchte
2000-01-01T00:00:00.000000000Z  2023-04-02T13:58:52.655078626Z                       2             Luftfeuchte
2000-01-01T00:00:00.000000000Z  2023-04-02T13:58:52.655078626Z                       2             Luftfeuchte
2000-01-01T00:00:00.000000000Z  2023-04-02T13:58:52.655078626Z                       2             Luftfeuchte
Table: keys: [_start, _stop, ZiID, _field, _measurement]
                  _start:time                      _stop:time            ZiID:string            _field:string    _measurem
------------------------------  ------------------------------  ----------------------  ----------------------  ----------
2000-01-01T00:00:00.000000000Z  2023-04-02T13:58:52.655078626Z                       2              Temperatur
2000-01-01T00:00:00.000000000Z  2023-04-02T13:58:52.655078626Z                       2              Temperatur
2000-01-01T00:00:00.000000000Z  2023-04-02T13:58:52.655078626Z                       2              Temperatur
```

Abb. 37: Dateiinhalt einfache Flux-Query

Die Angabe von **start** und **stop** (hier Voreinstellung **now()**) kann durch einen fixen Zeitpunkt (siehe Beispiel) oder aber relativ erfolgen. Relative Angaben können u.a. in Jahren (**-2y**), Tagen (**7d**), Stunden (**-12h**) oder Minuten (**m**) sein.

Im Script-Editor des Data Explorers finden sie häufig die Zeitangabe in folgender Form:

```
  |> range(start: v.timeRangeStart, stop: v.timeRan-
geStop)
```

Hintergrund ist, dass der Data Explorer die Zeitangaben in einer Variablen abspeichert, auf die die Flux-Query dann Bezug nimmt.

Die Trefferliste einer Flux-Query einschränken

Mit der Angabe eines Zeitfensters können Sie bereits das Suchergebnis auf einen bestimmten Zeitraum eingrenzen. Einen Filter können Sie auch für measurement, tag-key und field-key setzen. Der Filter wirkt dabei die **SELECT**-Anweisung und die **WHERE**-Klausel in InfluxQL bzw. einer vergleichbaren SQL-Query-Sprache.

Die **filter()**-Funktion hat einen Parameter **fn**, der wiederum eine predicate function erwartet.

Eine ***Flux predicate function*** ist eine namenlose Funktion, die in Abhängigkeit von einer oder mehrerer predicate expressions **true** oder **false** zurückgibt; Beispiel:

```
influx query '
from(bucket: "RaumDB")
  |> range(start: 2000-01-01T00:00:00Z)
  |> filter(fn: (r) => r["_measurement"] ==
"RaumKlima")
'
```

Die predicate expression bezieht sich hier auf das **measurement RaumKlima**,

Mehrere Filter sind zulässig; ebenso Verknüpfungen; Beispiel:

```
influx query '
from(bucket: "RaumDB")
  |> range(start: 2000-01-01T00:00:00Z)
  |> filter(fn: (r) => r["_measurement"] ==
"RaumKlima")
  |> filter(fn: (r) => r["ZiID"] == "1" or r["ZiID"] ==
"2")
' > fluxQuery1.txt
```

Das gleiche Ergebnis erzielen folgende Anweisungen:

- alle ZiID ungleich **"3"**:

  ```
  influx query '
  from(bucket: "RaumDB")
    |> range(start: 2000-01-01T00:00:00Z)
    |> filter(fn: (r) =>
      r._measurement == "RaumKlima" and
      r.ZiID != "3"  )
  '
  ```

- alle ZiID, die der Regular Expresssion `[1-2]` genügen

  ```
  influx query '
  from(bucket: "RaumDB")
    |> range(start: 2000-01-01T00:00:00Z)
    |> filter(fn: (r) =>
      r._measurement == "RaumKlima" and
      r.ZiID =~ /[1-2]/ )
  '
  ```

In ähnlicher Form lassen sich auch Filter auf field-keys realisieren:

```
influx query '
from(bucket: "RaumDB")
  |> range(start: 2000-01-01T00:00:00Z)
  |> filter(fn: (r) =>
    r._measurement == "RaumKlima" and
    r._field == "Luftfeuchte" )
'
```

Setzen Sie einen Filter auf bestimmte Werte wie folgt:

```
influx query '
from(bucket: "RaumDB")
  |> range(start: 2000-01-01T00:00:00Z)
  |> filter(fn: (r) =>
    r._measurement == "RaumKlima" and
    r._field == "Luftfeuchte" and
    r._value > 50.0 )
'
```

Excurs: InfluxQL

InfluxQL steht im InfluxDB-UI nicht zur Verfügung (s.o.)! Abfragen mit InfluxQL sind nur im Influx CLI möglich. Starten Sie die InfluxQL Shell in einem Terminal mit:

`influx v1 shell`.

Geben Sie dann die Abfrage ein, z.B.:

```
SELECT * FROM RaumDB.autogen.RaumKlima
```

Die Angabe des voll qualifizierten Datenbanknamens ist zwingend:

`<Datenbank-Name>.<Retention-Policy-name>.<Messung-name>`

Der * besagt, dass alle Felder auszugeben sind.

Die Ausgabe ist dann eine formatierte Tabelle, in der die Werte in Zeilen zusammengefasst sind (vgl. vgl. Abbildung 38; anders also als in der Flux-Query).

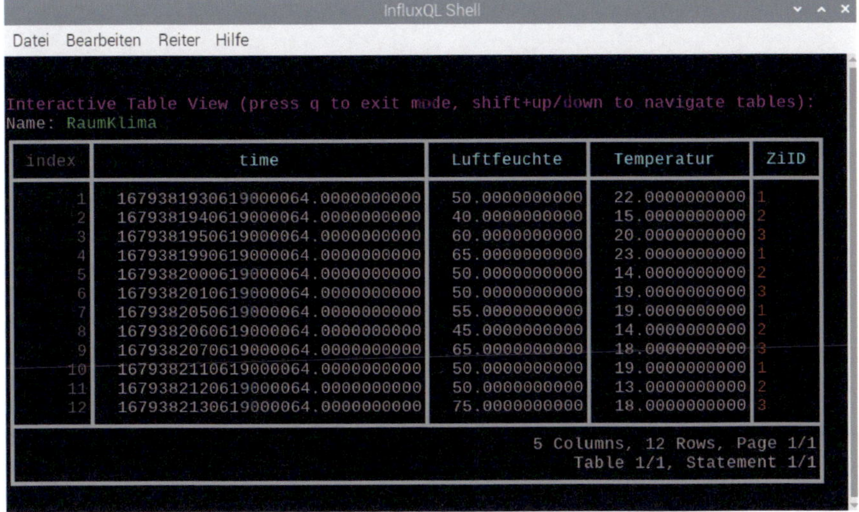

index	time	Luftfeuchte	Temperatur	ZiID
1	1679381930619000064.0000000000	50.0000000000	22.0000000000	1
2	1679381940619000064.0000000000	40.0000000000	15.0000000000	2
3	1679381950619000064.0000000000	60.0000000000	20.0000000000	3
4	1679381990619000064.0000000000	65.0000000000	23.0000000000	1
5	1679382000619000064.0000000000	50.0000000000	14.0000000000	2
6	1679382010619000064.0000000000	50.0000000000	19.0000000000	3
7	1679382050619000064.0000000000	55.0000000000	19.0000000000	1
8	1679382060619000064.0000000000	45.0000000000	14.0000000000	2
9	1679382070619000064.0000000000	65.0000000000	18.0000000000	3
10	1679382110619000064.0000000000	50.0000000000	19.0000000000	1
11	1679382120619000064.0000000000	50.0000000000	13.0000000000	2
12	1679382130619000064.0000000000	75.0000000000	18.0000000000	3

5 Columns, 12 Rows, Page 1/1
Table 1/1, Statement 1/1

Abb. 38: InfluxDB SELECT-Anweisung

Die Anzeige verlassen Sie mit `q` bzw. **Strg+C**; die Shell beenden Sie mit `EXIT`.

Bei der Angabe von tag-keys (hier ZiID) gibt es eine Besonderheit dergestalt, dass zumindest ein field-key aufzuführen ist.

```
SELECT "Temperatur","ZiID" FROM RaumDB.autogen.Raum-
Klima
```

Auch lassen sich einfache mathematische Operationen in die SELECT-Klausel einfügen :

```
SELECT "Temperatur"/2,"ZiID" FROM RaumDB.autogen.Raum-
Klima
```

In der FROM-Klausel können Sie mehrere Messungen angeben, die Sie durch Komma bzw. Kommata trennen. Beachten Sie, dass Sie die Bezeichner von Feldern oder Zeitreihen unbedingt in doppelte Anführungszeichen setzen, wenn diese Sonderzeichen enthalten (z.B: “Raum_Klima_Messreihe“).

Einen „lesbaren“ Zeitstempel (z.B.: 2020-11-07T15:31:22.427050021Z) in der Ausgabe erhalten Sie, indem Sie nach dem shell-Aufruf die Anweisung `precision rfc3339` absetzen erscheint das Ergebnis der Query-Abfrage in lesbarer Form .

Mit der WHERE-Klausel filtern Sie die Ergebnisse. Sie ist optional. Die entsprechende Syntax ergänzt die Syntax Grundform der SELECT-Anweisung.

```
SELECT_Klausel FROM_Klausel WHERE <Bedingung> [(AND|OR)
<Bedingung> [...]]
```

Beispiele:

```
SELECT * FROM RaumDB.autogen.RaumKlima WHERE time >=
'2022-01-01T08:00:00Z'
SELECT * FROM RaumDB.autogen.RaumKlima WHERE time >=
'2022-01-01T08:00:00Z' AND time <= '2023-12-
01T20:00:00Z'
SELECT * FROM RaumDB..RaumKlima WHERE "ZiID" = '1'
SELECT * FROM RaumDB..RaumKlima WHERE "ZiID" != '1'
SELECT * FROM RaumDB..RaumKlima WHERE "ZiID" =~ /[1-2]/
SELECT * FROM RaumDB..RaumKlima WHERE "Temperatur" > 19
```

Genau wie die SELECT-Klausel kann auch die WHERE-Klausel mathematische Ausdrücke enthalten (z.B. `WHERE "Temperatur"*2 > 40`, das Ergebnis hat nur noch zwei Einträge).

Die GROUP-Klausel

Ebenfalls optional ist die GROUP-Klausel. Sie erlaubt das Ergebnis der Query-Abfrage in Gruppen zusammen zu fassen. Als Gruppierungsfeld kann jede Spalte der Tabelle (jedes Feld) dienen:

```
influx query '
from(bucket: "RaumDB")
  |> range(start: 2000-01-01T00:00:00Z)
  |> filter(fn: (r) => r["_measurement"] ==
"RaumKlima")
  |> filter(fn: (r) => r["_field"] == "Temperatur")
  |> group(columns: ["_measurement", "ZiID"])
'
```

Besonders interessant sind Zeitangaben (`aggregateWindow(every: 1h)`), die Bildung von Durchschnittswerten (`mean`) und das Ausblenden nicht benötigter Datenreihen (`drop()`).

```
influx query '
from(bucket: "RaumDB")
  |> range(start: 2000-01-01T00:00:00Z)
  |> filter(fn: (r) => r["_measurement"] ==
"RaumKlima")
  |> filter(fn: (r) => r["_field"] == "Temperatur")
  |> group(columns: ["_measurement", "ZiID"])  |>
aggregateWindow(every: 1h, fn: mean, createEmpty:
false)
  |> drop(columns: ["_start", "_stop"])
'
```

Abbildung 39 zeigt das Ergebnis:

```
pi@raspberrypi:~ $ influx query '
from(bucket: "RaumDB")
  |> range(start: 2000-01-01T00:00:00Z)
  |> filter(fn: (r) => r["_measurement"] == "RaumKlima")
  |> filter(fn: (r) => r["_field"] == "Temperatur")
  |> group(columns: ["_measurement", "ZiID"])  |> aggregateWindow(every: 1h, fn: mean, createEmpty: false)
  |> drop(columns: ["_start", "_stop"])
'
Result: _result
Table: keys: [_measurement, ZiID]
   _measurement:string               ZiID:string                     _time:time                  _value:float
----------------------  ----------------------  ------------------------------  ----------------------------
             RaumKlima                       1  2023-03-21T07:00:00.000000000Z                          22.5
             RaumKlima                       1  2023-03-21T08:00:00.000000000Z                            19
Table: keys: [_measurement, ZiID]
   _measurement:string               ZiID:string                     _time:time                  _value:float
----------------------  ----------------------  ------------------------------  ----------------------------
             RaumKlima                       2  2023-03-21T07:00:00.000000000Z                            15
             RaumKlima                       2  2023-03-21T08:00:00.000000000Z             13.666666666666666
Table: keys: [_measurement, ZiID]
   _measurement:string               ZiID:string                     _time:time                  _value:float
----------------------  ----------------------  ------------------------------  ----------------------------
             RaumKlima                       3  2023-03-21T07:00:00.000000000Z                            20
             RaumKlima                       3  2023-03-21T08:00:00.000000000Z             18.333333333333332
pi@raspberrypi:~ $
```

Abb. 39: Flux-Query mit drop-, mean- und group-Anweisung

Anwendungsfall ist häufig die Reduzierung und Komprimierung des Datenbestandes (vgl. 3.13.7).

Excurs: InfluxQL

Vergleichbare Ergebnisse lassen sich auch mit InfluxQL erzielen:

```
SELECT ZiID,Temperatur FROM RaumDB..RaumKlima GROUP by "ZiID"
```

Abbildung 40 zeigt wiederum das Ergebnis:

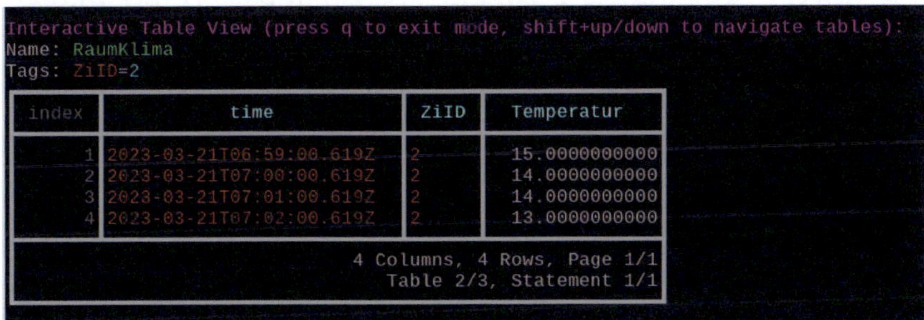

Interactive Table View (press q to exit mode, shift+up/down to navigate tables):
Name: RaumKlima
Tags: ZiID=2

index	time	ZiID	Temperatur
1	2023-03-21T06:59:00.619Z	2	15.0000000000
2	2023-03-21T07:00:00.619Z	2	14.0000000000
3	2023-03-21T07:01:00.619Z	2	14.0000000000
4	2023-03-21T07:02:00.619Z	2	13.0000000000

4 Columns, 4 Rows, Page 1/1
Table 2/3, Statement 1/1

Abb. 40: InfluxQL-Query group-Anweisung

Die Abbildung zeigt hier Tabelle 2 von 3. Sie navigieren zwischen den Tabellen mit den Pfeiltasten nach oben bzw. nach unten. Weiteres Beispiel:

```
SELECT MEAN("Temperatur") FROM RaumDB..RaumKlima GROUP by time(1h), "ZiID" fill(none)
```

Die LIMIT- und die SORT-Klausel

Query-Ergebnisse weisen bei umfangreichen Messreihen u.U. eine gewisse Länge auf. Sie können die Ergebnisliste mit der LIMIT-Klausel (Z.B. `LIMIT = 10`) begrenzen. Überdies lassen sich die Ergebnisse sortieren.

```
influx query '
from(bucket: "RaumDB")
   |> range(start: 2000-01-01T00:00:00Z)
   |> filter(fn: (r) => r["_measurement"] ==
"RaumKlima")
   |> sort(columns: ["_value"])
   |> limit(n:8)
'
```

Excurs: InfluxQL

Vergleichbare Ergebnisse lassen sich auch mit InfluxQL erzielen:

```
SELECT * FROM RaumDB..RaumKlima LIMIT 2
```

Der Sort nach tag- oder field-keys wird derzeit nicht unterstützt.

Exkurs: Heat-Index

Der Hitzeindex (engl.: Heat-Index) beschreibt die gefühlte Temperatur in Abhängigkeit von der Luftfeuchtigkeit (näheres vgl. Anlage) Mit folgender Anweisung können Sie sich den Hitzeindex aus den Raumklimadaten errechnen lassen.

```
select (-8.785+(1.611*"Temperatur")
+(2.339*"Luftfeuchte")+(-
0.146*"Temperatur"*"Luftfeuchte")+(-0.01231*"Tempe-
ratur"*"Temperatur")+(-
0.01642*"Luftfeuchte"*"Luftfeuchte")+(0.002212*"Tempe-
ratur"*"Temperatur"*"Luftfeuchte")+(0.0007255*"Tempe-
ratur"*"Luftfeuchte"*"Luftfeuchte")+(-
0.000003582*"Temperatur"*"Temperatur"*"Luftfeuchte"*"Lu
ftfeuchte")) AS "Heatindex" from RaumDB..RaumKlima
LIMIT 2
```

3.7 Notebooks

Notebooks (dt.: Notizbücher) sind ein Werkzeug, mit dem Sie Ihre Daten untersuchen, visualisieren und verarbeiten können (siehe Abbildung 41). Stellen Sie sich ein InfluxDB-Notebook als eine Sammlung aufeinanderfolgender Datenverarbeitungsschritte vor. Jeder Schritt wird durch eine „Zelle" dargestellt, die eine Aktion ausführt, z. B. das Abfragen, Visualisieren, Verarbeiten oder Schreiben von Daten in Ihre Buckets. Notebooks helfen Ihnen beim:

- Erstellen von Ausschnitten aus Live-Code, Gleichungen, Visualisierungen und erläuternden Notizen.
- Erstellen von Benachrichtigungen oder geplanten Tasks.
- Downsampling und Normalisierung von Daten.
- Ausgeben von Daten in Buckets.

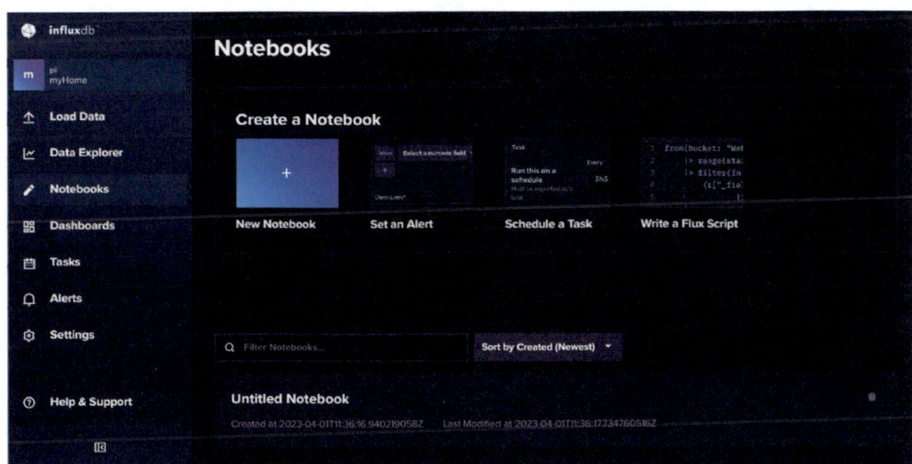

Abb. 41: InfluxDB-UI Notebook

Das InfluxDB-Notebook kennt drei verschiedene Zelltypen:

- Data source

  In einem Notebook ist mindestens eine Datenquellenzelle (Eingabezelle) erforderlich, damit andere Zellen ausgeführt werden können.

  - QUERY BUILDER: erstellt eine Abfrage mit dem Flux-Abfragegenerator.
  - FLUX SCRIPT: Eingabe eines neuen Flux-Skripts.

- Visualization

- TABLE: zeigt Daten in einer Tabelle an.
- GRAPH: zeigt Daten in einer Grafik an.
- NOTE: erstellt erläuternde Notizen oder andere Informationen.

- Action
  - ALERT: einrichten einer Alarmfunktion
  - TASKS: Verwenden Sie das Notizbuch, um einen Task einzurichten und zu exportieren.

Erstellte Arbeitsergebnisse (z.B. aus dem Data Explorer) können Sie direkt in Ihr Notebook speichern. Neue Einträge formulieren Sie mit Klick auf ***+ Notebook*** oder einer der drei anderen Alternativen.

Abbildung 42 zeigt das Fenster zur Erstellung eines allgemeinen Notebook-Eintrages.

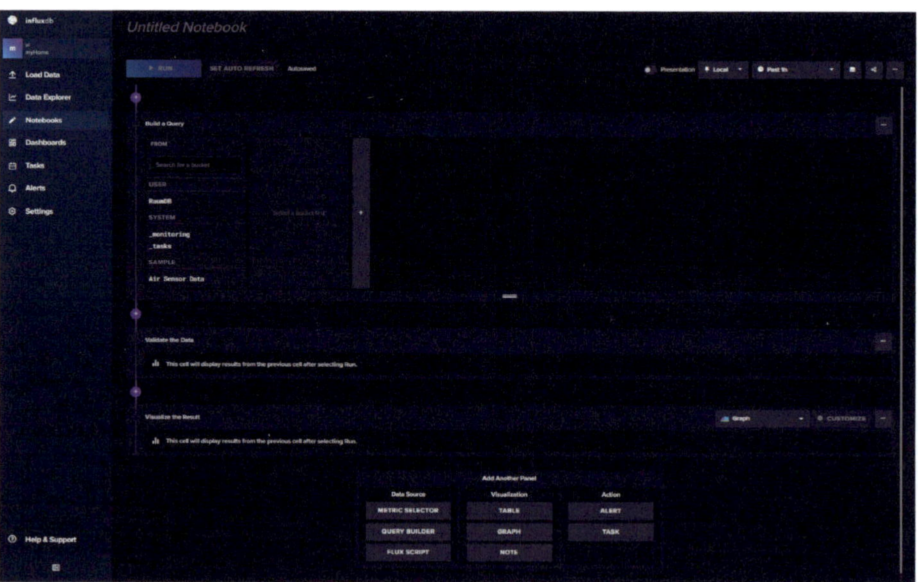

Abb. 42: InfluxDB-UI allgemeinen Notebook-Eintrag erstellen

In diesem Fall sind Festlegungen zu drei Bereichen (***Panel***) zu treffen. Löschen Sie ggf. ein Panel (***Delete*** im Menü-Icon aus der Panelkopfzeile) oder fügen Sie ein weiteres hinzu (***Add another Panel***).

3.8 Dashboards

Dashboards sind das Werkzeug zur Visualisierung Ihrer Daten. Dabei können durchaus unterschiedliche Sichten d.h. verschiedene Dashboards gewünscht oder erforderlich sein. Das InfluxDB-UI sieht hierfür einen eigenen Bereich vor (siehe Abbildung 43).

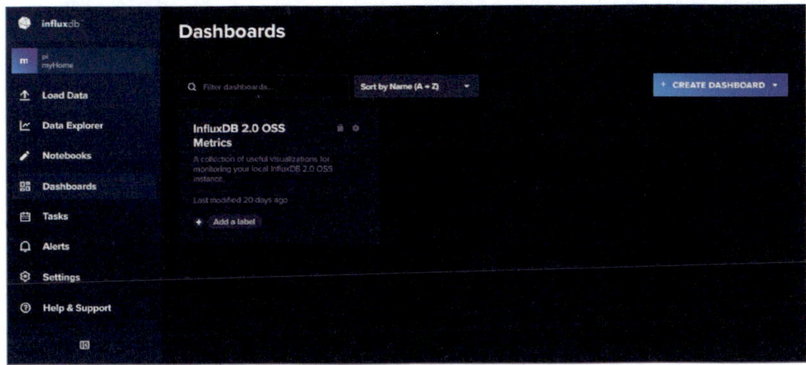

Abb. 43: InfluxDB-UI Dashboards

Nach einer Neuinstallation finden Sie ein Muster-Dashboard *InfluxDB 2.0 OSS Metrics*.

Tipp: das Muster-Dashboard mit Daten versorgen

Das Muster-Dashboard ist jedoch wenig hilfreich, solange keine entsprechenden Daten in der Datenbank vorliegen. Starten Sie den Scraper (vgl. Abschnitt 3.13.8). Der dort für die Speicherung der Daten festgelegte Bucket ist der Bucket, den Sie im Dashboard noch vorgeben müssen.

+ CREATE DASHBOARD erstellt ein neues Dashboard. Sie haben die folgende Optionen:

- New Dashboard: ein leeres Dashboard
- Import Dashboard: Upload einer Datei mit dem Dashboard-Layout oder Einfügen des Layouts im JSON-Format
- Add a Template: Nutzen einer Vorlage der Community oder von einer Webseite (.yaml- oder .json-Datei).

Ein Dashboard besteht aus einer oder mehrerer Zellen, die die anzuzeigenden Werte aufnehmen. Den Inhalt einer Zelle konfigurieren Sie in ähnlicher Weise, wie Sie es bereits im Abschnitt *einfache Abfragen mittels Flux über das InfluxDB-UI* kennen gelernt haben (siehe Abb. 44).

Abb. 44: Edit InfluxDB-UI Dashboard-Cell

3.9 Tasks

Mit Tasks verarbeiten und analysieren Sie Ihre Daten regelmäßig, automatisch und in Echtzeit. Sie ersetzen ***Continuous Queries*** – ein Tool von InfluxDB-1.x. Primäres Anwendungsgebiet ist die Reduzierung der Datenmenge in Ihrer Datenbank.

Tasks erstellen und verwalten Sie mit dem InfluxDB-UI, dem Influx-CLI und der InfluxDB-api/v2-API. Das nachfolgende Beispiel (InfluxDB-UI: ***Tasks → + CREATE TASK***) aggregiert Daten der RaumDB (siehe Abbildung 45).

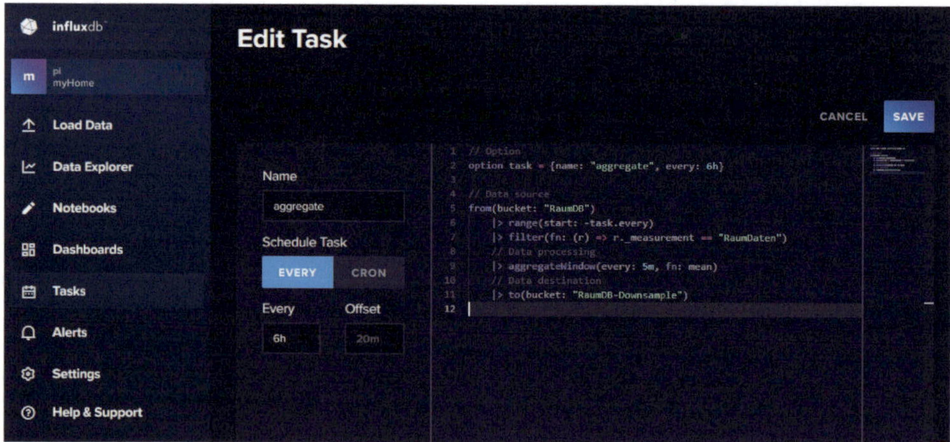

Abb. 45:InfluxDB-UI Edit-Task

3.9 Tasks

Jeder Task verfügt über Optionen

- `name`: die ist der Taskname
- `every`: gibt den Ausführungszeitpunkt an. `1h` besagt beispielsweise stündliche Ausführung zum Stundenwechsel 00:00.
- `offset`: bestimmt eine Zeitverschiebung bezüglich des Ausführungszeitpunkts. `10m` verzögert die Ausführung beispielsweise um 10 Minuten.

Die Angaben der linken Editor-Spalte müssen mit den Angaben zu `option task` übereinstimmen.

Die Elemente der Flux-Funktion sind bereits erörtert worden. Das Datenziel (`to`) muss bereits angelegt sein.

Anmerkung: influx-CLI

Das entsprechende influx-CLI-Kommando mit Flux ist:

```
influx task create '
// Option
option task = {
  name: "aggregate", every: 6h
}

// Data source
from(bucket: "RaumDB")
    |> range(start: -task.every)
    |> filter(fn: (r) => r._measurement == "RaumDaten")
    // Data processing
    |> aggregateWindow(every: 5m, fn: mean)
    // Data destination
    |> to(bucket: "RaumDB-Downsample")
'
```

Das linfluxDB-UI gibt dann auch wunderbar Auskunft über die ausgeführten Tasks (siehe Abbildung 46).

Abb. 46:InfluxDB-UI Runs-Task

VIEW LOGS gibt detaillierte Informationen und ist eine wertvolle Hilfe bei der Fehlersuche.

3.10 Warnungen

Warnungen (engl.: alerts) sind ein Feature, das bei InfluxDB 1.x im Paket Kapacitor enthalten ist (InfluxDB-UI: *Alerts*; siehe Abbildung 47).

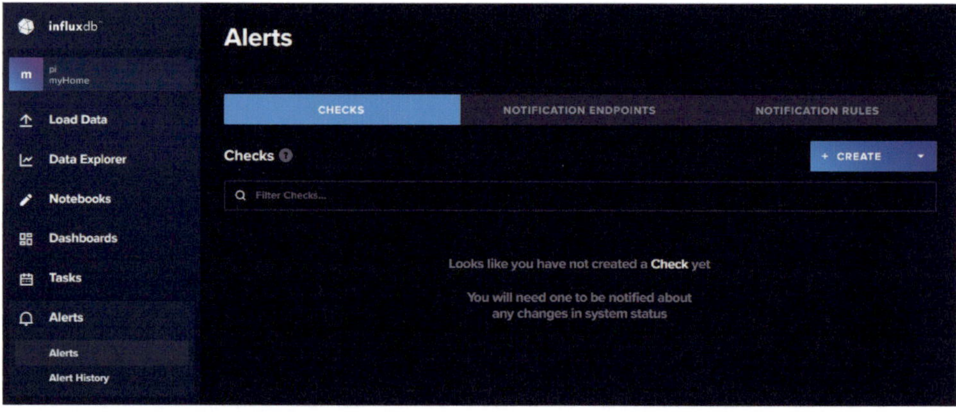

Abb. 47:InfluxDB-UI Alerts

Bedauerlicherweise ist dieser Baustein zumindest für Nutzer hierzulande nur von geringem Interesse. Zwar lassen sich CHECKS nach dem bekannten Muster von InfluxDB-UI recht bequem einrichten. Die Crux liegt jedoch darin, diese Warnungen z.B. durch versenden einer E-Mail sinnvoll zu verwerten.

Hierfür sind Festlegungen in *NOTIFICATION ENDPOINTS* und *NOTIFICATION RULES* nötig. InfluxDB 2.6 bietet hierfür aber noch keinen gangbaren Ansatz.

Möglich ist jedoch weiterhin der Rückgriff auf Kapacitor. Entnehmen Sie Details https://docs.influxdata.com/influxdb/v2.7/tools/kapacitor/.

3.11 Daten löschen / die Datenbank „sauber" halten

Im Laufe der Zeit sammelt sich früher oder später eine Unzahl von Datensätzen an. Um nicht unnötig Speicherplatz zu belegen und den Überblick zu behalten, ergibt sich die Notwendigkeit Datensätze zu löschen. Hier bieten sich verschiedene Wege an.

Zeitserien manuell löschen

Flux selbst bietet kein *delete*-Kommando. Hingegen lassen sich Messungen gut über das influx-CLI löschen:

- Löschen aller Messungen:

```
influx delete --bucket RaumDB \
  --start 2020-03-01T00:00:00Z \
  --stop 2023-11-14T00:00:00Z
```

- Löschen einer bestimmten Messung:

```
influx delete --bucket RaumDB  \
 --predicate '_measurement="RaumKlima"' \
  --start 2020-03-01T00:00:00Z \
  --stop 2023-11-14T00:00:00Z
```

Nicht löschen lassen sich gezielt Spalten (fields) einer Tabelle. Dies geht nur über Umwege wie z.B. Selektion der gewünschten Daten und Schreiben des Ergebnisses in einen neuen Bucket.

Achtung: Anführungszeichen / Apostroph

Wichtig ist die Verwendung der „richtigen" Zeichen (gerade Zeichen)

Messungen automatisiert löschen

Löschvorgänge können Sie über die Retention Period automatisieren (vgl. Abschnitt 3.3).

Ein viel verwendeter Ansatz ist auch, Daten mit Hilfe eines Tasks (siehe Abschnitt 3.9) aggregiert in einem weiteren Bucket abzuspeichern und die Originaldaten nach einer angemessenen Zeit im Rahmen der vereinbarten Aufbewahrungsfrist aufzugeben.

3.12 Die InfluxDB-API

InfluxDB bietet auch den Zugang über eine Schnittstelle (API, Application Programming Interface) an. So sind dann auch Datenbankanfragen über http (z.B. Browser, mit `curl`) möglich. Der Zugangstoken ist Bestandteil der Anfrage.

Flux query request an den /api/v2/query-Endpoint

Hierbei erfolgt ein Request an den /api/v2/query-Endpoint. Die Anfrage ist eine Flux-Anfrage.

```
curl --request POST http://localhost:8086/api/v2/
query \
  --header 'Authorization: Token -71gpQWsu3li8uN7GMUqY-
HcWGH_CFE-0lNv5HtVKfgI6udrUVgAb9dYuGwQKT62afYf04Xdx-
sQZrmfjaZhEWA=='\
  --header 'Accept: application/csv' \
  --header 'Content-type: application/vnd.flux' \
  --data 'from(bucket:"RaumDB")
        |> range(start: -120d)
        |> filter(fn: (r) => r._measurement ==
"RaumKlima") \
  --output RaumKlima.csv
```

Das Resultat ist in der Datei RaumKlima.csv. Allerdings endet das Kommando auf der influx-CLI-Eingabe, die Sie mit **Strg+C** verlassen können.

Query 1.x compatibility API

Diese Methode nutzt die Elemente von InfluxDB 1.x; z.B.:

```
curl --get http://localhost:8086/query \
  --header "Authorization: Token -71gpQWsu3li8uN7GMUqY-
HcWGH_CFE-0lNv5HtVKfgI6udrUVgAb9dYuGwQKT62afYf04Xdx-
sQZrmfjaZhEWA==" \
  --data-urlencode "q=SELECT * FROM RaumDB.au-
togen.RaumKlima"
```

Die Ausgabe des Ergebnisses erfolgt im JSON-Format (vgl. Abbildung 48).

Mit Hilfe eines JSON-Formatters (z.B. https://jsonformatter.org/) lässt sich eine lesbare Darstellung herbeiführen.

```
pi@raspberrypi:~ $ curl --get http://localhost:8086/query \
  --header "Authorization: Token -71gpQWsu3li8uN7GMUqYHcWGH_CFE-0lNv5HtVKfgI6udrUVgAb9dYuGwQKT62afY
f04Xdx-sQZrmfjaZhEWA==" \
  --data-urlencode "q=SELECT * FROM RaumDB.autogen.RaumKlima"
{"results":[{"statement_id":0,"series":[{"name":"RaumKlima","columns":["time","Luftfeuchte","Temper
atur","ZiID"],"values":[["2023-03-21T06:58:50.619Z",50,22,"1"],["2023-03-21T06:59:00.619Z",40,15,"2
"],["2023-03-21T06:59:10.619Z",60,20,"3"],["2023-03-21T06:59:50.619Z",65,23,"1"],["2023-03-21T07:00
:00.619Z",50,14,"2"],["2023-03-21T07:00:10.619Z",50,19,"3"],["2023-03-21T07:00:50.619Z",55,19,"1"],
["2023-03-21T07:01:00.619Z",45,14,"2"],["2023-03-21T07:01:10.619Z",65,18,"3"],["2023-03-21T07:01:50
.619Z",50,19,"1"],["2023-03-21T07:02:00.619Z",50,13,"2"],["2023-03-21T07:02:10.619Z",75,18,"3"]]}]}
]}
pi@raspberrypi:~ $
```

Abb. 48: InfluxDB-API Query

Daten mit Hilfe einer Client-Library speichern

Das InfluxDB UI zeigt ein paar Ansätze des Datenbankzugangs über Client-Libraries (***Load Data → Sources***). So sind für die meisten gängigen Programmiersprachen Bibliotheken verfügbar (z.B. Python, Java, JavaScript). Exemplarisch soll hier eine Anwendung für ESP8266 / ESP32 Mikrocontroller stehen.

Ein Klick auf den Eintrag (hier: ***Arduino***) öffnet ein Fenster mit umfangreichen Hilfestellungen (vgl. Abbildung 49).

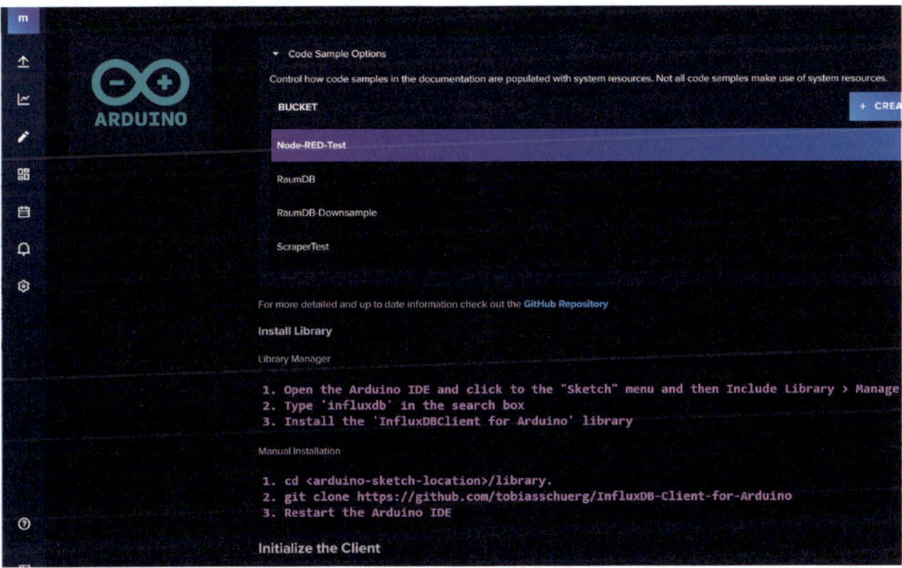

Abb. 49: InfluxDB mit Hilfe einer Client-Library anbinden

Die Hilfestellung ist übersichtlich gliedert sich in mehrere Abschnitte. An erster Stelle steht die Auswahl bzw. die Erstellung des Zielbuckets. Es folgen Hinweise zur Implementierung der Bibliothek (hier: *influxdb*).

Es folgt ein Abschnitt mit einem Musterbeispiel für die Initialisierung des Clients. Enthalten sind bereits viele Angaben wie der URL der InfluxDB oder der Bucket-Name. Zu ergänzen sind lediglich die WiFi-Zugangsdaten und InfluxDB API-Token.

Der Abschnitt *Write Data* enthält einen Code-Schnipsel, der Beispieldaten in die Datenbank lädt.

Ein weiterer Abschnitt zeigt ein Beispiel für eine Flux-Query. Insgesamt sind die Hilfestellungen ausgesprochen gut und helfen bestens, eigene Projekte zu realisieren.

3.13 InfluxDB administrieren

Die Installation richtet ein paar Ordner und Dateien ein. Der Dateipfad hängt von der Installationsmethode ab. Bei einer RPi-Package-installation sind dies:

- Engine: /var/lib/influxdb/engine/

  Dies ist der Verzeichnispfad zur Speicher-Engine, in der InfluxDB Zeitreihendaten speichert; es umfasst die folgenden Ordner:

  data: Speichert Time-Structured Merge Tree (TSM)-Dateien.

  replicationq: Speichert die Replikationswarteschlange für den InfluxDB-Replikationsdienst.

  wal: Speichert Write-Ahead-Log-Dateien (WAL).

- Bolt: /var/lib/influxdb/influxd.bolt

  Die Boltdb-Datenbank ist ein dateibasierter Schlüsselwertspeicher für Nicht-Zeitreihendaten wie InfluxDB-Benutzer, Dashboards, Aufgaben usw..

- zentrale Konfigurations-Datei: /etc/influxdb/config.toml

  Sie enthält nach der Installation Pfadangaben zur Bolt- und Engine-Datei

Darüber hinaus befindet sich in Ihrem Home-Verzeichnis ein versteckter Ordner .influxdbv2. Er enthält u.a. eine Datei configs mit weitergehenden Angaben zur influx-Konfiguration (siehe auch Abschnitt 3.3).

3.13.1 Das Datenbankschema anzeigen

Das Datenbankschema können Sie sich sowohl mit Flux als auch mit InfluxQL anzeigen lassen.

Ermitteln der Buckets

Lassen Sie sich die von InfluxDB verwalteten Buckets anzeigen (vgl. Abbildung 50).

```
influx query '
buckets()
'
```

```
pi@raspberrypi:~ $ influx query '
buckets()
'
Result: _result
Table: keys: [organizationID]
 organizationID:string              name:string             id:string  retentionPolicy:string        retentionPeriod:int
----------------------  ----------------------  ----------------------  ----------------------  --------------------------
     d780ef11cec7f966                  RaumDB    9dcddefd0fdf6a89                                                     0
     d780ef11cec7f966             _monitoring    17827c54d099e617                                       604800000000000
     d780ef11cec7f966                  _tasks    b9274009fef396be                                       259200000000000
pi@raspberrypi:~ $
```

Abb. 50: InfluxDB Basisinformationen

In der List finden Sie dann auch Informationen zur Retention-Policy und Retention-Period.

Anzeigen der Measurements

Eine Liste der Measurements erhalten Sie mit:

```
influx query '
import "influxdata/influxdb/schema"
schema.measurements(bucket: "RaumDB")
'
```

Anzeigen der Field-Keys

Sie können sich eine Field-Key-Liste eines Buckets aber auch eines Measurements erstellen lassen.

Bucket-Field-Key-Liste:

```
influx query '
import "influxdata/influxdb/schema"
schema.fieldKeys(bucket: "RaumDB")
'
```

Measurement-Field-Key-Liste:

```
influx query '
import "influxdata/influxdb/schema"
schema.measurementFieldKeys(
    bucket: "RaumDB",
    measurement: "RaumKlima",
)'
```

Anzeigen der Tag-Keys

Die Anzeige der Tag-Key-Liste eines Buckets ist analog der der Field-Key-Liste.

Bucket-Tag-Key-Liste:

```
influx query '
import "influxdata/influxdb/schema"
schema.tagKeys(bucket: "RaumDB")
'
```

Measurement-Tag-Key-Liste:

```
influx query '
import "influxdata/influxdb/schema"
schema.measurementTagKeys(
    bucket: "RaumDB",
    measurement: "RaumKlima",
)'
```

Anzeigen der Tag-Key-Werte

In ähnlicher Weise funktioniert die Anzeige der Tag-Key-Werte.

Bucket-Tag-Key-Werte:

```
influx query '
import "influxdata/influxdb/schema"
schema.tagValues(bucket: "RaumDB", tag: "ZiID")
'
```

Measurement-Tag-Key-Werte:

```
influx query '
import "influxdata/influxdb/schema"
schema.measurementTagValues(
    bucket: "RaumDB",
    tag: "ZiID",
    measurement: "RaumKlima",
)'
```

3.13.2 API-Token

API-Token sind ein wesentlicher Bestandteil des InfluxDB-Datensicherheitsmanagements. Es gibt drei verschiedene Arten:

- Operator-Token (Admin-, Root-Token): gewährt vollen Lese- und Schreibzugriff auf alle Ressourcen in allen Organisationen in InfluxDB OSS 2.x.
- All-Access-Token: gewährt vollen Lese- und Schreibzugriff auf alle Ressourcen in einer Organisation.
- Lese-/Schreibtoken: gewährt Lese- oder Schreibzugriff auf bestimmte Ressourcen in einer Organisation.

Sie können API-Token mit einigen Einschränkungen über das InfluxDB-UI verwalten (*Load Data > API Tokens*). Zielgenauer ist das InfluxDB-CLI, denn es erfasst auch Operator-Token sowie den maßgenauen Zuschnitt der Berechtigungen (lesen, schreiben, betroffene Buckets, etc.).

`influx auth list` listet alle Token auf. Für weitere Details besuchen Sie die Seite https://docs.influxdata.com/influxdb/v2.6/security/tokens/.

3.13.3 Verwaltung von «Organisation»

Der einfachste Weg ist mit Hilfe des InfluxDB-UI. *m → About* zeigt neben dem Klarnamen auch den internen Schlüssel der Organisation und des Benutzers an (siehe Abbildung 51):

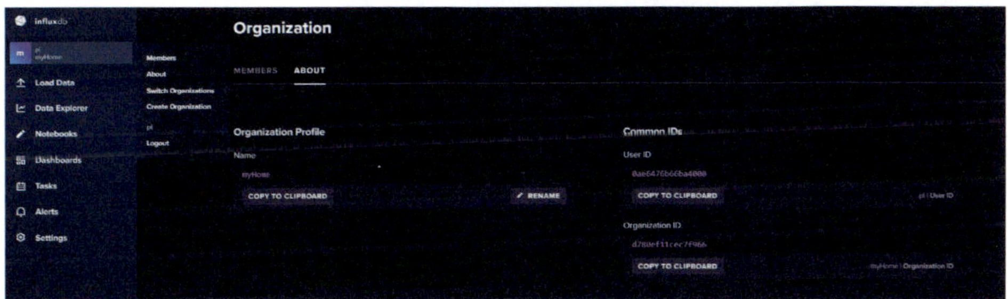

Abb. 51: InfluxDB-UI – Verwaltung von Organisation

Create Organisation erstellt eine neue Organisation und einen neuen Bucket. Sie landen im Getting-Started-Fenster (siehe Abbildung 32).

Anmerkung: influx-CLI

Die entsprechenden influx-Kommandos sind – `delete` verlangt den Admin-Token (s.o.):

```
influx org create -n RaumDB
influx org delete -i 43ed0e07325836d0 -t KqK0HDfdDfsW-
XUG35aPNAuOwpRrApwIrT7i6xXQOFtKaJoJjYFlgGe9I3Uip-
g92h9QHIBS8ZIygsizTRkcQ1EQ==
```

Mit Löschen der Org-ID gehen auch alle damit verbundenen Buckets verloren.

3.13.4 Buckets verwalten anlegen

In InfluxDB können Sie mehrere Buckets (Datenbanken) anlegen. Im Rahmen der Ersteinrichtung über das InfluxDB-UI haben Sie einen initialen Bucket angelegt. Weitere Buckets kreieren Sie über *Load Data → Buckets → + CREATE BUCkET* (siehe Abbildung 52).

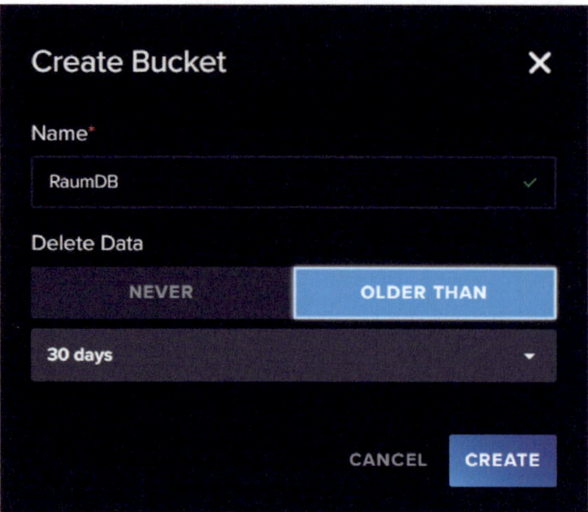

Abb. 52: InfluxDB Bucket anlegen

Geben Sie dem Bucket einen Namen und vereinbaren Sie ein Aufbewahrungsfrist (hier: 30 Tage). *CREATE* legt den Bucket an.

Sie löschen ein Bucket über das Papierkorb-Icon in dem zugehörigen Bucket-Eintrag. Mit *SETTINGS* lässt sich der Namen und die Aufbewahrungsfrist (***Retention Period***) im Nachhinein ändern.

Anmerkung: influx-CLI

Die entsprechenden influx-Kommandos sind; der Parameter `r` gibt die Aufbewahrungsfrist an:

```
influx bucket create -n RaumDB -r 30d
influx bucket delete -n RaumDB
influx bucket update -n RaumDB -r 10d
influx bucket list
```

Retention Policies und Shards

Retention Policies (dt.: Aufbewahrungsrichtlinie) und ***Shards*** (dt.: Scherben) sind eine feine Möglichkeit, den InfluxDB-Datenbestand im Zaum zu halten. Dieser Abschnitt befasst sich mit den Begrifflichkeiten und ihrer Anwendung.

Retention Policies

Aufbewahrungsrichtlinien bieten im Hinblick auf einen „balastfreien" Datenbestand eine einfache und effektive Möglichkeit, alte und überholte Daten zu verwerfen. Von der Idee, haben Daten ein „Ablaufdatum". Der automatische Löschvorgang setzt ein, sobald dieses erreicht ist. InfluxDB löscht hier aber nicht nur jeweils einen Datenpunkt. Sondern es entfernt eine ganze s.g. ***Shard Group***.

Shard Group

Eine Shard Group ist ein Container für Shards (dt.: Scherben), die wiederum die tatsächlichen Zeitreihendaten enthalten. Jede Shard Group hat eine entsprechende Aufbewahrungsrichtlinie, und alle Shards innerhalb einer einzelnen Shard Group halten sich an dieselbe Aufbewahrungsrichtlinie. Zusätzlich hat jede Shard Group eine Shard-Gruppendauer; sie bestimmt das Zeitfenster (das Zeitintervall) einer Shard Group.

Shards

Das schiere Volumen an Zeitreihendaten einer typische Zeitreihendatenbank mit diversen Speichermodellen und Abfragen erfordert einen alternativen Ansatz zur Kategorisierung dieser Daten: Shards. Shards sind ideale Container für Zeitreihendaten. Das Zusammenfassen der Daten in Shards (Sharding) in InfluxDB ermöglicht einen hoch skalierbaren Ansatz zur Steigerung des Durchsatzes und der Gesamtleistung, Er entfaltet seine Wirkung speziell bei rasch wachsenden Datenmengen in Zeitreihendatenbanken.

Das Zusammenwirken von Retention Policies und Shards

Mit dem Erstellen eines Bucket in InfluxDB erfolgt automatisch die Einrichtung einer eine Standardaufbewahrungsrichtlinie für diese Datenbank mit dem Namen „autogen“. Abhängig davon ist die Dauer der Shard Groups, sofern keine anderen Einstellungen getroffen werden (vgl. Tabelle 1).

Dauer Retention Policy	Dauer Shard Group
< 2 Tage	1 Stunde
>= 2 Tage und <= 6 Monate	1 Tag
> 6 Monate	7 Tage

Tabelle 1: Dauer Retention Policy / Shard Tabelle

Änderungen nehmen Sie über den Parameter `--shard-group-duration` beim Erstellen oder Ändern eines Buckets mit `influx` vor.

`influx bucket list` zeigt Ihnen die eingerichteten Aufbewahrungsrichtlinien an (vgl. Abbildung 53).

```
pi@raspberrypi:~ $ influx bucket list
ID                      Name                    Retention       Shard group duration    Organization ID
        Schema Type
47393ee322995f11        Node-RED-Test           1h0m0s          1h0m0s          d780ef11cec7f966 implicit
64158d92b5688b9c        RaumDB                  infinite        168h0m0s        d780ef11cec7f966 implicit
cad31657d492ccbc        RaumDB-Downsample       infinite        168h0m0s        d780ef11cec7f966 implicit
52063d126107b09b        ScraperTest             720h0m0s        24h0m0s         d780ef11cec7f966 implicit
17827c54d099e617        _monitoring             168h0m0s        24h0m0s         d780ef11cec7f966 implicit
b9274009fef396be        _tasks                  72h0m0s         24h0m0s         d780ef11cec7f966 implicit
pi@raspberrypi:~ $
```

Abb. 53: InfluxDB Liste der Buckets

3.13.5 Benutzerverwaltung

Benutzer sind diejenigen, die Zugriff auf InfluxDB haben. Um einem Benutzer die Berechtigung zum Zugriff auf Daten zu erteilen, fügen Sie ihn als Mitglied einer Organisation hinzu und stellen Sie ihm ein API-Token bereit.

`influx user list` listet alle angelegten Benutzer auf.
Für weitere Details besuchen Sie die Seite https://docs.influxdata.com/influxdb/v2.6/users/.

3.13.6 TLS konfigurieren

InfluxDB unterstützt verschiedene TLS-Zertifikate-Typen:

- Zertifikate einer Authorisierungsstelle für eine Domäne
- Wildcard-Zertifikate einer Authorisierungsstelle
- selbst signierte Zertifikate

An dieser Stelle soll ein selbst signiertes Zertifikat (siehe auch Kapitel 10) zum Einsatz kommen.

```
sudo openssl req -x509 -nodes -newkey rsa:2048 \
  -keyout /etc/ssl/influxdb-selfsigned.key \
  -out /etc/ssl/influxdb-selfsigned.crt \
  -days 3650
```

Ändern Sie die Berechtigungen:

```
sudo chmod 644 /etc/ssl/influxdb-selfsigned.crt
sudo chmod 600 /etc/ssl/influxdb-selfsigned.key
```

Öffnen Sie die InfluxDB-Konfigurationsdatei:

```
sudo nano /etc/influxdb/config.toml
```

Füge Sie dort die folgenden Zeilen ein:

```
tls-cert = "/etc/ssl/influxdb-selfsigned.crt"
tls-key = "/etc/ssl/influxdb-selfsigned.key"
```

Die Änderungen erlangen erst nach einem Restart (`sudo systemctl restart influxdb`) Gültigkeit.

Bitte beachten Sie, dass der Browser selbst signierte Zertifikate als solche erkennt und die Verbindung folgerichtig als unsicher einstuft (Meldung: „Ihre Verbindung ist nicht privat“, durchgestrichenes https:). Der Datenaustausch ist dennoch verschlüsselt.

3.13.7 Die Datenbank sichern und wieder herstellen

Das Sichern und Wiederherstellen von Daten spielen bei den Administrationsarbeiten eine wesentlichen Rolle. InfluxDB bietet hier einfach zu handhabende Funktionen an, die über influxd zu erreichen sind.

Ein Backup erstellen

Sie erstellen eine Sicherungsdatei mit `influx backup`. Die Syntax ist:

```
influx backup [flags] path
```

flags sind auch hier Parameter, die das Backup beeinflussen. Wie bei allen `influx`-Kommandos sind bestimmte Angaben zwingend (`--host`, `-o` (OrgID) und `-t`, (Token)). Diese Angaben müssen entweder in der Konfigurationsdatei hinterlegt oder als Umgebungsvariable definiert sein oder aber als Parameter mitgegeben werden (siehe auch Abschnitt 3.2).

Achtung: Fallstrick Token

Der Backup verlangt den Admin-Token (Root-Token). Dieser wird im Rahmen der Installation angelegt. Der Token taucht zwar im InfluxDB-UI auf (hier wäre es pi's Token, da die Installation mit dem User pi erfolgte); er ist hier jedoch nicht mehr einzusehen.
Sie erhalten ihn mit dem Kommando `influx auth list` (s.o.).

Das folgende Kommando sichert den gesamten InfluxDB-Datenbestand (vgl. Abbildung 54).

```
influx backup ./influxdb-backup -t KqK0HDfdDfsWXUG35aP-
NAuOwpRrApwIrT7i6xXQOFtKaJoJjYFlgGe9I3Uipg92h9QHIBS8-
ZIygsizTRkcQlEQ==
```

```
pi@raspberrypi:~ $ influx backup ./influxdb-backup -t KqK0HDfdDfsWXUG35aPNAuOwpRrA
pwIrT7i6xXQOFtKaJoJjYFlgGe9I3Uipg92h9QHIBS8ZIygsizTRkcQlEQ==
2023/04/05 13:51:41 INFO: Downloading metadata snapshot
2023/04/05 13:51:41 INFO: Backing up TSM for shard 4
2023/04/05 13:51:41 WARN: Shard 4 removed during backup
2023/04/05 13:51:41 INFO: Backing up TSM for shard 13
2023/04/05 13:51:41 WARN: Shard 13 removed during backup
2023/04/05 13:51:41 INFO: Backing up TSM for shard 12
pi@raspberrypi:~ $
```

Abb. 54: Backup

Mit Hilfe von Systemvariablen können Sie den Zeitpunkt der Sicherung auch im Ordnernamen manifestieren (z.B. ./influxdb-backup_$(date '+%Y-%m-%d_%H-%M').

Restore

Benutzen Sie `influx restore`, um Datenbanken zurück zu spielen, so z.B.:

```
influx restore ./influxdb-backup/ -t KqK0HDfdDfsW-
XUG35aPNAuOwpRrApwIrT7i6xXQOFtKaJoJjYFlgGe9I3Uip-
g92h9QHIBS8ZIygsizTRkcQlEQ==
```

Der zu restaurierende Bucket darf jedoch nicht existieren. Löschen Sie diesen vor dem Restore, wenn Sie auf einen früheren Stand zurück setzen müssen. Geben Sie alternativ dem zu restaurierenden einen neuen Namen:

```
influx restore ./influxdb-backup/ -t KqK0HDfdDfsW-
XUG35aPNAuOwpRrApwIrT7i6xXQOFtKaJoJjYFlgGe9I3Uip-
g92h9QHIBS8ZIygsizTRkcQlEQ==  \
  --bucket RaumDB             \
  --new-bucket new-RaumDB
```

3.13.8 Scrapers

Scrapers zeichnen Kenndaten (metrics) der InfluxDB auf. Die Liste ist lang und reicht von Dingen wie der Anzahl Buckets über Anzahl der Lese- und Schreibzugriffe auf die boltdb bis hin zu Go-Statistikdaten. Sie legen einen Scraper *Load Data → Scrapers → + CREATE SCRAPER* an (vgl. Abb. 55).

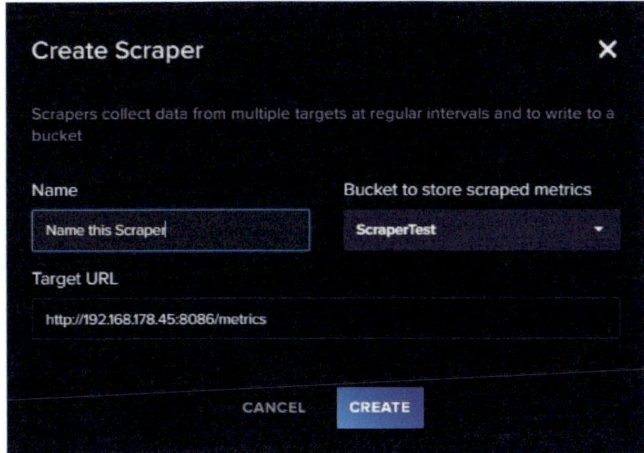

Abb. 55: InfluxDB-UI Scraper erstellen

Geben Sie dem Scraper einen Namen und definieren Sie einen Bucket zum Speichern der Daten. *Target URL* verweist auf die InfluxDB.

Abbildung 56 zeigt eine mögliche Selektion im Data Explorer.

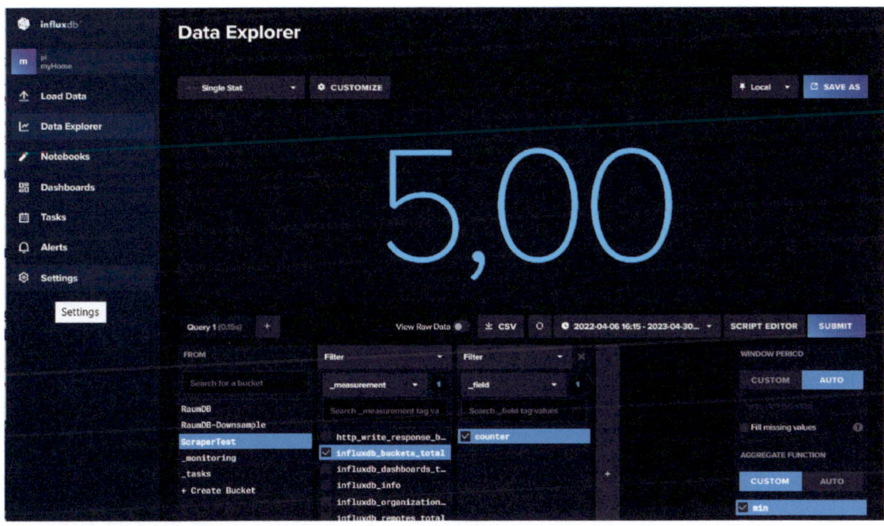

Abb. 56: Scrapers Kenndaten im Data Explorer

Weiterführende Tipps

Wertvolle Tipps finden Sie unter https://dganais.medium.com/are-you-new-to-influxdb-v2-0-33c11f47099c.

4 MariaDB Server

MariaDB Server (https://mariadb.org/) ist eine relationale Open Source-Datenbank. Sie ist durch eine Abspaltung von ***MySQL*** entstanden. Der Name MariaDB geht auf den Namen der jüngeren Tochter Maria des früheren Hauptentwicklers Michael Widenius zurück; die ältere Tochter My stand Pate bei der Namensgebung von MySQL. Aktuell entwickelt die MariaDB-Foundation das Community-Projekt MariaDB Server, während sich die MariaDB-Corporation um die kommerziellen Geschäftsbereiche des Unternehmens kümmert.

Auf Grund der Entwicklungsgeschichte weist MariaDB viele Gemeinsamkeiten mit MySQL auf. Das geht so weit, dass z.B. auf einem Raspberry PI Ordnernamen identisch sind mit der Folge, dass im Grunde genommen nur ein System installiert sein kann.

Die Ansichten divergieren, welche der beiden Datenbank zum Einsatz kommen soll. Tendenziell schlägt das Pendel Richtung MariaDB aus. Für diese Entwicklung sind primär zwei Gründe ausschlaggebend: Zum einen steht das etwas zurückhaltende Engagement im Open Source-Bereich von Oracle seit geraumer Zeit in der Kritik. Das Verhalten des Datenbank-Riesen stößt vielen Menschen in der Open Source-Community sauer auf und verursacht auch bei zahlreichen Unternehmen eine gewisse Unsicherheit. Zum anderen hat MariaDB MySQL technologisch in vielen Bereichen überholt und verfügt über Merkmale, die teilweise MySQL nach wie vor fehlen. Näheres finden Sie z.B. unter https://www.ionos.de/digital-guide/hosting/hosting-technik/mariadb-vs-mysql/.

4.1 Was ist eine relationale Datenbank?

Das Modell der ***relationalen Datenbank*** entstand in den 1970er Jahren. Begrifflich stellt eine Relation eine Menge von Entitäten mit gleichen Eigenschaften dar. Konkret verbirgt sich hinter einer Relation eine Tabelle. Jede Relation (Tabelle) besteht aus einer Reihe von Datensätzen (sogenannten Tupel), deren Werte bestimmten ***Attributen*** zugeordnet sind. Eine Relation RaumDaten mit seinen Attributen hat beispielsweise folgendes Schema: (vgl. 3.1.2).

```
RaumDaten = (ZiID : integer,
             ZiName : string,
             qm : integer,
```

```
                Schalter : integer,
                Steckdosen : integer)
```

Ein Tupel sähe beispielsweise wie folgt aus:

```
(1, 'Wohnzimmer', 36, 2, 5}
```

Jede Datenreihe (jeder Tupel) wird durch einen Schlüssel, den ***Primary Key*** identifiziert. Daraus folgt, dass Primärschlüssel eindeutig sein müssen, nicht leer oder NULL sein dürfen und ihre Definition obligatorisch ist. Unabhängig davon ist es zulässig, weitere Schlüssel über andere Attribute zu definieren, die dann auch mehrfach vorkommen dürfen.

Häufig dienen Schlüssel einer Tabelle als Verbindung zu Datensätzen einer anderen Tabelle (vgl. Abbildung 57). Diese Schlüssel heißen dann ***Fremdschlüssel*** (engl.: foreign keys).

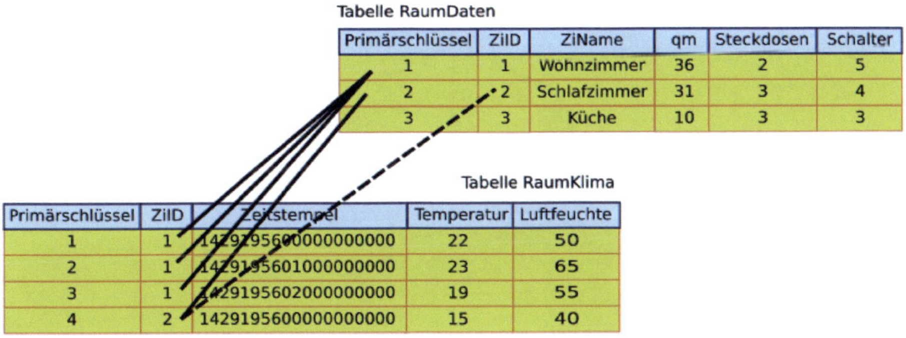

Tabelle RaumDaten

Primärschlüssel	ZiID	ZiName	qm	Steckdosen	Schalter
1	1	Wohnzimmer	36	2	5
2	2	Schlafzimmer	31	3	4
3	3	Küche	10	3	3

Tabelle RaumKlima

Primärschlüssel	ZiID	Zeitstempel	Temperatur	Luftfeuchte
1	1	1429195600000000000	22	50
2	1	1429195601000000000	23	65
3	1	1429195602000000000	19	55
4	2	1429195600000000000	15	40

Abb. 57: Datenbanksystem

Hier bestehen zwei Möglichkeiten:

- das Attribut einer Relation (hier z.B. das Attribut „ZiID" der Relation RaumKlima, durchgezogene Linie) weist auf den Primärschlüssel einer anderen Relation (hier die Relation „RaumDaten"). Vorteil ist, dass dieser Ansatz Redundanzen vermeidet.
- das Attribut einer Relation (hier z.B. das Attribut „ZiID" der Relation RaumKlima, gestrichelte Linie) weist auf das Attribut einer anderen Relation (hier das Attribut „ZiID" der Relation „RaumDaten"). Vorteil ist, dass dieser Ansatz Redundanzen vermeidet. Vorteil ist auch, dass dies in manchen Augen hinsichtlich der Darstellung des Designs lesbarer und im Falle von Änderungen besser zu warten ist.

Auf diese Weise erlauben relationale Datenbanken, Daten auf ausgefeilte Weise zu modellieren und Verbindungen zwischen verschiedenen Datentypen zu definieren. Auch komplexe Strukturen lassen sich übersichtlich abbilden. Ein großes Manko ist, dass die Datenstruktur relativ starr ist, weil das Datenbankschema vor dem Einfügen des ersten Datensatzes beschrieben sein muss.

4.2 Datenbankkonzept / -aufbau

MariaDB bildet das Schema einer relationalen Datenbank im Datenbankaufbau ab (vgl. Abbildung 58). Sie verwendet im Grundsatz die gleichen Begrifflichkeiten wie MySQL.

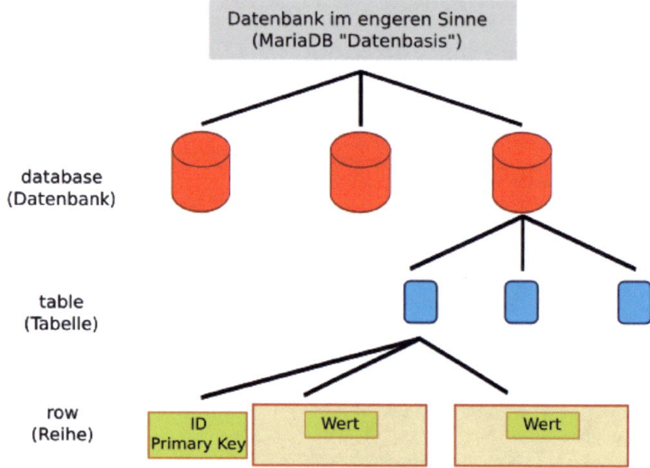

Abb. 58: Struktur MySQL-Datenbank

Zulässige Datentypen sind:

- String-Datentypen: char, var char(size), text(size), binary(size)
- Numeric-Datentypen: bit, inf(m), float(m,d), double(m.d), float(p)
- Date/time-Datentypen: Date, Datetime, timestamp(m), Time
- Large object-Datentypen: tinyblob, blob(size), mediumblob, longtext

Das Datenbankschema verdient denn auch eine kurze Überlegung:

- Tabellen

  Hier geht es darum, u.U. Daten thematisch zu gliedern. Gibt es die Möglichkeit Daten in mehrere Tabellen zu gliedern (vgl. Beispiel Raumdaten) Wie soll die Verknüpfung zwischen den Tabellen aussehen?

- Indizes anlegen

  Umfasst eine Tabelle größere Datenmengen, bietet es sich an, Attribute zu indizieren. In Frage kommen insbesondere Attribute, die häufig Grundlage von Selektionen (`select()`- und `update()`-Query) oder Sortierkriterium sind.

- Datenüberlauf

  Zeitserien erlangen recht schnell einen so großen Umfang, dass die Speicherkapazität des Speichermediums an seine Grenzen stößt. Welche Mechanismen sind für eine Datenhygiene erforderlich?

4.3 Installation

Die Installation erfolgt in zwei Schritten:

1. Pakete installieren

   Aus dem Raspberry Repository installieren Sie MariaDB wie üblich:

   ```
   sudo apt-get update
   sudo apt-get install -y mariadb-server
   ```

   In der Regel umfasst dies Installation auch *mariadb-client*; er ermöglicht die Kommunikation mit der Datenbank über den Kommandozeilenbefehl `mysql`.

   Sie können die Version überprüfen mit:

   ```
   mariadb --version
   ```

   MariaDB startet nach der Installation automatisch. Richten Sie ggf. den Service für einen Start beim Booten ein:

   ```
   sudo systemctl enable mariadb
   sudo systemctl start mariadb
   ```

2. Datenbank-Server konfigurieren

   Eine sachgerechte Installation der MariaDB umfasst auch einige Grundeinstellungen hinsichtlich der Datenbanksicherheit. Das Tool `mysql_secure_installation` führt Sie durch die notwendigen Einstellungen:

   ```
   sudo mysql_secure_installation
   ```

   Das Skript erbittet als Erstes die Eingabe des aktuellen root-Passwortes. Quittieren Sie mit **ENTER** (vgl. Abbildung 59).

   ```
   pi@pi4:~ $ sudo mysql_secure_installation

   NOTE: RUNNING ALL PARTS OF THIS SCRIPT IS RECOMMENDED FOR ALL MariaDB
         SERVERS IN PRODUCTION USE!  PLEASE READ EACH STEP CAREFULLY!

   In order to log into MariaDB to secure it, we'll need the current
   password for the root user.  If you've just installed MariaDB, and
   you haven't set the root password yet, the password will be blank,
   so you should just press enter here.

   Enter current password for root (enter for none):
   ```

   Abb. 59: MariaDB Secure Installation Passwort

Als nächstes erfolgt die Frage, ob Sie zur Unix-Socket-Authentifizierung wechseln möchten. Da Sie bereits über ein geschütztes Root-Konto verfügen, können Sie diesen Schritt überspringen. Geben Sie `n` ein (vgl. Abbildung 60).

```
Enter current password for root (enter for none):
OK, successfully used password, moving on...

Setting the root password or using the unix_socket ensures that nobody
can log into the MariaDB root user without the proper authorisation.

You already have your root account protected, so you can safely answer 'n'.

Switch to unix_socket authentication [Y/n] n
```

Abb. 60: MariaDB Secure Installation keine Unix-Socket-Authentifizierung

Der nächste Punkt gilt der Eingabe eines neuen root-Passwortes für die Datenbank. Antworten Sie mit `n` (vgl. Abbildung 61).

```
Switch to unix_socket authentication [Y/n] n
 ... skipping.

You already have your root account protected, so you can safely answer 'n'.

Change the root password? [Y/n] n
```

Abb. 61: MariaDB Secure Installation neues Passwort

Beantworten Sie die Nachfrage „Remove anonymous users“ mit `Y` (vgl. Abbildung 62).

```
Change the root password? [Y/n] n
 ... skipping.

By default, a MariaDB installation has an anonymous user, allowing anyone
to log into MariaDB without having to have a user account created for
them.  This is intended only for testing, and to make the installation
go a bit smoother.  You should remove them before moving into a
production environment.

Remove anonymous users? [Y/n] Y
```

Abb. 62: MariaDB Secure Installation Remove anonymous users

Beantworten Sie auch die Frage „Disallow root login remotely" mit `Y`, denn es ist deutlich sicherer, wenn ein Root-Login nur lokal erfolgen kann (vgl. Abbildung 63).

```
Remove anonymous users? [Y/n] Y
 ... Success!

Normally, root should only be allowed to connect from 'localhost'.  This
ensures that someone cannot guess at the root password from the network.

Disallow root login remotely? [Y/n] Y
```

Abb. 63: MariaDB Secure InstallationDisallow root login remotely

Löschen Sie die Test-Datenbank durch die Eingabe von `Y` in der nächsten Frage (vgl. Abbildung 64).

```
Disallow root login remotely? [Y/n] Y
 ... Success!

By default, MariaDB comes with a database named 'test' that anyone can
access.  This is also intended only for testing, and should be removed
before moving into a production environment.

Remove test database and access to it? [Y/n] y
```

Abb. 64: MariaDB Secure Remove test DB

Beantworten Sie auch die Frage nach einem Reload der „privilege tables“ mit `Y` (vgl. Abbildung 65).

```
Remove test database and access to it? [Y/n] y
 - Dropping test database...
 ... Success!
 - Removing privileges on test database...
 ... Success!

Reloading the privilege tables will ensure that all changes made so far
will take effect immediately.

Reload privilege tables now? [Y/n] Y
```

Abb. 65: MariaDB Secure Reload privilege tables

Das Skript endet mit einer Erfolgsmeldung

3. Zugriff von einem anderen Rechner zulassen

   Damit die Datenbanken auch von einem anderen Rechner zu erreichen sind, muss der Port frei geschaltet und die sogenannte "bind-address" deaktiviert sein. Öffnen Sie die Konfigurationsdatei (vgl. Abbildung 66) `sudo nano /etc/mysql/mariadb.conf.d/50-server.cnf`

```
#
# * Basic Settings
#

user                    = mysql
pid-file                = /run/mysqld/mysqld.pid
basedir                 = /usr
datadir                 = /var/lib/mysql
tmpdir                  = /tmp
lc-messages-dir         = /usr/share/mysql
lc-messages             = en_US
port                    = 3306
skip-external-locking

# Broken reverse DNS slows down connections considerably and name resolve is
# safe to skip if there are no "host by domain name" access grants
#skip-name-resolve

# Instead of skip-networking the default is now to listen only on
# localhost which is more compatible and is not less secure.
# bind-address            = 127.0.0.1
```

Abb. 66: MariaDB Konfigurationsdatei

Entfernen Sie das Kommentarzeichen (den Hashtag (#)) bei der Angabe **`port`** (bzw. fügen Sie eine entsprechende Zeile ein) und kommentieren Sie den Parameter **`bind_ip = 127.0.0.1`** aus, um die Sicherheit zu erhöhen. Starten Sie MariaDB neu, damit die Änderungen wirksam werden.

4. Login/Passwort-Fehler beheben

   Der Aufbau einer Verbindung zur Datenbank erfolgt in einem Terminal mit dem Befehl `mysql` ergänzt um den Usernamen. Allerdings gibt MariaDB zunächst noch eine Fehlermeldung aus, wenn dies nicht mit Root-Rechten erfolgt. Melden Sie sich also mit Root-Rechten an:

   `sudo mysql -u root -p` bzw.

   `sudo mysql -uroot -praspberry` (kein Leerzeichen zwischen `u` und Benutzername `root` bzw. `p` und Passwort).

   Sie verlassen das Interface mit `\q`, `quit` oder `exit`. Künftige Logins sind nun ohne Rootrechte möglich:

   `mysql -uroot -praspberry`

Die Installation richtet ein paar Ordner ein. Dies sind:

/var/lib/mysql	Datenbanken
/var/log/mysql	Logging
/etc/mysql	Daten (User, Konfiguration, etc.)

Sie löschen mariadb und alle damit verbundenen Pakete mit

```
sudo systemctl stop mariadb
sudo systemctl disable mariadb
sudo apt-get purge -y mariadb.*
```

4.4 MariaDB administrieren

Die Administration erfolgt über das CLI; Sie haben es bereits in dem vorherigen Abschnitt kennen gelernt.

Hinweis phpMyAdmin

Mit ***phpMyAdmin*** steht zwar ein Tool mit einer grafischen Oberfläche für die Verwaltung von MySQL-Datenbanken zur Verfügung. Allerdings wird phpMyAdmin von den Repositories seit Raspbian OS (Buster) nicht mehr unterstützt. Ein `apt-get install phpmyadmin` führt dazu, dass eine alte Version installiert wird, die dann auf PHP 7.1 zurück greift. Insgesamt führt der Installationsprozess deshalb zu Fehlern. Eine Beschreibung einer manuellen Installation inklusive MariaDB finden Sie https://linux.how2shout.com/how-to-install-phpmyadmin-on-debian-11-bullseye-apache/.

4.4.1 Weitere Benutzer einrichten

Das Einrichten von Benutzern erfolgt zweistufig:

- den Benutzer anlegen
- dem Benutzer Rechte zuweisen

Benutzer anlegen

Die Query `CREATE USER` richtet einen neuen Benutzer ein. Das Beispiel richtet einen Benutzer 'benutzer' mit dem Passwort 'raspberry' ein. Das Argument `%` bedeutet, dass der Benutzer ein Login von überall also nicht nur von Localhost vornehmen kann (vgl. Abbildung 67).

```
create user 'benutzer'@'%' identified by 'raspberry';
```

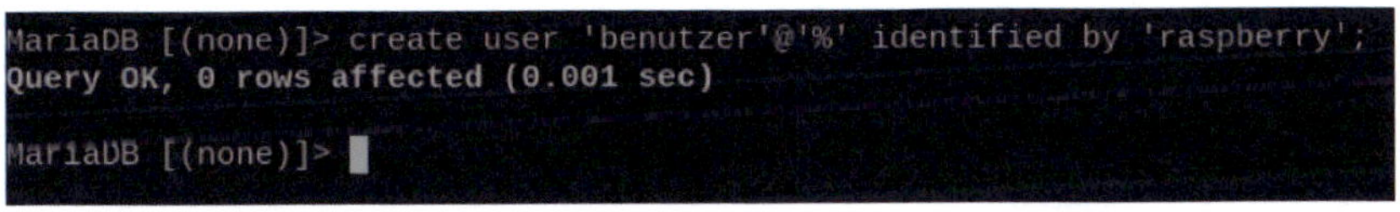

```
MariaDB [(none)]> create user 'benutzer'@'%' identified by 'raspberry';
Query OK, 0 rows affected (0.001 sec)

MariaDB [(none)]>
```

Abb. 67: MariaDB User einrichten

Lassen Sie sich die eingerichteten Benutzer mit der `SELECT`-Query anzeigen (vgl. Abbildung 68).

```
select user, host, plugin from mysql.user;
```

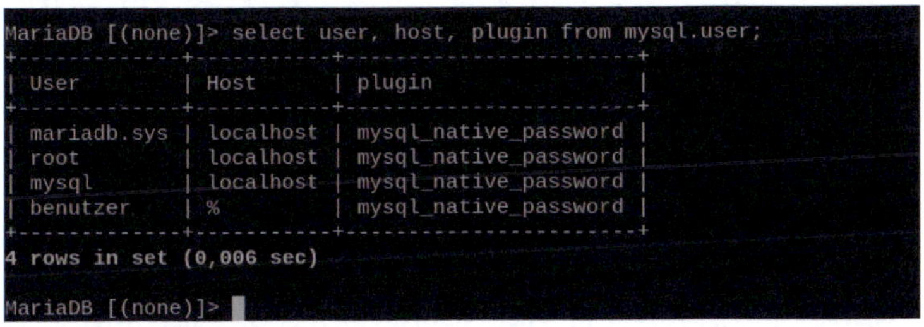

```
MariaDB [(none)]> select user, host, plugin from mysql.user;
+-------------+-----------+-----------------------+
| User        | Host      | plugin                |
+-------------+-----------+-----------------------+
| mariadb.sys | localhost | mysql_native_password |
| root        | localhost | mysql_native_password |
| mysql       | localhost | mysql_native_password |
| benutzer    | %         | mysql_native_password |
+-------------+-----------+-----------------------+
4 rows in set (0,006 sec)

MariaDB [(none)]>
```

Abb. 68: MariaDB User auflisten

Selbstverständlich ist ein Passwort nicht obligatorisch; lassen Sie den Parameter `identified by` dann einfach weg.

Ändern Sie ggf. ein Passwort mit der `SET-PASSWORD`-Query. Die folgende Anweisung löscht das Passwort:

```
SET PASSWORD FOR benutzer@localhost=PASSWORD('');
```

`drop user 'benutzer'@'%';` löscht den Benutzer 'benutzer' für den Host `'%'`.

Rechte an Benutzer vergeben

Die Query GRANT vergibt die Benutzerrechte. Das Beispiel billigt dem Benutzer 'benutzer' mit dem Passwort 'raspberry' umfassende Rechte für die Datenbank RaumDB zu (vgl. Abbildung 69).

```
grant all privileges on RaumDB.* to 'benutzer'@'%'
identified by 'raspberry';
```

```
MariaDB [(none)]> grant all privileges on RaumDB.* to 'benutzer'@'%' identified by 'raspberry';
Query OK, 0 rows affected (0.002 sec)

MariaDB [(none)]>
```

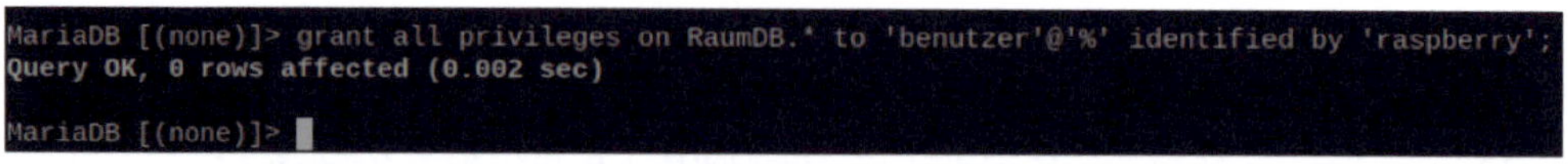

Abb. 69: MariaDB Benutzerrechte zuweisen

Sorgen Sie dafür, dass die Berechtigungen sofort aktiv sind (vgl. Abbildung 70).

```
flush privileges;
```

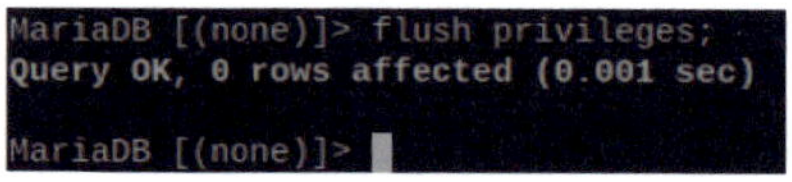

```
MariaDB [(none)]> flush privileges;
Query OK, 0 rows affected (0.001 sec)

MariaDB [(none)]>
```

Abb. 70: MariaDB Rechte aktivieren

Lassen Sie sich die eingerichteten Rechte des Benutzers 'benutzer' mit der SHOW-Query anzeigen (vgl. Abbildung 71).

```
show grants for 'benutzer'@'%';
```

```
MariaDB [(none)]> show grants for 'benutzer'@'%';
+------------------------------------------------------------------------------------------------------------+
| Grants for benutzer@%                                                                                      |
+------------------------------------------------------------------------------------------------------------+
| GRANT USAGE ON *.* TO `benutzer`@`%` IDENTIFIED BY PASSWORD '*1844F2B11CCAEF3B31F573A1384F608BB6DE3DF9' |
| GRANT ALL PRIVILEGES ON `RaumDB`.* TO `benutzer`@`%`                                                       |
+------------------------------------------------------------------------------------------------------------+
2 rows in set (0.001 sec)

MariaDB [(none)]>
```

Abb. 71: MariaDB Rechte anzeigen

Sie löschen erteilte Berechtigungen mit der revoke-Query. Die folgende Anweisung löscht die in Abbildung 69 erteilte Berechtigung.

```
revoke drop on RaumDB.* from benutzer@'%';
```

Achten Sie darauf, dass Datenbanknamen und Benutzereintrag exakt mit den Angaben aus `show grants` übereinstimmen!

4.4.2 Die Datenbank sichern und wieder herstellen

MariaDB bietet im Prinzip zwei Möglichkeiten der Durchführung eines Backups:

- physikalisches Backup durch Kopieren der Datenbank-Dateien

  Die Datenbankdateien finden Sie in /var/lib/mysql. Sichern und Restaurieren Sie die Daten mit dem `cp`-Befehl.

- Backup mit mysqldump

  Ein Backup einer Datenbank erstellen Sie mit mysqldump. Ein Beispiel, das eine Sicherung der RaumDB in die Backup-Datei backup-RaumDB.sql zieht:

```
sudo mysqldump -h 127.0.0.1 -u benutzer -p RaumDB >
backup-RaumDB.sql
```

  Nach Absetzen des Befehls erfolgt noch die Passwort-Abfrage (hier: `raspberry`).

  Beachten Sie zwei Stolpersteine. Die Angabe des Parameters `-h` ist zwingend. Er verweist auf den Host des Servers. Außerdem muss der Benutzer (Parameter `-u`) über entsprechende Rechte verfügen. root hat diese bislang so nicht. Eine Option ist dies nachzuholen

```
GRANT ALL PRIVILEGES ON mydb.* TO 'root'@'%'
IDENTIFIED BY 'raspberry';
```

  Die hat allerdings zur Folge, dass die bei der Installation eingerichtete Sicherheitshürde niederschwelliger wird.

  Führ den Restore benutzen Sie folgende Anweisung:

```
mysql -u benutzer -praspberry  RaumDB < backup-
RaumDB.sql
```

4.4.3 SSL

Es ist zumindest eine Überlegung wert, den Datenverkehr zwischen MariaDB-Server und den verschiedenen Clients mit SSL abzusichern (vgl. Abbildung 72). Der Weg führt privat signierte Zertifikate (vgl. Kapitel 10.4.4).

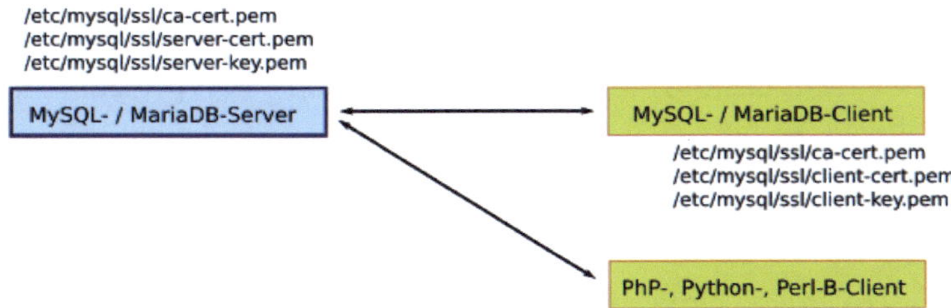

Abb. 72: MariaDB SSL

Prüfen Sie im CLI den aktuellen SSL-Status beim Server:

```
SHOW VARIABLES LIKE '%ssl%';
```

Die Ausgabe sollte noch keine aktive SSL ausweisen (*have_ssl DISABLED*, vgl.Abbildung 73).

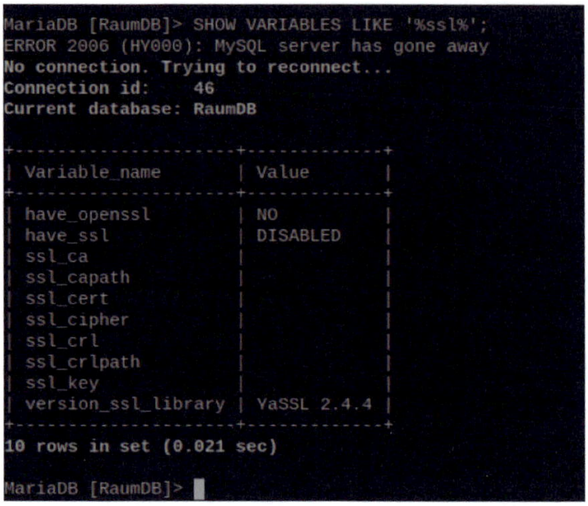

```
MariaDB [RaumDB]> SHOW VARIABLES LIKE '%ssl%';
ERROR 2006 (HY000): MySQL server has gone away
No connection. Trying to reconnect...
Connection id:    46
Current database: RaumDB

+---------------------+------------+
| Variable_name       | Value      |
+---------------------+------------+
| have_openssl        | NO         |
| have_ssl            | DISABLED   |
| ssl_ca              |            |
| ssl_capath          |            |
| ssl_cert            |            |
| ssl_cipher          |            |
| ssl_crl             |            |
| ssl_crlpath         |            |
| ssl_key             |            |
| version_ssl_library | YaSSL 2.4.4 |
+---------------------+------------+
10 rows in set (0.021 sec)

MariaDB [RaumDB]>
```

Abb. 73: MariaDB SSL status

Legen Sie als erstes unter /etc/mysql ein Verzeichnis für die Zertifikate an:

```
sudo mkdir /etc/mysql/ssl
```

Wechseln Sie in dieses Verzeichnis:

```
cd /etc/mysql/ssl
```

Erstellen Sie nun die Zertifikate. Beachten Sie, dass die Werte für Common Name (CN), die für die Server- bzw. Client-Zertifikate / -Schlüssel von dem für das CA verwendeten abweichen müssen. Ein guter Ansatz, Verifikationsfehler bei den Zertifikaten zu vermeiden, ist folgendes Schema:

- CA common Name : MariaDB admin
- Server common Name: MariaDB server
- Client common Name: MariaDB client

MariaDB zeigt sich bei den Dateiextensions empfindlich; verwenden Sie .pem.

Das Stammzertifikat

Beginnen Sie mit dem Stammzertifikat und erstellen Sie im ersten Schritt dafür einen privaten Schlüssel.

```
sudo openssl genrsa -out ca-key.pem 2048
```

Generieren Sie danach das Zertifikat der CA.

```
sudo openssl req -new -x509 -nodes -days 365000 -key
ca-key.pem -out ca-cert.pem
```

Achten Sie auf die korrekte Angabe des CN! (vgl. Abbildung 74).

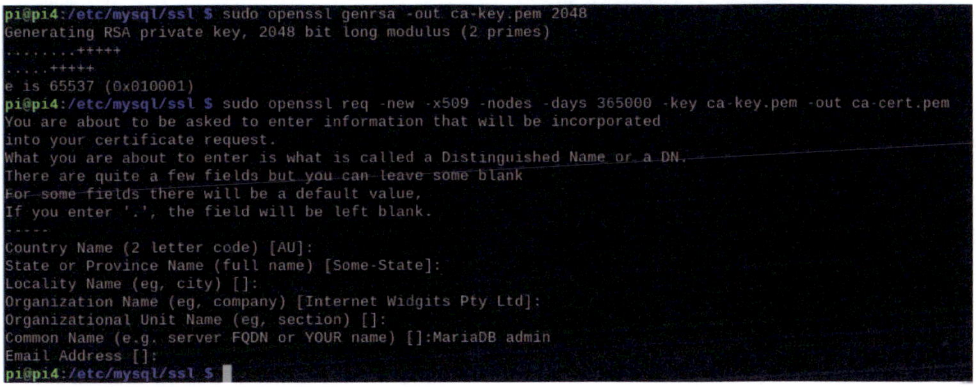

```
pi@pi4:/etc/mysql/ssl $ sudo openssl genrsa -out ca-key.pem 2048
Generating RSA private key, 2048 bit long modulus (2 primes)
........+++++
.....+++++
e is 65537 (0x010001)
pi@pi4:/etc/mysql/ssl $ sudo openssl req -new -x509 -nodes -days 365000 -key ca-key.pem -out ca-cert.pem
You are about to be asked to enter information that will be incorporated
into your certificate request.
What you are about to enter is what is called a Distinguished Name or a DN.
There are quite a few fields but you can leave some blank
For some fields there will be a default value,
If you enter '.', the field will be left blank.
-----
Country Name (2 letter code) [AU]:
State or Province Name (full name) [Some-State]:
Locality Name (eg, city) []:
Organization Name (eg, company) [Internet Widgits Pty Ltd]:
Organizational Unit Name (eg, section) []:
Common Name (e.g. server FQDN or YOUR name) []:MariaDB admin
Email Address []:
pi@pi4:/etc/mysql/ssl $
```

Abb. 74: MariaDB SSL Stammzertifikat

Sie haben nun zwei Dateien:

- /etc/mysql/ssl/ca-cert.pem: Certificate-Datei für die Certificate Authority (CA).
- /etc/mysql/ssl/ca-key.pem: Key-Datei für die Certificate Authority (CA).

Das Zertifikat für den Server

Die Schritte folgen dem bekannten Muster. Beginnen Sie mit dem Erstellen des Private-Keys und der CSR für das Serverzertifikat. Achten Sie bei den Dialogangaben auf die CN-Abfrage (z.B. MariaDB server).

```
sudo openssl req -newkey rsa:2048 -days 365000 -nodes -
keyout server-key.pem -out server-req.pem
```

Der Server-Key liegt im pkcs8-Format; d.h. er enthält die passphrase, die im vorherigen Schritt abgefragt wurde. MariaDB verlangt jedoch eine Key-Datei ohne diese Passphrase. Wandeln Sie die Datei um:

```
sudo openssl rsa -in server-key.pem -out server-key.pem
```

Generieren Sie nun das Server-Zertifikat (vgl. Abbildung 75):

```
sudo openssl x509 -req -in server-req.pem -days 365 -CA
ca-cert.pem -CAkey ca-key.pem -set_serial 01 -out
server-cert.pem
```

```
pi@pi4:/etc/mysql/ssl $ sudo openssl req -newkey rsa:2048 -days 365000 -nodes -keyout server-key.pem -out server-req.pem
Ignoring -days; not generating a certificate
Generating a RSA private key
..............................................................+++++
.+++++
writing new private key to 'server-key.pem'
-----
You are about to be asked to enter information that will be incorporated
into your certificate request.
What you are about to enter is what is called a Distinguished Name or a DN.
There are quite a few fields but you can leave some blank
For some fields there will be a default value,
If you enter '.', the field will be left blank.
-----
Country Name (2 letter code) [AU]:
State or Province Name (full name) [Some-State]:
Locality Name (eg, city) []:
Organization Name (eg, company) [Internet Widgits Pty Ltd]:
Organizational Unit Name (eg, section) []:
Common Name (e.g. server FQDN or YOUR name) []:MariaDB server
Email Address []:

Please enter the following 'extra' attributes
to be sent with your certificate request
A challenge password []:
An optional company name []:
pi@pi4:/etc/mysql/ssl $ sudo openssl rsa -in server-key.pem -out server-key.pem
writing RSA key
pi@pi4:/etc/mysql/ssl $ sudo openssl x509 -req -in server-req.pem -days 365 -CA ca-cert.pem -CAkey ca-key.pem -set_serial 01 -out server-cert.pem
Signature ok
subject=C = AU, ST = Some-State, O = Internet Widgits Pty Ltd, CN = MariaDB server
Getting CA Private Key
pi@pi4:/etc/mysql/ssl $
```

Abb. 75: MariaDB SSL Serverzertifikat

Ändern Sie abschließend die Berechtigungen und die Eigentumszuordnungen:

```
sudo chmod 400 /etc/mysql/ssl/*.*
sudo chown mysql:mysql /etc/mysql/ssl/*.*
```

Öffnen Sie Sie abschließend die Konfigurationsdatei für den MariaDB-Server.

```
sudo nano /etc/mysql/mariadb.conf.d/50-server.cnf
```

Suchen Sie im **[mysqld]**-Bereich die Passage Security Features und fügen Sie folgende Zeilen ein oder ändern Sie sie:

```
ssl-ca=/etc/mysql/ssl/ca-cert.pem
ssl-cert=/etc/mysql/ssl/server-cert.pem
ssl-key=/etc/mysql/ssl/server-key.pem
ssl = on
```

Führen Sie einen Restart durch und prüfen Sie erneut im CLI den aktuellen SSL-Status. Die Ausgabe sollte jetzt neben den SSL-Dateien eine aktive SSL ausweisen (**have_ssl YES**, vgl. Abbildung 76).

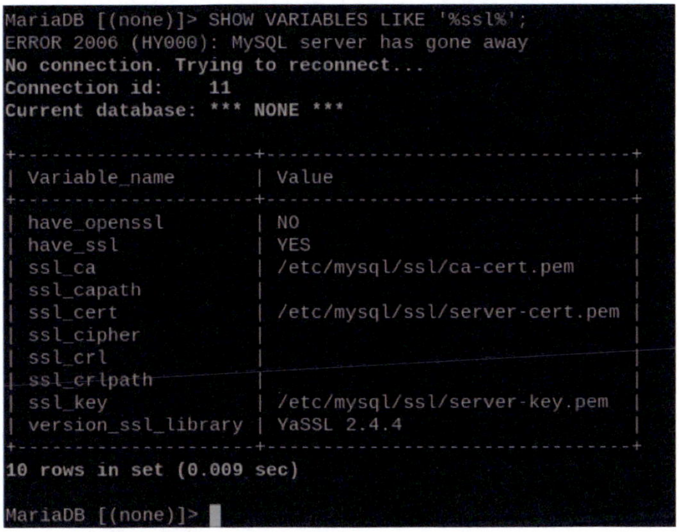

```
MariaDB [(none)]> SHOW VARIABLES LIKE '%ssl%';
ERROR 2006 (HY000): MySQL server has gone away
No connection. Trying to reconnect...
Connection id:    11
Current database: *** NONE ***

+---------------------+-----------------------------+
| Variable_name       | Value                       |
+---------------------+-----------------------------+
| have_openssl        | NO                          |
| have_ssl            | YES                         |
| ssl_ca              | /etc/mysql/ssl/ca-cert.pem  |
| ssl_capath          |                             |
| ssl_cert            | /etc/mysql/ssl/server-cert.pem |
| ssl_cipher          |                             |
| ssl_crl             |                             |
| ssl_crlpath         |                             |
| ssl_key             | /etc/mysql/ssl/server-key.pem |
| version_ssl_library | YaSSL 2.4.4                 |
+---------------------+-----------------------------+
10 rows in set (0.009 sec)

MariaDB [(none)]>
```

Abb. 76: MariaDB SSL status – SSL aktiviert

Das Zertifikat für den Client

Die Vorgehensweise für das Erstellen der Client-Zertifikate folgt dem des Server-Zertifikates. Wesentlich ist, dass Sie eine andere CN-Angabe hinterlegen (z.B. MariaDB client, vgl. Abbildung 77).

```
sudo openssl req -newkey rsa:2048 -days 365000 -nodes -
keyout client-key.pem -out client-req.pem
sudo openssl rsa -in client-key.pem -out client-key.pem
sudo openssl x509 -req -in client-req.pem -days 365 -CA
ca-cert.pem -CAkey ca-key.pem -set_serial 01 -out
client-cert.pem
```

```
pi@pi4:/etc/mysql/ssl $ sudo chmod 400 /etc/mysql/ssl/*.*
pi@pi4:/etc/mysql/ssl $ sudo chown mysql:mysql /etc/mysql/ssl/*.*
pi@pi4:/etc/mysql/ssl $ sudo openssl req -newkey rsa:2048 -days 365000 -nodes -keyout client-key.pem -out client-req.pem
Ignoring -days; not generating a certificate
Generating a RSA private key
......................................................................+++++
......................+++++
writing new private key to 'client-key.pem'
-----
You are about to be asked to enter information that will be incorporated
into your certificate request.
What you are about to enter is what is called a Distinguished Name or a DN.
There are quite a few fields but you can leave some blank
For some fields there will be a default value,
If you enter '.', the field will be left blank.
-----
Country Name (2 letter code) [AU]:
State or Province Name (full name) [Some-State]:
Locality Name (eg, city) []:
Organization Name (eg, company) [Internet Widgits Pty Ltd]:
Organizational Unit Name (eg, section) []:
Common Name (e.g. server FQDN or YOUR name) []:MariaDB client
Email Address []:

Please enter the following 'extra' attributes
to be sent with your certificate request
A challenge password []:
An optional company name []:
pi@pi4:/etc/mysql/ssl $ sudo openssl rsa -in client-key.pem -out client-key.pem
writing RSA key
pi@pi4:/etc/mysql/ssl $ sudo openssl x509 -req -in client-req.pem -days 365 -CA ca-cert.pem -CAkey ca-key.pem -set_serial 01 -out client-cert.pem
Signature ok
subject=C = AU, ST = Some-State, O = Internet Widgits Pty Ltd, CN = MariaDB client
Getting CA Private Key
pi@pi4:/etc/mysql/ssl $
```

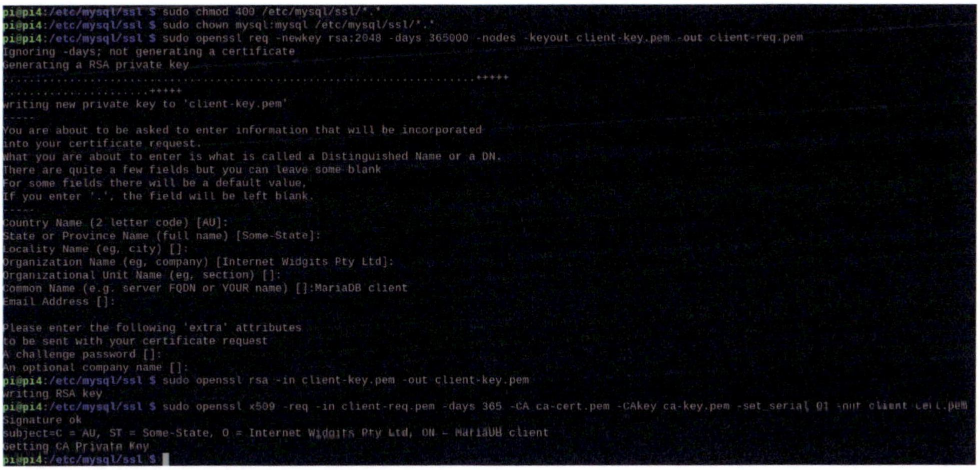

Abb. 77: MariaDB SSL Clientzertifikat

Ändern Sie im nächsten Schritt die Berechtigungen und die Eigentumszuordnungen:

```
sudo chmod 400 /etc/mysql/ssl/*.*
sudo chown mysql:mysql /etc/mysql/ssl/*.*
```

Testen Sie nun den Betrieb einer Server-Client-Verbindung via SSL. Richten Sie einen neuen Benutzer ein und / oder weisen Sie einem Benutzer entsprechende Rechte zu:

```
create user 'ssluser'@'%' identified by 'raspberry';
GRANT ALL PRIVILEGES ON *.* TO 'ssluser'@'localhost'
IDENTIFIED BY 'raspberry' REQUIRE X509;
```

Melden Sie sich als dieser Benutzer über das CLI an:

```
sudo mysql -u ssluser -praspberry --ssl-ca=ca-cert.pem
--ssl-cert=client-cert.pem --ssl-key=client-key.pem
```

Sie haben jetzt ein SSL-Verbindung (vgl. Abbildung 78).

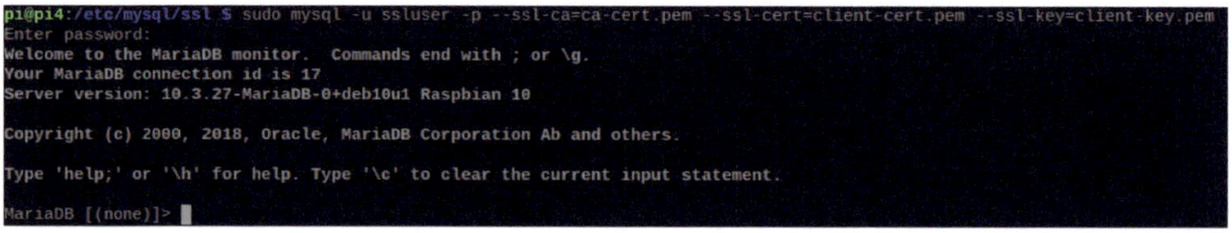

```
pi@pi4:/etc/mysql/ssl $ sudo mysql -u ssluser -p --ssl-ca=ca-cert.pem --ssl-cert=client-cert.pem --ssl-key=client-key.pem
Enter password:
Welcome to the MariaDB monitor.  Commands end with ; or \g.
Your MariaDB connection id is 17
Server version: 10.3.27-MariaDB-0+deb10u1 Raspbian 10

Copyright (c) 2000, 2018, Oracle, MariaDB Corporation Ab and others.

Type 'help;' or '\h' for help. Type '\c' to clear the current input statement.

MariaDB [(none)]>
```

Abb. 78: MariaDB SSL-gesicherte Client-Verbindung

Sehen Sie die Notwendigkeit die Zertifikate zu verifizieren, bietet openssl ein entsprechendes Kommando:

```
openssl verify -CAfile ca-cert.pem server-cert.pem
client-cert.pem
```

4.5 Mit MariaDB arbeiten

Der folgende Abschnitt zeigt die wesentlichen Aktionen und die entsprechenden Befehle, um mit der Datenbank zu arbeiten. Berücksichtigen Sie, dass jede Anweisung mit einem Semikolon („;“) enden muss.

4.5.1 Eine Datenbank anlegen

Das CLI zeigt Ihnen die die aktuell in Bearbeitung befindliche Datenbank an (hier die Datenbank mysql, (vgl. Abbildung 79).

```
MariaDB [mysql]>
```

Abb. 79: MariaDB – in Arbeit befindliche Datenbank

Create database <Datenbankname>; (z.B. create database RaumDB;) legt eine Datenbank an. Rufen Sie mit use <Datenbankname>; (z.B. use RaumDB;) eine Datenbank zur Bearbeitung auf.

show databases; zeigt alle Datenbanken an.

drop database <Datenbankname>; (z.B. drop database RaumDB;) löscht eine Datenbank. MariaDB quittiert den Erfolg der Operation mit einer Meldung (vgl. Abbildung 80).

```
MariaDB [RaumDB]> drop database RaumDB;
Query OK, 0 rows affected (0.012 sec)

MariaDB [(none)]>
```

Abb. 80: MariaDB Datenbank löschen

4.5.2 Eine Tabelle anlegen

Das (starre) Datenbankmodell einer relationalen Datenbank erfordert das Anlegen der Tabellenstruktur mit Feldnamen, Datentypen und Schlüsseln vor dem Speichern des ersten Datensatzes. Das Anlegen von Tabellen erfolgt mit der Abfrage CREATE TABLE. Für die Tabelle Raumdaten ist die Abfrage dann:

```
CREATE TABLE RaumDaten(
  id INT NOT NULL AUTO_INCREMENT,
  ZiID INT(1) NOT NULL,
  ZiName VARCHAR(20) NOT NULL,
  qm INT(2) NOT NULL,
  Schalter INT(1) NOT NULL,
  Steckdosen INT(1) NOT NULL,
  PRIMARY KEY (id));
```

Lassen Sie sich die erstellte Tabelle mit der Abfrage SHOW COLUMNS anzeigen (vgl. Abbildung 81).

```
SHOW FULL COLUMNS FROM RaumDaten;
```

```
MariaDB [RaumDB]> CREATE TABLE RaumDaten(
    -> id INT NOT NULL AUTO_INCREMENT,
    -> ZiID INT(1) NOT NULL,
    -> ZiName VARCHAR(20) NOT NULL,
    -> qm INT(2) NOT NULL,
    -> Schalter INT(1) NOT NULL,
    -> Steckdosen INT(1) NOT NULL,
    -> PRIMARY KEY (id));
Query OK, 0 rows affected (0.186 sec)

MariaDB [RaumDB]> SHOW FULL COLUMNS FROM RaumDaten;
+------------+-------------+--------------------+------+-----+---------+----------------+---------------------------------+---------+
| Field      | Type        | Collation          | Null | Key | Default | Extra          | Privileges                      | Comment |
+------------+-------------+--------------------+------+-----+---------+----------------+---------------------------------+---------+
| id         | int(11)     | NULL               | NO   | PRI | NULL    | auto_increment | select,insert,update,references |         |
| ZiID       | int(1)      | NULL               | NO   |     | NULL    |                | select,insert,update,references |         |
| ZiName     | varchar(20) | utf8mb4_general_ci | NO   |     | NULL    |                | select,insert,update,references |         |
| qm         | int(2)      | NULL               | NO   |     | NULL    |                | select,insert,update,references |         |
| Schalter   | int(1)      | NULL               | NO   |     | NULL    |                | select,insert,update,references |         |
| Steckdosen | int(1)      | NULL               | NO   |     | NULL    |                | select,insert,update,references |         |
+------------+-------------+--------------------+------+-----+---------+----------------+---------------------------------+---------+
6 rows in set (0.012 sec)

MariaDB [RaumDB]>
```

Abb. 81: MariaDB Tabellenlayout anzeigen

`show tables` listet alle Tabellen auf.

`drop table <Datenbankname>;` (z.B. `drop table RaumDaten;`) löscht eine Tabelle.

Für eine Tabelle «RaumKlima» sähe die Anweisung wie folgt aus.

```
CREATE TABLE RaumKlima (
  id INT NOT NULL AUTO_INCREMENT,
  ZiID INT(1) NOT NULL,
  Zeitstempel TIMESTAMP,
  Temperatur INT(2) NOT NULL,
  Luftfeuchte INT(2) NOT NULL,
  PRIMARY KEY (id));
```

4.5.3 Datensätze (Tupel, Reihen) einfügen, ändern und löschen

Das Einfügen, Ändern und Löschen von Datensätzen gehört zu den Standardaktionen im Rahmen der Speicherung von Daten.

Einfügen

Das Einfügen erfolgt mit der Abfrage `INSERT INTO <Tabellenname>;`. Ein Beispiel:

```
INSERT INTO RaumDaten (ZiID, ZiName, qm, Schalter,
Steckdosen)
  VALUES (1, 'Wohnzimmer', 36, 2, 5);
```

Die Anweisung fügt Werte für die Attribute ZiID, ZiName, qm, Schalter und Steckdosen Temperatur und Luftfeuchte in die Tabelle RaumDaten der „aktuellen“ Datenbank ein. Die Vergabe des Primärschlüssels erfolgt automatisch.

Lassen Sie sich das eingefügte Dokument anzeigen (vgl. Abbildung 82):

```
SELECT * FROM RaumDaten;
```

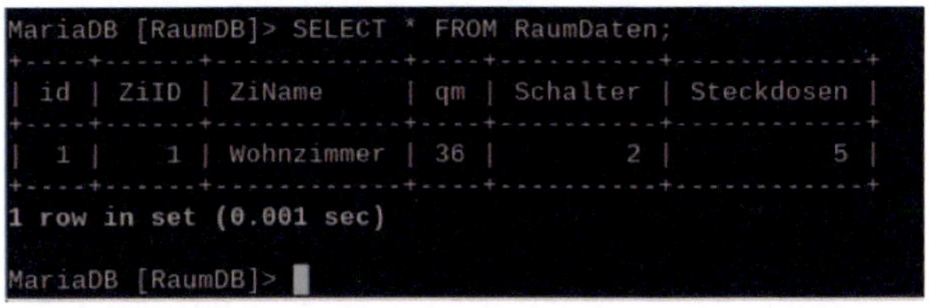

```
MariaDB [RaumDB]> SELECT * FROM RaumDaten;
+----+------+------------+----+----------+------------+
| id | ZiID | ZiName     | qm | Schalter | Steckdosen |
+----+------+------------+----+----------+------------+
|  1 |    1 | Wohnzimmer | 36 |        2 |          5 |
+----+------+------------+----+----------+------------+
1 row in set (0.001 sec)

MariaDB [RaumDB]>
```

Abb. 82: MariaDB Select-Query

Mit der INSERT-Abfrage lassen sich auch mehrere Reihen in einem Zug speichern.

```
INSERT INTO RaumDaten (ZiID, ZiName, qm, Schalter,
Steckdosen)
  VALUES (2, 'Schlafzimmer', 31, 3, 4),
         (3, 'Küche', 10, 3, 3);
```

Für eine Tabelle RaumKlima sähe die Anweisung wie folgt aus.

```
INSERT INTO  RaumKlima (ZiID, Zeitstempel, Temperatur,
Luftfeuchte)
  VALUES (1, '2015-04-16 10:10:10', 22, 50);
```

Bei Vorgabe aller Attribute einschließlich ID verkürzt sich die Query-Abfrage:

```
INSERT INTO  RaumKlima
  VALUES (11, 1, '2015-04-16 11:11:11', 23, 65),
         (12, 1, '2015-04-16 12:12:12', 19, 55),
         (13, 1, '2015-04-16 13:13:13', 19, 50),
         (20, 2, '2015-04-16 10:10:10', 15, 40),
         (21, 2, '2015-04-16 11:11:11', 14, 50),
         (22, 2, '2015-04-16 12:12:12', 14, 45),
         (23, 2, '2015-04-16 13:13:13', 13, 50),
         (30, 3, '2015-04-16 10:10:10', 20, 60),
         (31, 3, '2015-04-16 11:11:11', 19, 50),
         (32, 3, '2015-04-16 12:12:12', 18, 65),
         (33, 3, '2015-04-16 13:13:13', 18, 75);
```

Datensätze lesen

Vorab: die Anzahl der Datensätze in einer Tabelle erhalten Sie mit der `Query SELECT COUNT(*) FROM <Tabellenname>;`. So sollte SELECT `COUNT(*) FROM RaumKlima;` als Resultat 12 anzeigen.

Den allumfassenden Lesebefehl ist :

```
SELECT * FROM <Tabellenname>;
```

Er zeigt alle in der Tabelle enthaltenen Datensätze an (z.B. `SELECT * FROM RaumKlima;` für alle Dokumente der Tabelle RaumKlima).

Ist die ID bekannt, gibt `SELECT * FROM RaumKlima where id=20;` das entsprechende Dokument aus.

In ähnlicher Weise treffen Sie die Auswahl anhand der Selektion anderer Feldinhalte. So listet `SELECT * FROM RaumKlima where ZiID=3;` die gespeicherten vier Datensätze mit Werten für die Küche auf (vgl. Abbildung 83).

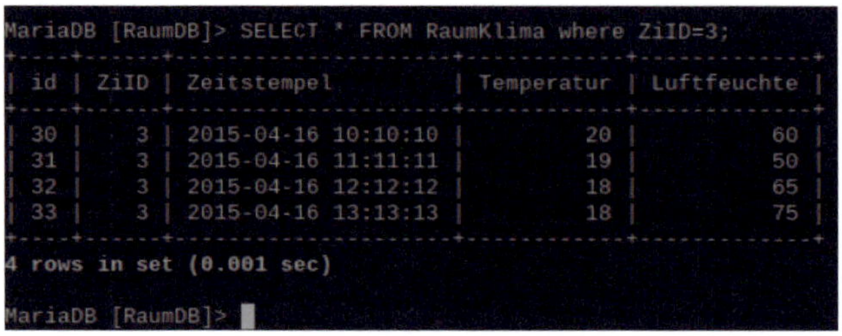

```
MariaDB [RaumDB]> SELECT * FROM RaumKlima where ZiID=3;
+----+------+---------------------+------------+--------------+
| id | ZiID | Zeitstempel         | Temperatur | Luftfeuchte |
+----+------+---------------------+------------+--------------+
| 30 |    3 | 2015-04-16 10:10:10 |         20 |           60 |
| 31 |    3 | 2015-04-16 11:11:11 |         19 |           50 |
| 32 |    3 | 2015-04-16 12:12:12 |         18 |           65 |
| 33 |    3 | 2015-04-16 13:13:13 |         18 |           75 |
+----+------+---------------------+------------+--------------+
4 rows in set (0.001 sec)

MariaDB [RaumDB]>
```

Abb. 83: MariaDB Datensätze lesen

Selbstverständlich lassen sich Bedingungen auch mit weiteren Operatoren bilden. Das folgende Beispiel selektiert alle Dokumente mit der ZiID = 3 und Temperatur kleiner 19.

```
SELECT * FROM RaumKlima where ZiID=3 AND Temperatur<19;
```

Auch lassen sich Zeitangaben im UNIX-Format ausgeben (vgl. Abbildung 84).

```
SELECT *, UNIX_TIMESTAMP(Zeitstempel) FROM RaumKlima
LIMIT 2;
```

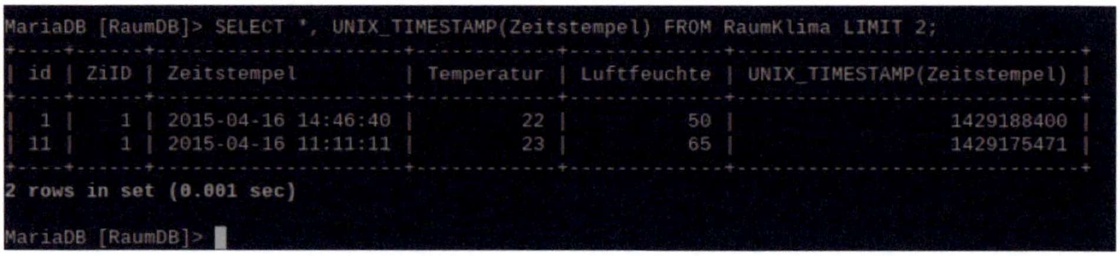

```
MariaDB [RaumDB]> SELECT *, UNIX_TIMESTAMP(Zeitstempel) FROM RaumKlima LIMIT 2;
+----+------+---------------------+------------+-------------+-----------------------------+
| id | ZiID | Zeitstempel         | Temperatur | Luftfeuchte | UNIX_TIMESTAMP(Zeitstempel) |
+----+------+---------------------+------------+-------------+-----------------------------+
|  1 |    1 | 2015-04-16 14:46:40 |         22 |          50 |                  1429188400 |
| 11 |    1 | 2015-04-16 11:11:11 |         23 |          65 |                  1429175471 |
+----+------+---------------------+------------+-------------+-----------------------------+
2 rows in set (0.001 sec)

MariaDB [RaumDB]>
```

Abb. 84: MariaDB Ausgabe der Zeit im UNIX-Format

Dies ist nur ein kurzer Abriss möglicher Queries. Für komplexere Strategien finden Sie weitere Hinweise unter https://mariadb.com/kb/en/selecting-data/.

Datensätze (Reihen) ändern

Was hinsichtlich des Leistungsumfangs von Einfüge-Abfragen gilt, gilt auch für das Änderungsabfragen. In ihrer Grundform weist die Update-Query folgende Syntax auf:

```
UPDATE <Tabellenname> SET <Tabellenspalte> = wert1
WHERE <Tabellenspalte> = wert2;
```

Beispiel, das im Datensatz mit der `id = 11` den Wert von Luftfeuchte mit `44` ersetzt:

```
UPDATE RaumKlima SET Luftfeuchte = 44 WHERE id = 11;
```

Beispiel, das allen gefundenen Datensätzen mit ZiID = 3 den Wert von Luftfeuchte mit 50 ersetzt:

```
UPDATE RaumKlima SET Luftfeuchte = 50 WHERE ZiID = 3;
```

Datensätze (Reihen) löschen

Die DELETE-Abfrage löscht Datensätze.

`DELETE FROM RaumKlima;` löscht den gesamten Tabelleninhalt.

`DELETE FROM RaumKlima WHERE ZiID = 3;` löscht alle Datensätze mit ZiID = 3.

Ein gutes Tutorial in deutscher Sprache finden Sie unter http://sql.lernenhoch2.de/lernen/.

Und eines in Englisch https://www.guru99.com/mariadb-tutorial-install.html .

5 SQLite

SQLite (https://www.sqlite.org/index.html) ist eine in C programmierte Bibliothek, die ein schnelle und leichtgewichtige SQL-Datenbank-Maschine enthält. Im Gegensatz zu vielen anderen Datenbank-Systemen kommt SQLite ohne weitere Server-Software aus. Mit ***sqlitebrowser*** steht ein grafisches Frontend für BSD, macOS, Linux und Windows zur Verfügung.

Eine SQLite-Datenbank besteht nur aus einer einzigen Datei, die alle Tabellen, Indizes, usw. enthält (vgl. Abbildung 85). Im Kern ist SQLite:

- eine Datenbank, die vollständig in einer einzelnen plattformübergreifenden Festplattendatei gespeichert wird
- sehr klein und „leicht gewichtig"
- in sich geschlossen (keine externen Abhängigkeiten erforderlich)
- ein System, für dessen Betrieb kein separater Serverprozess oder -system erforderlich ist
- im Prinzip ohne Konfiguration lauffähig (kein Setup erforderlich)
- plattformübergreifend (UNIX (Linux, Mac OS-X, Android, iOS) und Windows (Win32, WinCE, WinRT))

Auf der anderen Seite fehlen aber Funktionen wie die Möglichkeit, Objektberechtigungen zu verwalten (GRANT) oder implementierte SSL-Funktionalitäten. Daraus resultiert, dass SQLite vorwiegend seinen Einsatz bei Anwendungen im Rahmen von Apps für Mobiltelefone und der Datenhaltung von IoT hat.

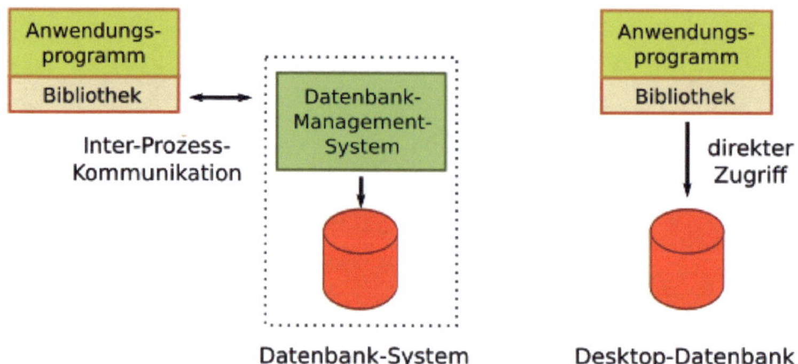

Abb. 85: SQLite-Struktur

5.1 Datenbankkonzept / -aufbau

Datenbankkonzept und -aufbau entsprechen einer SQLDatenbank (vgl. Kapitel 4.2).

5.2 Installation

SQLite lässt sich bequem aus dem Raspberry Repository installieren:

```
sudo apt-get update
sudo apt-get install sqlite3
```

Damit ist SQLite auch schon fertig und betriebsbereit.

5.3 SQLite administrieren

Die wesentlichen Administrationsarbeiten beschränken sich auf das Anlegen und Zurückspielen von Backups. Eine Sonderrolle bilden SSL-Verbindungen.

5.3.1 Die Datenbank sichern und wieder herstellen

Das Sichern

Für das Sichern bietet SQLite drei Möglichkeiten:

- `.backup`-Kommando

  Das `.backup`-Kommando (Shell-Kommando) sichert eine Datenbank in eine Sicherungsdatenbank.

  Beispiel für das Sichern der main-Datenbank in die Sicherungsdatenbank backup.db:

  ```
  backup backup.db
  ```

  `.backup main backup.db` sichert ebenfalls die main-Datenbank in die Sicherungsdatenbank backup.db. Anstelle des Alias main kann natürlich jeder andere Alias stehen:

  `sqlite3 RaumDB ".backup 'backup.db'"` sichert die RaumDB auf Kommandozeilenebene.

- `.clone`-Kommando

  Das `.clone`-Kommando ist ähnlich dem `.backup`-Kommando; es sichert die aktuelle Datenbank. Es fehlt die Option, ein andere Datenbank anzugeben.

Beispiel für das Sichern der aktuellen Datenbank in die Sicherungsdatenbank backup.db:

```
.clone backup.db
```

- `.dump`-Kommando

  Das `.dump`-Kommando sichert die aktuelle Datenbank als ASCII-Datei. Beispiel für das Sichern der Datenbank SQLite-RaumDB.db in die Sicherungsdatei RaumDB_Dump.sql:

```
sqlite3 SQLite-RaumDB.db .dump > RaumDB_Dump.sql
```

  Lassen Sie sich den Inhalt mit `cat` anzeigen (vgl. Abbildung 86):

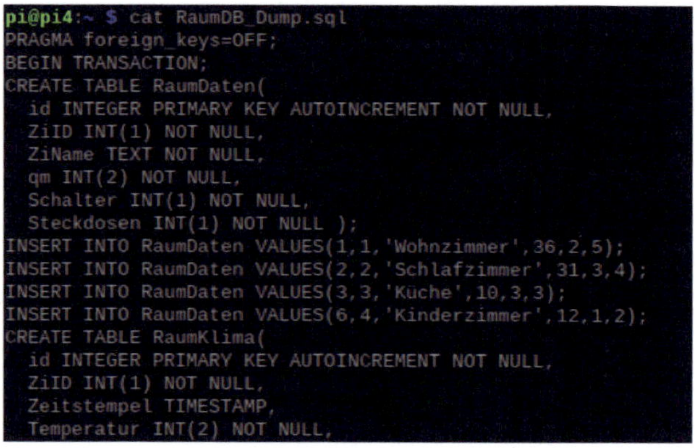

```
pi@pi4:~ $ cat RaumDB_Dump.sql
PRAGMA foreign_keys=OFF;
BEGIN TRANSACTION;
CREATE TABLE RaumDaten(
  id INTEGER PRIMARY KEY AUTOINCREMENT NOT NULL,
  ZiID INT(1) NOT NULL,
  ZiName TEXT NOT NULL,
  qm INT(2) NOT NULL,
  Schalter INT(1) NOT NULL,
  Steckdosen INT(1) NOT NULL );
INSERT INTO RaumDaten VALUES(1,1,'Wohnzimmer',36,2,5);
INSERT INTO RaumDaten VALUES(2,2,'Schlafzimmer',31,3,4);
INSERT INTO RaumDaten VALUES(3,3,'Küche',10,3,3);
INSERT INTO RaumDaten VALUES(6,4,'Kinderzimmer',12,1,2);
CREATE TABLE RaumKlima(
  id INTEGER PRIMARY KEY AUTOINCREMENT NOT NULL,
  ZiID INT(1) NOT NULL,
  Zeitstempel TIMESTAMP,
  Temperatur INT(2) NOT NULL,
```

Abb. 86: SQLite Inhalt DUMP-Sicherungsdatei

Das Wiederherstellen

Das Restaurieren erfolgt dann auf nachstehenden Wegen:

- `.restore`-Kommando

  Dieser Weg hängt mit `ATTACH DATABASE` zunächst eine neue Datenbank ein und spielt sie dann aus einer Datei zurück. Beispiel:

```
ATTACH DATABASE 'SQLiteRaumDB2.db' AS SQLiteRaumDB2;
.restore SQLiteRaumDB2 backup.db
```

  Die restaurierte Datenbank firmiert nun unter SQLiteRaumDB2.

- aus einer ASCII-Datei

  Dieser Weg nutzt die Möglichkeit des Einspielens von Daten aus einer ASCII-Datei. Beispiel:

```
sqlite3 SQLiteRaumDB2.db < RaumDB_Dump.sql
```

5.3.2 SSL

SQLite ist keine Client-Server-Anwendung und nicht auf eine Vielzahl gleichzeitiger Operationen ausgerichtet. Als „leichtgewichtige“ Datenbank fehlt dann auch SSL. Eine Umgehungsmöglichkeit ist: über ssh:

```
ssh user@host sqlite3 databasefile select * from table
```

5.3.3 phpLiteAdmin

Was phpMyAdmin für MySQL ist, ist ***phpLiteAdmin*** für SQLite. Eine Behandlung würde an dieser Stelle aber den Rahmen sprengen.

5.4 SQLite nutzen

Der folgende Abschnitt gibt einen kleinen Überblick über die wesentlichen Anwendungsfälle. Alle Kommandos erfolgen von der Konsole. Eine Liste der Befehle erhalten Sie aus der SQLite-shell mit `.help`. In die Shell gelangen Sie mit `sqlite3`; Sie verlassen sie mit `.exit`.

5.4.1 Eine Datenbank anlegen

Das Anlegen einer SQLite-Datenbank (z.B. SQLite-RaumDB.db) und das direkte Öffnen für die Bearbeitung erfolgt in einfacher Weise aus dem Terminal.

```
sqlite3 SQLite-RaumDB.db
```

`.databases` zeigt dann die Datenbank an, mit der die Shell eine Verbindung aufgebaut hat (vgl. Abbildung 87):

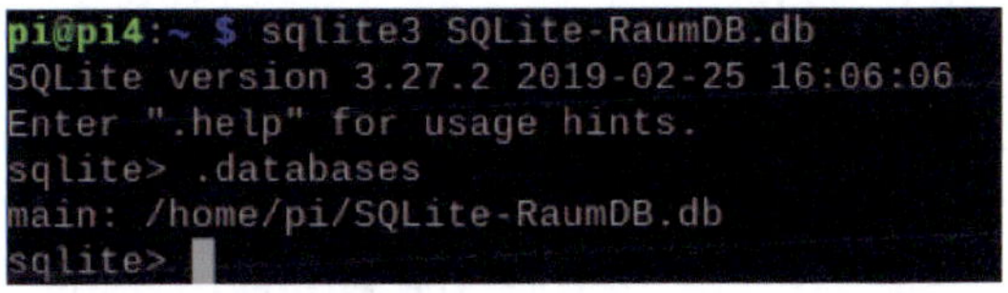

```
pi@pi4:~ $ sqlite3 SQLite-RaumDB.db
SQLite version 3.27.2 2019-02-25 16:06:06
Enter ".help" for usage hints.
sqlite> .databases
main: /home/pi/SQLite-RaumDB.db
sqlite>
```

Abb. 87: SQLite shell

`.dbinfo` listet die Kenndaten einer Datenbank auf (vgl. Abbildung 88).

```
sqlite> .dbinfo
database page size:  4096
write format:        1
read format:         1
reserved bytes:      0
file change counter: 1
database page count: 2
freelist page count: 0
schema cookie:       1
schema format:       4
default cache size:  0
autovacuum top root: 0
incremental vacuum:  0
text encoding:       1 (utf8)
user version:        0
application id:      0
software version:    3027002
number of tables:    1
number of indexes:   0
number of triggers:  0
number of views:     0
schema size:         188
data version         2
sqlite>
```

Abb. 88: SQLite Ausgabe .dbinfo

.open <Dateipfad> öffnet eine bestehende Datenbank bzw. legt sie neu an (z.B. .open SQLite-test.db).

Mit ATTACH DATABASE fügen Sie eine weitere Datenbank der bestehenden Verbindung hinzu (z.B. ATTACH DATABASE "~\SQLite-RaumDB.db" AS RaumDB;). .databases zeigt Ihnen nun zwei Datenbanken an.

Sie löschen eine Datenbank mit den bekannten Linux-Kommandos (rm).

5.4.2 Eine Tabelle anlegen

Das Datenbankmodell einer relationalen Datenbank erfordert auch hier das Anlegen der Tabellenstruktur mit Feldnamen, Datentypen und Schlüsseln vor dem Speichern des ersten Datensatzes. Da SQLite den gleichen sprachlichen Ansatz wie SQL hat, erfolgt das Anlegen von Tabellen mit der Abfrage CREATE TABLE. Für die Tabelle Raumdaten ist die Abfrage dann:

```
CREATE TABLE RaumDaten(
  id INTEGER PRIMARY KEY AUTOINCREMENT NOT NULL,
  ZiID INT(1) NOT NULL,
  ZiName TEXT NOT NULL,
  qm INT(2) NOT NULL,
  Schalter INT(1) NOT NULL,
  Steckdosen INT(1) NOT NULL );
```

Lassen Sie sich den Aufbau einer Tabelle mit der Abfrage `.schema <Tabellenname>` anzeigen. `.schema RaumDaten` zeigt Ihnen das Tabellenschema von RaumDaten (vgl. Abbildung 89).

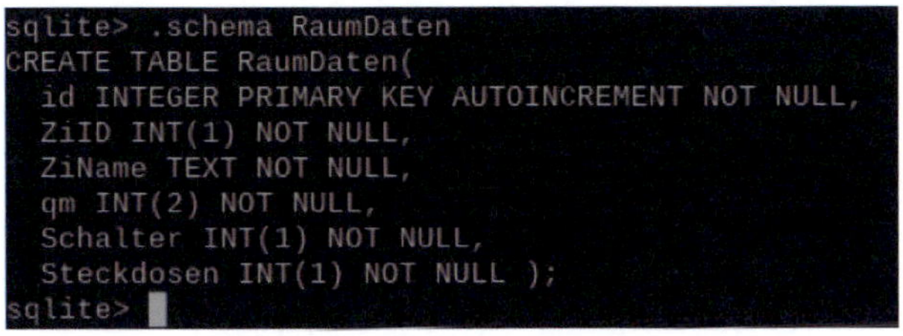

```
sqlite> .schema RaumDaten
CREATE TABLE RaumDaten(
  id INTEGER PRIMARY KEY AUTOINCREMENT NOT NULL,
  ZiID INT(1) NOT NULL,
  ZiName TEXT NOT NULL,
  qm INT(2) NOT NULL,
  Schalter INT(1) NOT NULL,
  Steckdosen INT(1) NOT NULL );
sqlite>
```

Abb. 89: SQLite Tabellenschema anzeigen

Etwas lesbarer gelingt es mit der Kommandofolge (vgl. Abbildung 90):

```
.header on
.mode column
pragma table_info('RaumDaten');
```

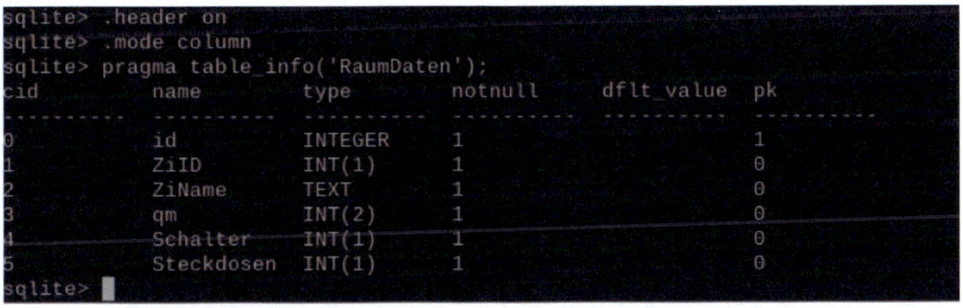

```
sqlite> .header on
sqlite> .mode column
sqlite> pragma table_info('RaumDaten');
cid         name        type        notnull     dflt_value  pk
----------  ----------  ----------  ----------  ----------  ----------
0           id          INTEGER     1                       1
1           ZiID        INT(1)      1                       0
2           ZiName      TEXT        1                       0
3           qm          INT(2)      1                       0
4           Schalter    INT(1)      1                       0
5           Steckdosen  INT(1)      1                       0
sqlite>
```

Abb. 90: SQLite Tabellenschema anzeigen lesbarer Form

`.tables` listet alle Tabellen auf.

`drop table <Datenbankname>;` (z.B. `drop table RaumDaten;`) löscht eine Tabelle.

Für das Anlegen einer Tabelle RaumKlima sähe die Anweisung wie folgt aus.

```
CREATE TABLE RaumKlima(
  id INTEGER PRIMARY KEY AUTOINCREMENT NOT NULL,
  ZiID INT(1) NOT NULL,
  Zeitstempel TIMESTAMP,
  Temperatur INT(2) NOT NULL,
  Luftfeuchte INT(2) NOT NULL );
```

Mit `.fullschema` können Sie sich die Schemata aller Tabellen also das Datenbankschema ausgeben lassen.

5.4.3 Datensätze einfügen, ändern und löschen

Das Einfügen, Ändern und Löschen von Datensätzen gehört zu den Standardaktionen im Rahmen der Speicherung von Daten.

Einfügen

Die Syntax für die Abfrage zum Einfügen ist:

```
INSERT INTO <Tabellenname> (column1,column2 ,..)
      VALUES( value1,value2 ,...);
```

Ein Beispiel:

```
INSERT INTO RaumDaten (ZiID, ZiName, qm, Schalter,
Steckdosen)
  VALUES (1, 'Wohnzimmer', 36, 2, 5);
```

Die Anweisung fügt Werte für die Attribute ZiID, ZiName, qm, Schalter und Steckdosen Temperatur und Luftfeuchte in die Tabelle RaumDaten der „aktuellen" Datenbank ein. Die Vergabe des Primärschlüssels erfolgt automatisch.

Lassen Sie sich das eingefügte Dokument anzeigen (vgl. Abbildung 91):

```
SELECT * FROM RaumDaten;
```

```
sqlite> INSERT INTO RaumDaten (ZiID, ZiName, qm, Schalter, Steckdosen)
   ...>   VALUES (1, 'Wohnzimmer', 36, 2, 5);
sqlite> SELECT * FROM RaumDaten;
id          ZiID        ZiName      qm          Schalter    Steckdosen
----------  ----------  ----------  ----------  ----------  ----------
1           1           Wohnzimmer  36          2           5
sqlite>
```

Abb. 91: SQLite Ausgabe SELECT-Query

Mit der INSERT-Abfrage lassen sich auch mehrere Reihen in einem Zug speichern.

```
INSERT INTO RaumDaten (ZiID, ZiName, qm, Schalter,
Steckdosen)
  VALUES (2, 'Schlafzimmer', 31, 3, 4),
         (3, 'Küche', 10, 3, 3);
```

Für eine Tabelle RaumKlima sähe die Anweisung wie folgt aus.

```
INSERT INTO  RaumKlima (ZiID, Zeitstempel, Temperatur,
Luftfeuchte)
  VALUES (1, '2015-04-16 10:10:10', 22, 50);
```

Bei Vorgabe aller Attribute einschließlich ID verkürzt sich die Query-Abfrage:

```
INSERT INTO  RaumKlima
  VALUES (11, 1, '2015-04-16 11:11:11', 23, 65),
         (12, 1, '2015-04-16 12:12:12', 19, 55),
         (13, 1, '2015-04-16 13:13:13', 19, 50),
         (20, 2, '2015-04-16 10:10:10', 15, 40),
         (21, 2, '2015-04-16 11:11:11', 14, 50),
         (22, 2, '2015-04-16 12:12:12', 14, 45),
         (23, 2, '2015-04-16 13:13:13', 13, 50),
         (30, 3, '2015-04-16 10:10:10', 20, 60),
         (31, 3, '2015-04-16 11:11:11', 19, 50),
         (32, 3, '2015-04-16 12:12:12', 18, 65),
         (33, 3, '2015-04-16 13:13:13', 18, 75);
```

Datensätze lesen

Vorab: die Anzahl der Datensätze in einer Tabelle erhalten Sie wieder mit der Query SELECT COUNT(*) FROM <Tabellenname>;. So sollte SELECT COUNT(*) FROM RaumKlima; als Resultat 12 anzeigen.

Den allumfassenden Lesebefehl ist:

```
SELECT * FROM <Tabellenname>;
```

Er zeigt alle in der Tabelle enthaltenen Datensätze an (z.B. SELECT * FROM RaumKlima; für alle Dokumente der Tabelle RaumKlima).

Ist die ID bekannt, gibt SELECT * FROM RaumKlima where id=20; das entsprechende Dokument aus.

In ähnlicher Weise treffen Sie die Auswahl anhand der Selektion anderer Feldinhalte. So listet SELECT * FROM RaumKlima where ZiID=3; die gespeicherten vier Datensätze mit Werten für die Küche auf (vgl. Abbildung 92).

```
sqlite> SELECT * FROM RaumKlima where ZiID=3;
id          ZiID        Zeitstempel          Temperatur  Luftfeuchte
----------  ----------  -------------------  ----------  -----------
30          3           2015-04-16 10:10:10  20          60
31          3           2015-04-16 11:11:11  19          50
32          3           2015-04-16 12:12:12  18          65
33          3           2015-04-16 13:13:13  18          75
sqlite>
```

Abb. 92: SQLite SELECT-Query mit WHERE-Klausel

Selbstverständlich lassen sich Bedingungen auch mit weiteren Operatoren bilden. Das folgende Beispiel selektiert alle Dokumente mit der ZiID = 3 und Temperatur kleiner 19.

```
SELECT * FROM RaumKlima where ZiID=3 AND Temperatur <
19;
```

Auch lassen sich Zeitangaben im UNIX-Format ausgeben (vgl. Abbildung 93).

```
SELECT *, strftime('%s',Zeitstempel) FROM RaumKlima
LIMIT 2;
```

```
sqlite> SELECT *, strftime('%s',Zeitstempel) FROM RaumKlima LIMIT 2;
id          ZiID        Zeitstempel          Temperatur  Luftfeuchte  strftime('%s',Zeitstempel)
----------  ----------  -------------------  ----------  -----------  --------------------------
1           1           2015-04-16 10:10:10  22          50           1429179010
11          1           2015-04-16 11:11:11  23          65           1429182671
sqlite>
```

Abb. 93: SQLite Zeitausgabe im UNIX-Format

Dies ist nur ein kurzer Abriss möglicher Queries. Für komplexere Strategien, z.B. Sqlite-Subqueries, finden Sie weitere Hinweise unter https://www.sqlitetutorial.net/sqlite-subquery/

Datensätze (Reihen) ändern

Was hinsichtlich des Leistungsumfangs von Einfüge-Abfragen gilt, gilt auch für das Änderungsabfragen. In ihrer Grundform weist die Update-Query folgende Syntax auf:

```
UPDATE <Tabellenname> SET <Tabellenspalte> = wert1
WHERE <Tabellenspalte> = wert2;
```

Dieses Beispiel ersetzt im Datensatz mit der id = 11 den Wert von Luftfeuchte mit 44.

```
UPDATE RaumKlima SET Luftfeuchte = 44 WHERE id = 11;
```

Dieses Beispiel ersetzt in allen gefundenen Datensätzen mit ZiID = 3 den Wert von Luftfeuchte.

```
UPDATE RaumKlima SET Luftfeuchte = 50 WHERE ZiID = 3;
```

Datensätze (Reihen) löschen

Die DELETE-Abfrage löscht Datensätze.

`DELETE FROM RaumKlima;` löscht den gesamten Tabelleninhalt.

`DELETE FROM RaumKlima WHERE ZiID = 3;` löscht alle Datensätze mit ZiID = 3.

Auch dieses Kapitel kann nur einen kleinen Einblick in die Möglichkeiten von SQLite geben. Das Werkzeug ist viel mächtiger und dürfte wahrscheinlich ein mehr als hinreichender Begleiter bei eigenen IoT-Projekten sein. Bei Fragen hilft Ihnen vielleicht das Tutorial weiter: https://www.sqlitetutorial.net/.

6 MongoDB

MongoDB (https://www.mongodb.com/de) sieht sich als eine universelle, dokumentbasierte, verteilte Datenbank für die moderne Anwendungsentwicklung und die Cloud. Der Name leitet sich vom englischen Wort "humongous" ab, was so viel wie "gigantisch" bedeutet.

MongoDB gibt es als Cloud-Angebot (MongoDB Atlas) mit End-zu-End-Verschlüsselung und REST API, das bis zu einem Volumen von 512 MB Speicherplatz frei ist. Atlas ist sowohl über AWS, Azure, als auch die Google Cloud Platform verfügbar.

6.1 Was ist eine Dokument orientierte Datenbank?

MongoDB gehört zu den ***NoSQL***-Datenbanken (Not only SQL). Die Datenspeicherung erfolgt im sogenannte ***BSON***-Format; das eine binäre Darstellung von JSON-ähnlichen Dokumenten bietet. Ziel der Entwickler ist mehr Flexibilität und Skalierbarkeit für die Datenspeicherung und -nutzung anzubieten und so den vergleichsweise starren Strukturen einer SQL-Datenbank entgegenzuwirken, die Zeilen, Spalten und Tabellen zur Datenspeicherung verwendet, Ähnlich wie bei der InfluxDB ist es grundsätzlich auch nicht erforderlich vor ihrem Einsatz ein Schema festzulegen, sodass sich die Plattform besonders gut für komplexe Anwendungen mit einer hohen Zahl an unstrukturierten Daten eignet.

Leider ist diese Flexibilität mit zwei Kompromissen bei der Implementierung und der tatsächlichen Nutzung von MongoDB verbunden. So besteht das Problem der Inkompatibilität mit ANSI-SQL und seinen Derivaten: wenn es keine tabellarische Struktur gibt und nicht alle Einträge einer Collection bestimmte Eigenschaft haben, dann ist die typische SQL-Syntax nicht zu verwenden. In der Folge ist es mit Hindernissen verbunden eine MongoDB-Sammlung mit einer regulären relationale Datenbank zu kombinieren und auszuwerten.

6.2 Datenbankkonzept / -aufbau

MongoDB folgt einem eigenen Konzept und eigenen Begrifflichkeiten der Datenspeicherung. Auch hier können sich unter dem Dach MongoDB mehrere Datenbanken befinden (vgl. Abbildung 94).

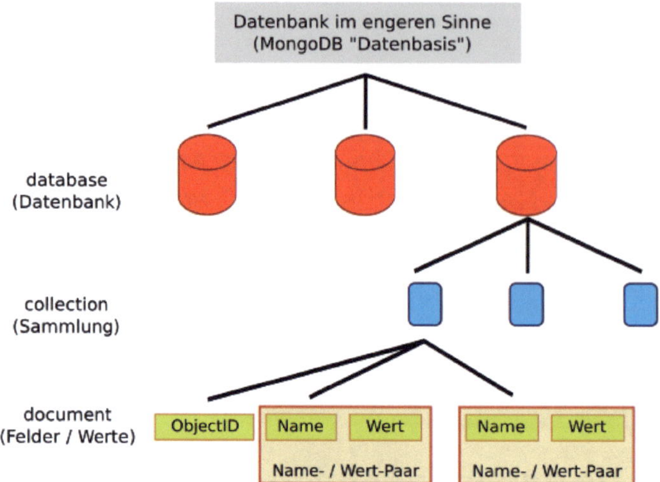

Abb. 94: MongoDB Datenbankaufbau

Die eigentliche Datenspeicherung erfolgt in s.g. ***Collections***. Collections sind vergleichbar mit Tabellen einer SQL-Datenbank oder Measurements bei einer InfluxDB. Sie enthalten eine Gruppe zusammenhängender Dokumente. Diese wiederum bestehen aus einem dem JSON-Format ähnlichen Gefüge von Feldnamen und Werten, wobei eine ObjectID dem Dokument einen eindeutigen Schlüssel verleiht.

Das Datenbankschema ist auch bei der MongoDB ein paar Gedanken wert.

- Collection-Design

  Hier geht es darum, u.U. Daten thematisch zu gliedern. Die Fragestellung entspricht den gleichen Gegebenheiten wie bei Relationalen Datenbanken (vgl. 4.2).

- Indizes anlegen

  Umfasst eine Collection größere Datenmengen, bietet es sich an, Felder zu indizieren. In Frage kommen insbesondere Felder, die häufig Grundlage von Selektionen (find()-und update()-Methode) oder Sortierkriterium sind. Ein Diskussion der damit verbundenen Optionen würde allerdings an dieser Stelle die Zielrichtung des Buches sprengen.

- Capped Collections

  MongoDB unterstützt s.g. ***Capped Collections.*** Das sind Collections mit fester Größe, die Vorgänge mit hohem Durchsatz dadurch unterstützen, mit denen Dokumente basierend auf der Einfügereihenfolge bearbeitet werden. Sie funktionieren ähnlich wie ringförmige Puffer: Sobald eine Collection ihren zugewiesenen Speicherplatz ausfüllt, schafft sie Platz für neue Dokumente, indem die ältesten Dokumente in der Sammlung überschrieben werden. Auch hier würde eine vertiefte Darstellung zu weit führen.

6.3 MongoDB auf dem Raspberry Pi

MongoDB ist vom Ansatz gutes und einfaches Datenbanksystem. Bedauerlicherweise ist der Einsatz auf dem Raspberry Pi mit einigen Hindernissen und Einschränkungen verbunden.

Zwar sind Downloads für den MongoDB Enterprise Server für alle gängigen Betriebssystemen verfügbar:

https://www.mongodb.com/try/download/enterprise

Hinsichtlich des Raspberry Pi's gibt es zwei Installationsmöglichkeiten:

- über das Raspberry Repository: hier befindet sich allerdings nur eine alte MongoDB-Version (2.4.14), die auf die 32-Bit-Archtektur von Raspbian OS ausgerichtet ist.
- als 64-Bit-Ubuntu-Version: dies erfordert aber die 64-Bit Version von Ubuntu Server auf dem Raspberry Pi.

  Auf dem in diesem Buch verwendeten Raspbian OS (64-bit) Bullseye lässt sich MongoDB leider nicht aus einer Paketquelle mit `apt-get install` einrichten.

Hinzu kommt, dass bei Grafana für MongoDB als Datenquelle nur in Grafana-Enterprise ein Plugin bereit steht. Im Ergebnis führen die Einschränkungen in der Tendenz dazu, auf den Einsatz von MongoDB auf dem Raspberry Pi zu verzichten.

7 Telegraf / Chronograf / Kapacitor

Neben dem Datenbank-Managementsystem InfluxDB hat influxdata drei weitere Softwarepakete im Portfolio, die das Angebot abrunden und erweitern:

Telegraf

telegraf ist ein Plugin gesteuerter Server-Agent zum Sammeln und Berichten von Metriken (Metrik bildet die Eigenschaft von Software in einen Zahlenwert (Maßzahl) ab und dient dient zum Messen von Merkmalen eines Softwareprodukts[2]).

Chronograf

Chronograf ist die administrative Benutzeroberfläche und Visualisierungs-Engine des TICK-Stacks. Es ist einfach in der Anwendung und enthält Vorlagen und Bibliotheken, mit denen Sie schnell Dashboards mit Echtzeitvisualisierungen Ihrer Daten erstellen und auf einfache Weise Warn- und Automatisierungsregeln erstellen können.

Kapacitor

Kapacitor ist eine native Datenverarbeitungs-Engine (native ist ein Softwareprogramm, das für die Verwendung auf einer bestimmten Plattform bzw. innerhalb Softwaresystems entwickelt wurde) Mit diesem Paket können Sie Ihre benutzerdefinierte Funktionen einbinden, um Warnungen mit dynamischen Schwellenwerten zu verarbeiten, Metriken für Muster abzugleichen, statistische Anomalien zu berechnen und bestimmte Aktionen basierend auf diesen Warnungen auszuführen. Kapacitor lässt sich in andere Monitoring-Software (z.B. Alerta, Sensu, Slack) integrieren.

Der TICK-Stack hat daher folgenden Aufbau (vgl. Abbildung 95).

2 https://de.wikipedia.org/wiki/Softwaremetrik

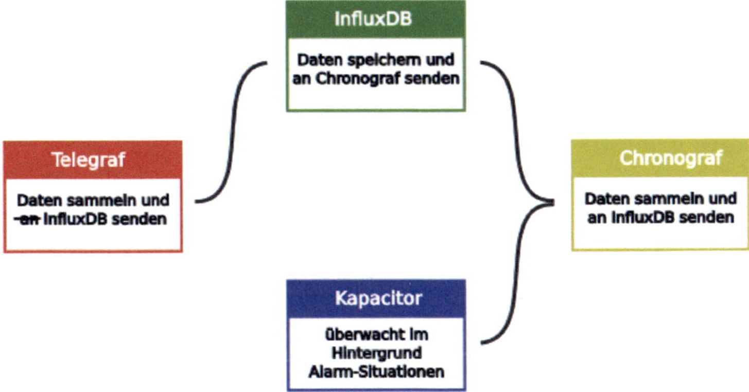

Abb. 95: Der TICK-Stack

Die drei Pakete sind ebenfalls Open Source wobei Chronograf und Kapacitor in InfluxDB 2.x in das InfluxDB-UI überführt worden sind.

7.1 Telegraf

Die Telegraf-Plugins (vgl. Abbildung 96) haben vier unterschiedliche konzeptionelle Typen:

- ***Input Plugins*** um Metriken auf Systemen, auf denen sie ausgeführt werden(z.B. CPU-Auslastung, Speicherbelegung) oder auch von APIs von Drittanbietern (z.B. minecraft, mongodb, nginx, openweathermap, u.v.a.m.) zu sammeln.
- ***Processor Plugins*** um Metriken umzuwandeln und zu filtern.
- ***Aggregator Plugins*** um Metriken zu erstellen und zusammen zu fassen.
- ***Output Plugins*** um Metriken an verschiedene Orte zu senden. Die Auswahl ist bestechend und umfasst eine Vielzahl anderer Datenspeicher oder Dienste (so z.B. InfluxDB, Graphite, MQTT, MS Azur, Google Cloud, u.v.a.m.).

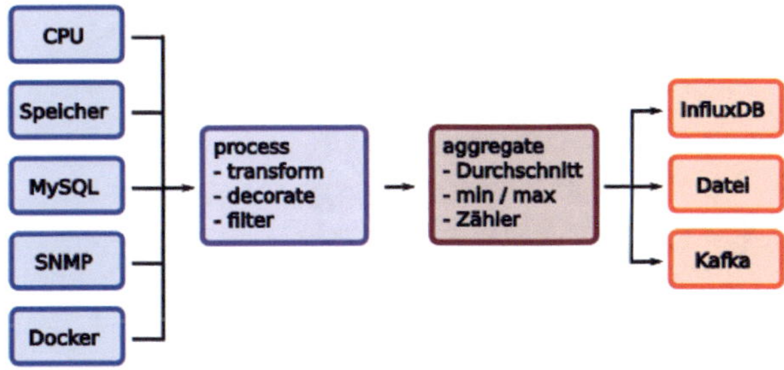

Abb. 96: Telegraf-Plugins

Nachteilig ist, dass Processor-Plugins und Aggregator-Plugins für den gesamten Datenverkehr gelten und nicht auf einzelne Metriken (z.B. nur min/max der CPU-Metriken) beschränkt werden können.

Die Anzahl verfügbarer Plugins allein für Linux beläuft sich auf mehr als 258. Für Details besuchen Sie die Seite https://docs.influxdata.com/telegraf/v1.16/plugins/.

Dieser Abschnitt zeigt die Möglichkeit, mit einem einfachen Input-Plugin System-Metriken des Raspberry Pi zu sammeln und in einer InfluxDB als Output-Plugin zu speichern.

Installation

Ausgangspunkt ist eine installierte InfluxDB, Anderenfalls sind die vorbereitenden Schritte (Schritte 1 und 2 aus Abschnitt 3.2) vorzuschalten.

```
sudo apt-get update && sudo apt-get install telegraf
```

Bei Problemen finden Sie nähere Informationen unter https://portal.influxdata.com/downloads/; es ist eine Registrierung erforderlich.

Die installierte Version erhalten Sie mit `telegraf -version`, eine Übersicht der Parameter mit `telegraf -help`.

Die Inbetriebnahme folgt einem Wechselspiel zwischen InfluxDB-UI und Terminal-Kommandos.

InfluxDB vorbereiten

Das InfluxDB-UI erleichtert auch, den Einsatz von Telegraf als Datenquelle vorzubereiten (*Load Data → TELEGRAF*,-vgl. Abbildung 97).

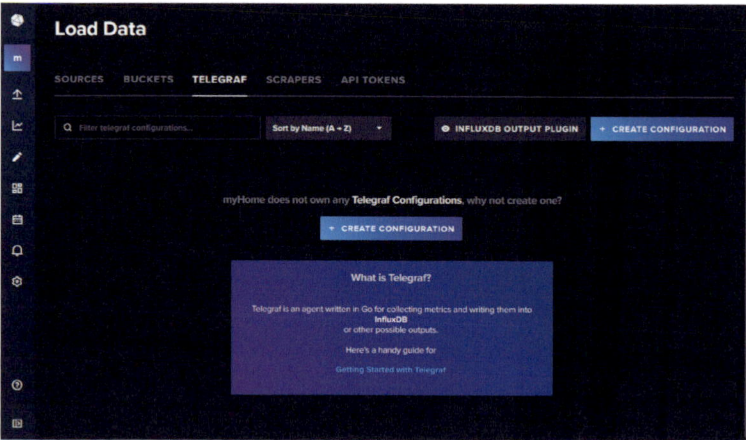

Abb. 97: Load Telegraf-Data in Influxdb-Datenbank

+ CREATE CONFIGURATION startet den Assistenten zur Einrichtung der Telegraf-Konfiguration (vgl. Abbildung 98).

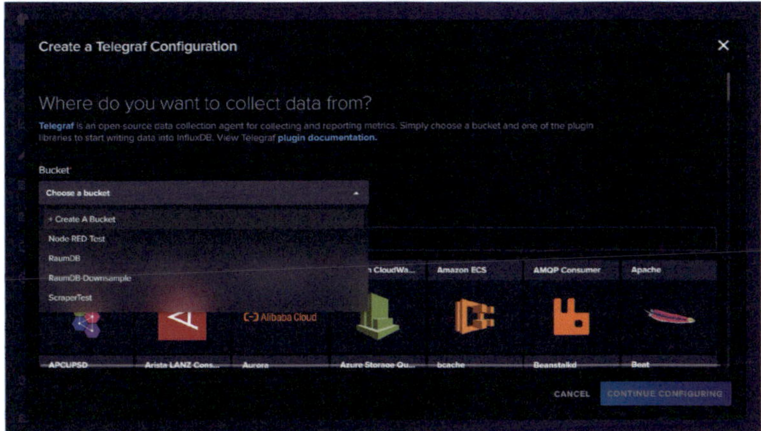

Abb. 98: Telegraf-Konfiguration mit InfluxDB-UI

Die gesammelten Daten soll ein neuer Bucket aufnehmen (***+ Create Bucket***; Bucket-Name «telegraf»).

Das InfluxDB-UI zeigt eine Fülle verfügbarer Plug-Ins als Datenquelle an; Mehrfachangaben sind möglich. Wählen Sie z.B. Internet Speed aus (vgl. Abbildung 99).

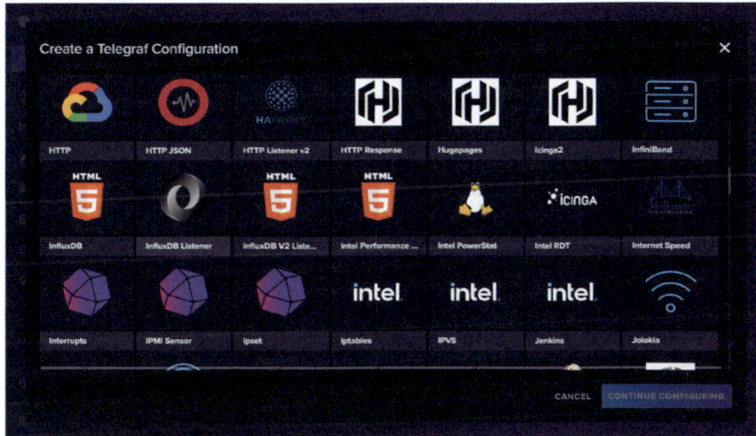

Abb. 99: Telegraf-Konfiguration mit InfluxDB-UI, Plug-In auswählen

CONTINUE CONFIGURING setzt die Einrichtung fort und Sie erhalten einen Überblick. Der Editor-Bereich des Fensters zeigt die Konfigurationsparameter (vgl. Abbildung 100).

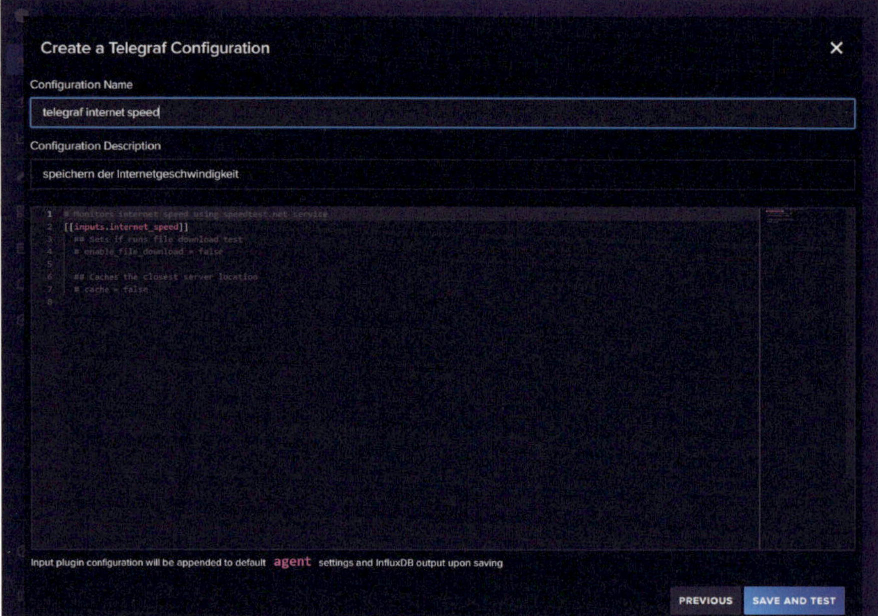

Abb. 100: Telegraf-Konfiguration mit InfluxDB-UI, Überblick

Geben Sie der Konfiguration noch einen Namen sowie eine Beschreibung und speichern Sie sie mit ***SAVE AND TEST*** ab (vgl. Abbildung 101).

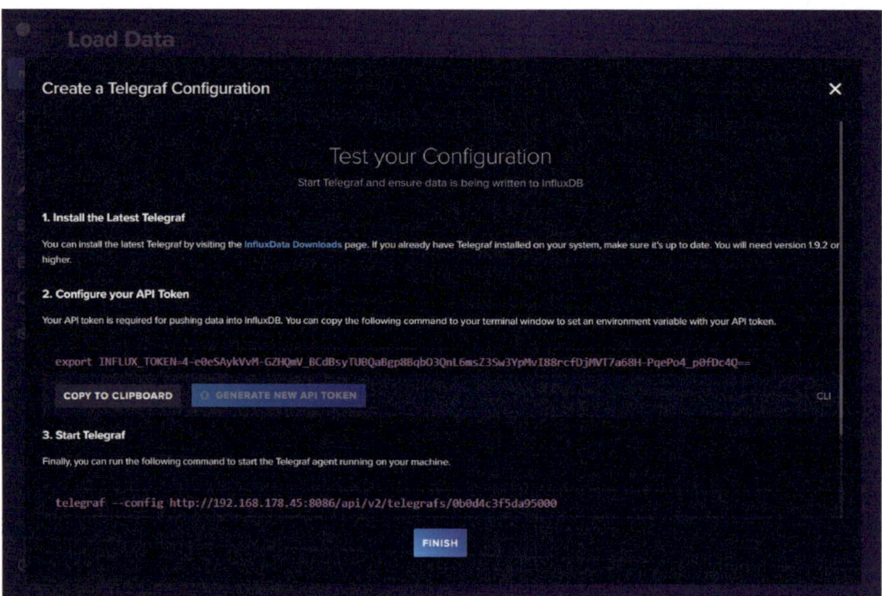

Abb. 101: Telegraf-Konfiguration mit InfluxDB-UI abschließen

Kopieren Sie sich den ***export***-Befehl mit dem Token und die telegraf-Start-Anweisung. Schließen Sie die Einrichtung mit ***FINISH*** ab.

Daten sammeln

Öffnen Sie ein Terminal und geben Sie den `export`-Befehl ein:

```
export INFLUX_TOKEN=4-e0eSAykVvM-GZHQmV_BCdBsyTUBQ-
aBgp8BqbO3QnL6msZ3Sw3YpMvI88rcfDjMVT7a68H-
PqePo4_p0fDc4Q==
```

Starten Sie anschließend Telegraf:

```
telegraf --config http://192.168.178.45:8086/api/v2/
telegrafs/0b0d4c3f5da95000
```

Telegraf schreibt jetzt mit schöner Regelmäßigkeit Daten in den Bucket *telegraf* (vgl. Abbildung 102).

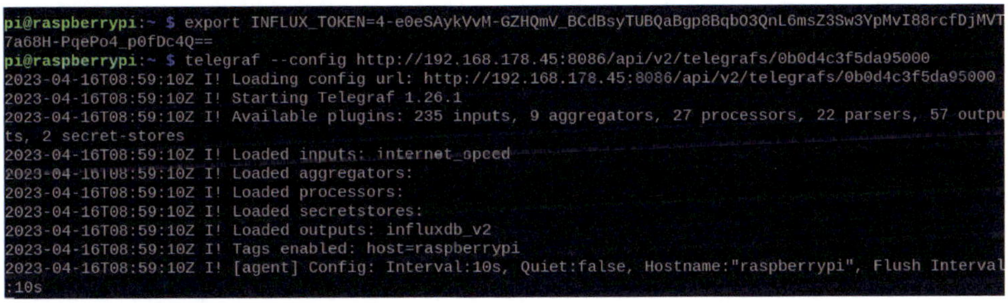

```
pi@raspberrypi:~ $ export INFLUX_TOKEN=4-e0eSAykVvM-GZHQmV_BCdBsyTUBQaBgp8BqbO3QnL6msZ3Sw3YpMvI88rcfDjMVT
7a68H-PqePo4_p0fDc4Q==
pi@raspberrypi:~ $ telegraf --config http://192.168.178.45:8086/api/v2/telegrafs/0b0d4c3f5da95000
2023-04-16T08:59:10Z I! Loading config url: http://192.168.178.45:8086/api/v2/telegrafs/0b0d4c3f5da95000
2023-04-16T08:59:10Z I! Starting Telegraf 1.26.1
2023-04-16T08:59:10Z I! Available plugins: 235 inputs, 9 aggregators, 27 processors, 22 parsers, 57 outpu
ts, 2 secret-stores
2023-04-16T08:59:10Z I! Loaded inputs: internet_speed
2023-04-16T08:59:10Z I! Loaded aggregators:
2023-04-16T08:59:10Z I! Loaded processors:
2023-04-16T08:59:10Z I! Loaded secretstores:
2023-04-16T08:59:10Z I! Loaded outputs: influxdb_v2
2023-04-16T08:59:10Z I! Tags enabled: host=raspberrypi
2023-04-16T08:59:10Z I! [agent] Config: Interval:10s, Quiet:false, Hostname:"raspberrypi", Flush Interval
:10s
```

Abb. 102: Telegraf im Terminal

Telegraf läuft also, es ist jedoch wenig praktikabel, den Dienst nach jedem Boot neu starten zu müssen.

Telegraf als Systemdienst

Üblicherweise versucht Telegraf nach der Installation automatisch als Systemdienst hochzufahren. Sie administrieren ihn mit den bekannten Kommandos:

```
sudo systemctl start telegraf
sudo systemctl stop telegraf
sudo systemctl status telegraf
```

Ohne eine angepasste Konfigurationsdatei läuft der Start jedoch auf einen Fehler, da die mit dem InfluxDB UI erstellte Konfiguration an anderer Stelle gespeichert ist.

Die Konfigurationsdatei finden Sie unter /etc/telegraf/telegraf.conf.

```
sudo nano /etc/telegraf/telegraf.conf
```

Das Beispiel soll Telegraf-Systemdaten speichern. Es sind zwei Plugins zu aktivieren. Entfernen Sie jeweils die Kommentarzeichen bzw. ergänzen Sie die Parameter.

Output-Plugins

```
# # Configuration for sending metrics to InfluxDB 2.0
[[outputs.influxdb_v2]]
#   ## The URLs of the InfluxDB cluster nodes.
#   ##
#   ## Multiple URLs can be specified for a single
cluster, only ONE of the
#   ## urls will be written to each interval.
#   ##   ex: urls = ["https://us-west-2-
1.aws.cloud2.influxdata.com"]
   urls = ["http://127.0.0.1:8086"]
#
#   ## Token for authentication.
   token = "4-e0eSAykVvM-GZHQmV_BCdBsyTUBQaBgp8BqbO3Qn-
L6msZ3Sw3YpMvI88rcfDjMVT7a68H-PqePo4_p0fDc4Q=="
#
#   ## Organization is the name of the organization you
wish to write to.
   organization = "myHome"
#
#   ## Destination bucket to write into.
   bucket = "telegraf"
```

Input-Plugins

```
# # Collect statistics about itself
[[inputs.internal]]
#   ## If true, collect telegraf memory stats.
#   # collect_memstats = true
```

Nach einem Neustart liefert Telegraf die festgelegten Daten im Bucket *telegraf* der InfluxDB ab; sie stehen dort für weitere Analysen zur Verfügung.

Mit einer Flux-Query lassen ich auf einfache Weis die Daten visualisieren (siehe Abschnitt 3.6):

```
from(bucket: "telegraf")
  |> range(start: v.timeRangeStart, stop: v.timeRan-
geStop)
  |> filter(fn: (r) => r["_measurement"] == "cpu")
  |> filter(fn: (r) => r["_field"] == "usage_system")
```

```
  |> filter(fn: (r) => r["cpu"] == "cpu0" or r["cpu"]
== "cpu1" or r["cpu"] == "cpu2" or r["cpu"] == "cpu3")
  |> aggregateWindow(every: v.windowPeriod, fn: mean,
createEmpty: false)
  |> yield(name: "mean")
```

Abbildung 103 zeigt ein InfluxDB-Dashboard mit CPU-Daten.

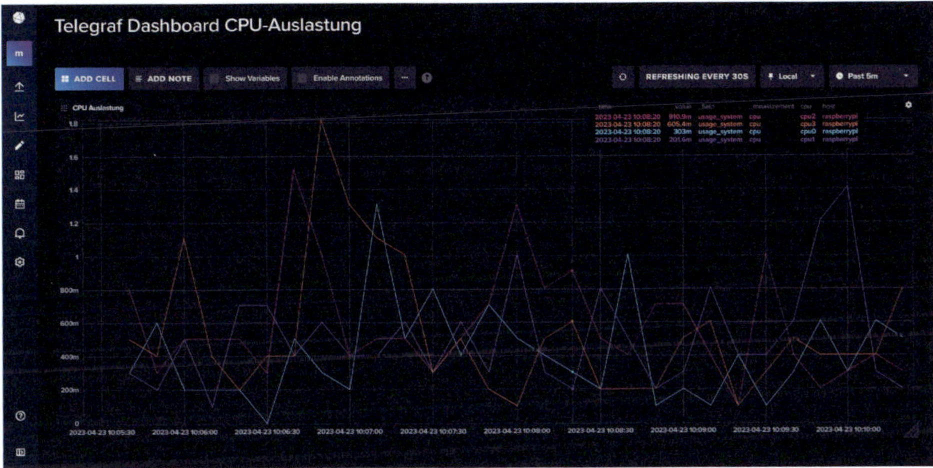

Abb. 103: Dashboard mit CPU-Daten von Telegraf

7.2 Chronograf

Chronograf ein Tools zur Visualisierung Ihrer Messungen, das im Kern auf InfluxDB 1.x ausgerichtet ist. In InfluxDB 2.x haben Sie mit dem InfluxDB-UI Dashboard eine integrierte und nicht minder starke Lösung.

Unabhängig davon lassen sich mit Chronograf entwickelte Dashboards auch aus einer InfluxDB 2.x Datenbank bedienen. Erforderlich ist die Festlegung einer entsprechenden Verbindung (*+ Add Connection*), die dann auch die Zugangsdaten enthält.

Weiterführende Informationen erhalten Sie z.B. unter https://docs.influxdata.com/influxdb/v2.6/tools/chronograf/.

7.3 Kapacitor

Bei Kapacitor verhält es sich ähnlich wie bei Chronograf. Auch Kapacitor lässt eine Verbindung zu InfluxDB 2.0 zu. Näheres finden Sie z.B. unter https://docs.influxdata.com/influxdb/v2.6/tools/kapacitor/.

8 Grafana

Das Sammeln von Daten ob im professionellen Bereich oder im heimischen IoT-Umfeld ist wesentlicher Bestandteil elektronischer Datenverarbeitung. Aber das Sammeln von Daten ist nicht Selbstzweck. Vielmehr geht es darum diese Daten auszuwerten, zu verändern und auszugeben bzw. anzuzeigen. Gerade die visuelle Ausgabe über ein Dashboard (dt.: Instrumententafel) nimmt eine zentrale Stellung ein. Die Informationen sind vielschichtig und vielfältig. Sie reichen von der Anzeige aktueller Statuswerte über die Präsentation von Verläufen hin zu Schlüsselinformationen, um Handlungen auszulösen. Die Rolle eines Dashboards ist daher analytisch, strategisch, operational oder informativ.

Strategische Dashboards bieten eine schnelle Übersicht für Entscheidungsträger, die im geschäftlichen Umfeld den Geschäftsverlauf überwachen oder Vorhersagen benötigen. Sie beruhen auf statischen Momentaufnahmen von etwa stündlichen, täglichen, wöchentlichen oder monatlichen Daten. ***Analytische Dashboards*** erlauben eine Interaktion mit den diesen zugrunde liegenden Daten.

Überwachungs-Dashboards ähneln strategischen Dashboards; sie sind aber darauf ausgerichtet, laufende, sich ständig ändernde Vorgänge zu überwachen mit dem Ziel, sofort auf Abweichungen reagieren zu können.

Dashboard-Software sorgt für die Darstellung von Schlüsselindikatoren (engl.: ***key performance indicators*** (KIP)) auf Webseiten. Sie stützen sich auf eine Datenbank, sodass ein ständiges Aktualisieren der Informationen gewährleistet ist. Auf Grund dieser zentralen Stellung gibt es eine reiche Anzahl verschiedener Produkte. Sie lassen sich auf verschiedene Art Kategorisieren:

- Art der Distribution:

  Dashboard-Software kann kostenpflichtig sein (z.B. SAP Lumira), frei nutzbar (z.B. Google data Studio) oder Open Source (z.B. Grafana).

- Art der Anbindung an die Softwareumgebung

  Die Anbindung kann nativ, also auf die Softwareumgebung zugeschnitten (z.B. Chronograf, Node-RED Dashboard) oder „fremd“, also nicht spezialisiert (z.B. Grafana) sein.

Die Fähigkeiten von Dashboard-Software bewegt sich auf folgenden Feldern:

- Dashboard-Vorlagen zu unterschiedlichen Themen
- Daten filtern oder gruppieren
- Daten-Management
- eine Vielzahl von Charts und Chart-Optionen
- Möglichkeiten für Teamarbeit und Dashboard-Sharing
- eingebettete Analysetools
- mobil verfügbar
- ausgeprägte Sicherheitsfunktionen

Als ein schickes Dashboard-Tool, das auf den genannten Feldern sehr gut aufgestellt ist, bietet sich Grafana an (https://grafana.com/). Grafana ist eine plattformübergreifende Open-Source-Anwendung. Als Datenquelle dient z.B. InfluxDB, MySQL, PostgreSQL, Prometheus oder Graphite. Anzeigemöglichkeiten und Datenquellen können zudem mittels unterschiedlicher Plugins erweitert werden. Grafana zeichnet sich durch eine durchdachte Struktur aus, die Entwickler und Administratoren Dashboards für die Visualisierung relevanter Daten besonders komfortabel, zeitsparend und Nutzer bezogen entwerfen lässt.

8.1 Installation

Wie InfluxDB lässt sich auch Grafana auf den gängigen Betriebssystemen installieren. Der folgende Abschnitt zeigt die Installation auf einem Linux-System genauer einem Raspberry Pi. Sie finden Anleitungen für:

- Windows z.B. unter:

  https://grafana.com/docs/grafana/latest/installation/windows/

- MacOS z.B. unter:

  https://grafana.com/docs/grafana/latest/installation/mac/

Die aktuelle Version (Stand Mai 2023) ist 9.4. Die Installation entspricht den Schritten der Installation von InfluxDB:

1. Hinzufügen des Grafana-Repository-Schlüssels

   Das Herunterladen und Hinzufügen des InfluxDB-Schlüssels erfolgt mit folgenden Befehl:
   ```
   wget -q -O - https://packages.grafana.com/gpg.key |
   sudo apt-key add -
   ```

2. Hinzufügen des Grafana-Repository

   Fügen Sie als nächstes das passende Repository der Liste der Quellen hinzu:

   ```
   echo "deb https://packages.grafana.com/oss/deb
   stable main" | sudo tee /etc/apt/sources.list.d/
   grafana.list
   ```

3. Paketliste neu einlesen

   Führen Sie mit `sudo apt-get update` ein Update der Paketliste durch.

4. Grafana installieren

   Installieren Sie Grafana nun mit `sudo apt-get install grafana`.

5. Grafana starten

   Grafana-Server startet nicht automatisch. Starten Sie deshalb abschließend Grafana mit:

   ```
   sudo systemctl start grafana-server
   ```

   Start von Grafana beim Boot:

   ```
   sudo systemctl unmask grafana-server
   sudo systemctl enable grafana-server
   ```

Grafana speichert einige Informationen im Dateisystem:

- /etc/grafana
  Ordner mit Unterordnern für Dashboards, Plugins, etc.
- /etc/grafana/grafana.ini   Konfigurationsdatei
- /var/log/grafana   Log-Datei

An dieser Stelle soll ein lediglich kurzer Einstieg in die Anwendung und Arbeitsweise von Grafana erfolgen. Dabei sollen dabei die gleichen Ansätze wie sie bereits in Abschnitt 3.6 im Fokus stehen. Grundlage ist deshalb eine InfluxDB.

8.2 Grafana administrieren

Grafana ist grundsätzlich nach dem Start des Dienstes betriebsbereit. Spätestens jedoch, wenn Sie Grafana nicht mehr nur für sich in einem abgeschlossenen System nutzen möchten, sind einige Anpassungen empfehlenswert oder sogar notwendig.

8.2.1 Grafana CLI

Grafana verfügt auch über ein kleines Kommandozeilen-Interface, ***Grafana CLI.*** Dieses Interface ist dann von Nutzen, wenn Sie gerade nicht über einen Browserzugang verfügen.

Alle verfügbaren Kommandos erhalten sie mit **`grafana-cli -h`**; **`grafana-cli -v`** zeigt die aktuelle Version. **`grafana-cli admin`** erlaubt Ihnen Administrationsarbeiten. Weitere Hinweise zur Anwendung des CLI finden Sie im Bedarfsfall auf:

https://grafana.com/docs/grafana/latest/administration/cli/.

8.2.2 Anonymen Zugriff erlauben

Üblicherweise verlangt Grafana bei der Anmeldung über eines Browser einen Benutzernamen und ein Passwort (vgl. 8.3). Dieser lässt sich abschalten. Öffnen Sie die Konfigurationsdatei mit **`sudo nano /etc/grafana/grafana.ini`**. Suchen Sie die Passage **`[auth.anonymous]`** und setzen **`;enable = true`**.

8.2.3 Benutzer-Signup

Benutzer-Signup bezeichnet die Möglichkeit, dass sich Benutzer selbständig mit Benutzername, Email-Adresse und selbst gewähltem Passwort bei Grafana anmelden. Sie verwenden hierzu http://<IP-Adresse>:3000/signup (z.B. http://192.168.178.45:3000/signup). Üblicherweise ist diese Option erlaubt und für die Erstanmeldung auch notwendig.. Sie sperren diese in der Konfigurationsdatei im Bereich **`[users]`** durch **`;allow_sign_up = false`**.

8.2.4 Weitere Grafana Nutzer zulassen

Weitere Grafana Nutzer können Sie über ***Server Admin → Users*** zulassen (vgl. Abbildung 104).

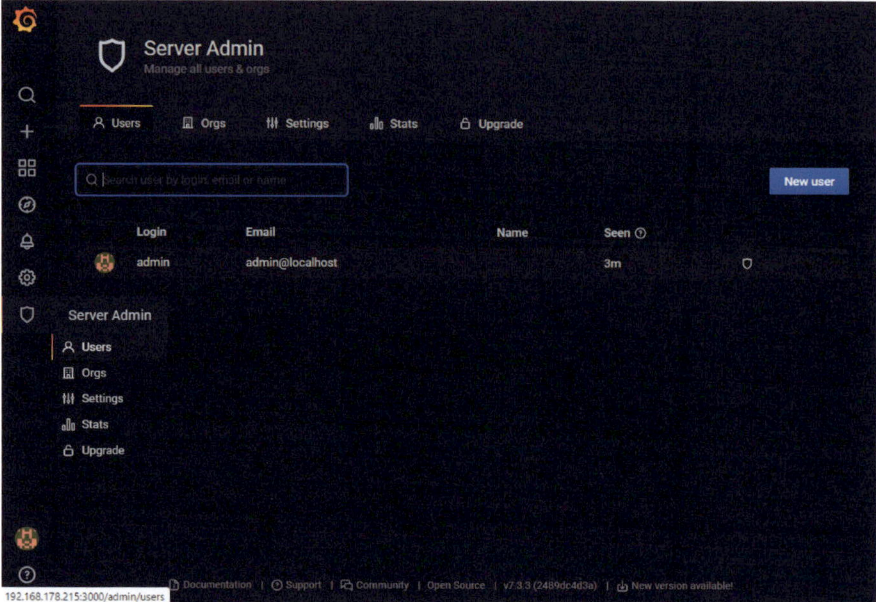

Abb. 104: Grafana Nutzer zulassen

Klicken Sie auf ***New user*** (vgl. Abbildung 105).

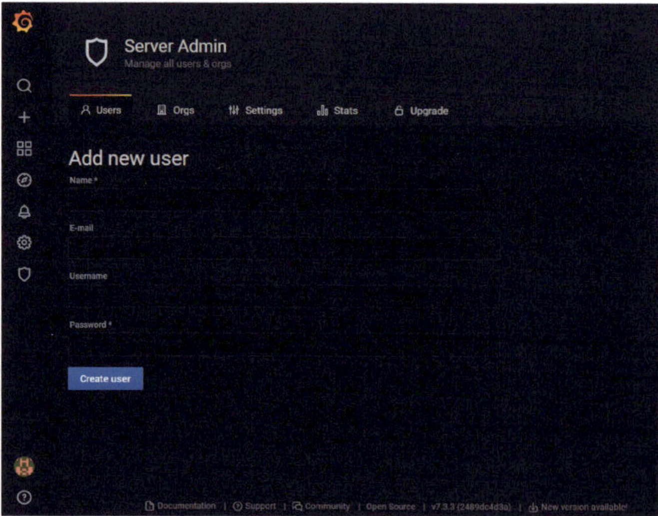

Abb. 105: Grafana Add new user

Legen Sie zumindest Name (z.B. Michael Mustermann), Benutzername (z.B. Michael) und Passwort (z.B. Sommer) fest. Mit Klick auf ***Create User*** wird der Benutzer angelegt. Die voreingestellte Rolle eines Users ist „Viewer", d.h. lesender Zugriff (die Voreinstellung ergibt sich aus der Konfigurationsdatei; Passage **`[auth.anonymous]`**). Erweiterte Rechte (Editor, Admin) lassen sich über ***Configuration → Users*** zuweisen.

Der neu angelegte Benutzer kann sich nun über einen Browser bei Grafana erstmalig anmelden (vgl. Abschnitt 8.3). Als Viewer hat er allerdings einen etwas anderen Willkommensbildschirm.

8.3 Erstmalige Anmeldung in einem Browser

Grafana belegt Port 3000. Öffnen Sie einen Browser und geben Sie https://LINUX_DEVICE_IP:3000/ (z.B. https://192.168.178.45:3000/) ein. Beim ersten Mal öffnet sich ein Willkommensfenster (vgl. Abbildung 106).

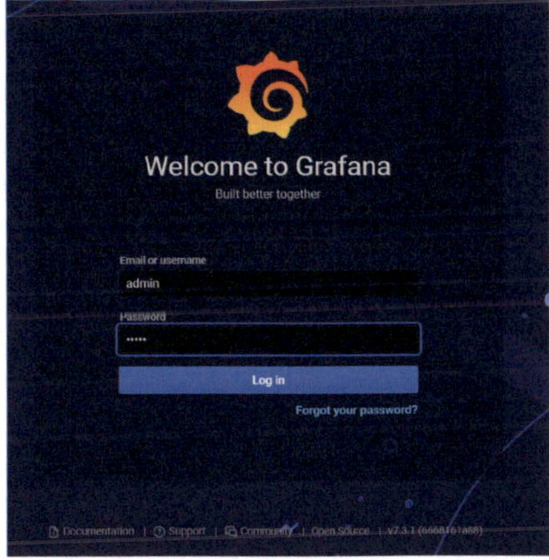

Abb. 106: Grafana Willkommensbildschirm

Geben Sie als Benutzernamen „admin" und als Passwort ebenfalls „admin" ein. In einem Folgebildschirm besteht die Möglichkeit, ein neues Passwort setzen oder diesen Schritt mit ***skip*** zu überspringen.

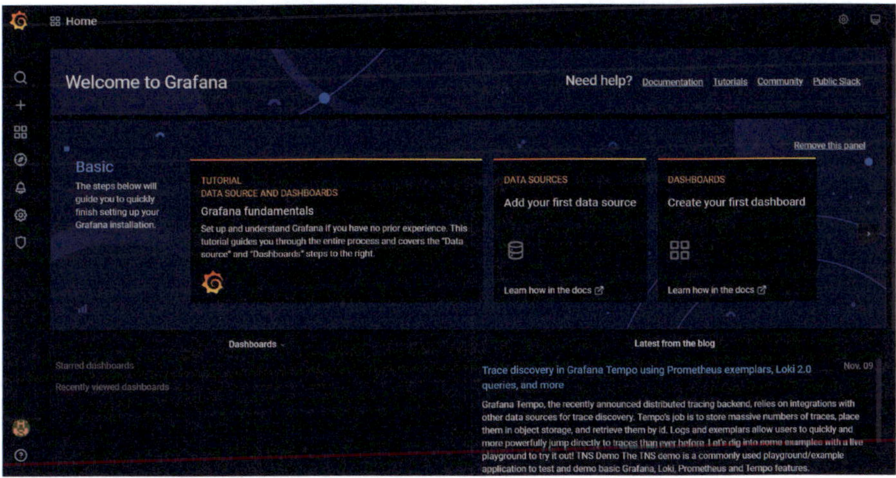

Abb. 107: Grafana Home-Bildschirm

Sie befinden sich nun im Home-Fenster Ihres Grafana-Servers (vgl. Abbildung 107). Er enthält beim ersten Start auch ein Panel (dt.: Bedienfeld) mit Links zu einem Tutorial, zur Einbindung von Datenquellen und Plugins sowie zur Erstellung von Dashboards. Mit Klick auf ***Remove this panel*** lässt es sich löschen.

8.4 Anzeigen der Telegraf-Systemdaten

Grafana eignet sich hervorragend, InfluxDB-Daten anzuzeigen. Dieses Beispiel bildet zum Einstieg das InfluxDB-Dashboard aus Kapitel 7.1 nach.

Die notwendigen Arbeiten sind zweierlei:

- Datenbank-Verbindung einrichten
- ein Dashboard einrichten

Datenbank-Verbindung einrichten

Fügen Sie als erstes Ihre InfluxDB Telegraf-Datenbank hinzu: Es ist unerheblich, ob Sie auf ***Add your first database*** klicken oder über ***Configuration → Data Sources → Add Data Source*** gehen. Sie gelangen in jedem Fall zu einem Bildschirm für die Auswahl der Datenquelle (vgl. Abbildung 108).

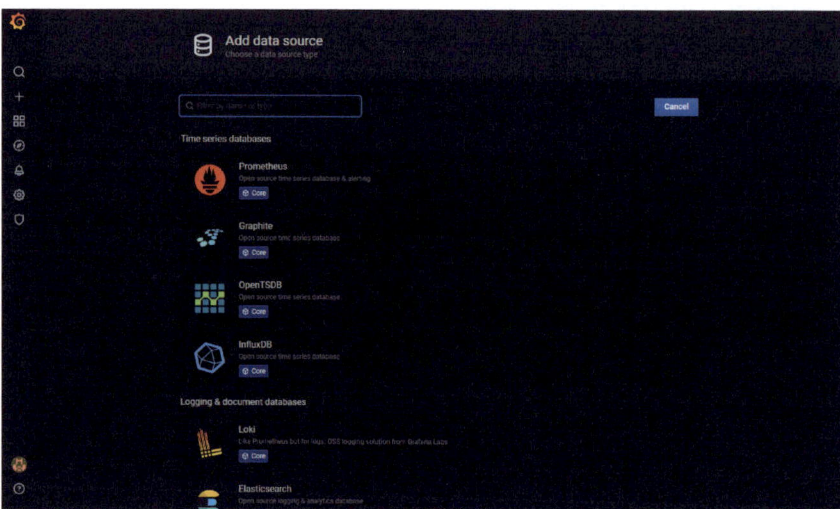

Abb. 108: Grafana Auswahl der Datenquelle

Fahren Sie mit dem Mauszeiger auf ***InfluxDB*** und klicken Sie dann auf ***Select***, um die Angaben zu Ihrer InfluxDB eingeben zu können. Das Fenster gliedert sich in mehrere Abschnitte (vgl. Abbildung 109).

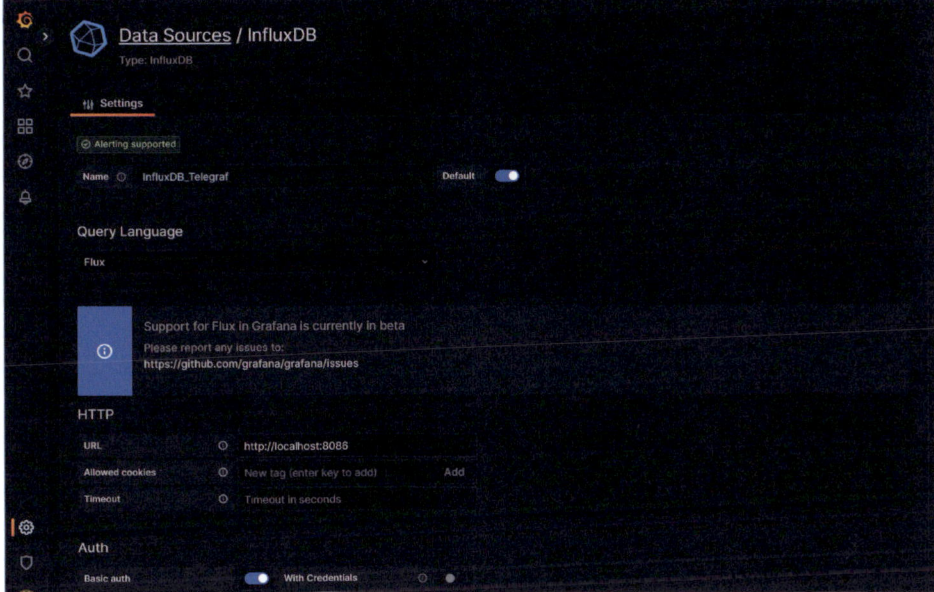

Abb. 109: Grafana Datenquelle parametrisieren

Geben Sie der Datenbankverbindung einen Namen (hier: «InfluxDB_Telegraf»). Wählen Sie *Flux* als Query-Sprache, da Sie eine InfluxDB 2.x anzapfen möchten und fügen Sie den URL der InfluxDB (z.B. http://localhost:8086, wenn sie sich auf dem gleichen Gerät wie der Grafana-Server befindet).

Der Abschnitt ***InfluxDB Details*** befasst sich mit der zielgenauen Einrichtung der Verbindung (vgl. Abbildung 110).

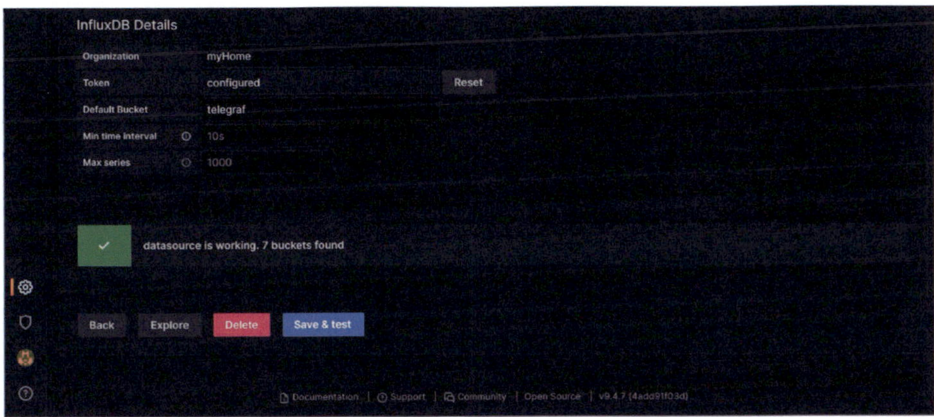

Abb. 110: Grafana Datenquelle parametrisieren - InfluxDB Details

Die Angaben beziehen sich hier als Beispiel auf den Telegraf-Bucket aus Kapitel 7 . Die Authorisierung erfolgt wie bei InfluxDB 2.x über einen API-Token.

Klicken Sie auf ***Save & Test***. Die erfolgreiche Einrichtung der Verbindung quittiert Grafana mit zwei Meldungen.

Gehen Sie mit ***Back*** zurück.

Ein Dashboard einrichten (Einstieg)

Jetzt geht an es an das Einrichten des Dashboards (***Dashboards → + New dashboard***, vgl. Abbildung 111). Ziel ist ein Dashboard ähnlich dem InfluxDB-UI-Dashboard aus Kapitel 7.

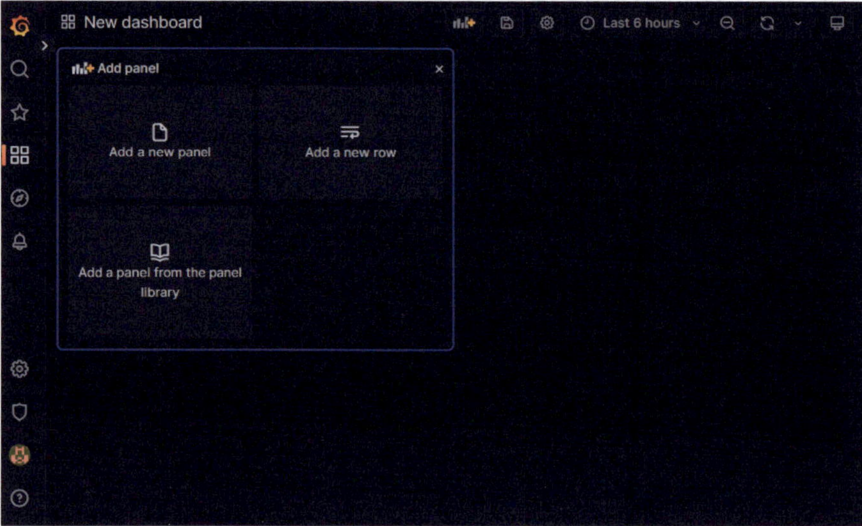

Abb. 111: Grafana Dashboard erstellen

Fügen Sie mit ***Add a New Panel*** eine neue Messwertanzeige hinzu (der Begriff «panel» in Grafana ist inhaltlich in etwa vergleichbar mit dem Begriff «Cell» bei InfluxDB UI). Sie landen im Panel-Editor (vgl. Abbildung 112).

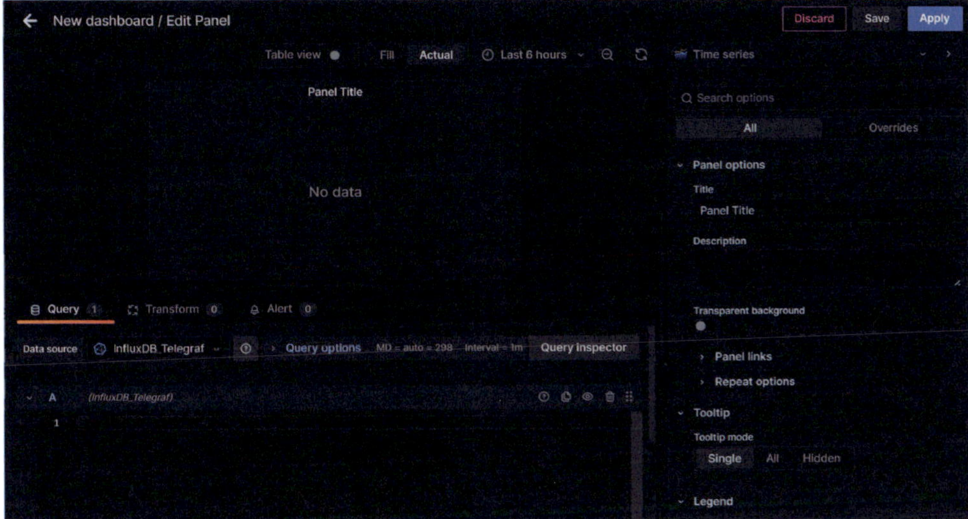

Abb. 112: Grafana Dashboard Panel erstellen

Das Fenster gliedert sich in verschiedene Bereiche:

- die erste Kopfzeile: Sie enthält auf der rechten Seite drei Schaltflächen zum Management vorgenommener Änderungen (***Discard***: verwerfen; ***Save***: sichern und ***Apply***: anwenden).
- die linke Spalte: die linke Spalte ist einer Vorschau und der Datenquelle gewidmet.
- die rechte Spalte: die rechte Spalte befasst sich mit der Visualisierung.

Auf Grund der Komplexität der mit Grafana möglicher Einstellungen kann ich an dieser Stelle nur kursorisch einige wesentliche Dinge aufgreifen:

Die linke Spalte:

Der oberste Part der linken Spalte bietet eine Vorschau auf das Panel. Mit ***Apply*** erhalten Sie bei Änderungen eine angepassten Anzeige.

Eine Drop-Down-Liste eröffnet die Auswahl der anzuzeigenden Zeitschiene: hier sind es die letzten sechs Stunden. Achtung: geänderte Angaben wirken sich zunächst lediglich auf die aktuelle Anzeige aus. Sie werden dauerhaft nur wirksam, wenn beim ***Save*** das Kontrollkästchen ***Save current time range as Dashboard default*** aktiviert ist!

Über Reiter der folgenden Zeile erhalten Sie Zugang zur Auswahl der Datenquelle (***Query***), was ggf. mit den Ergebnissen vor der Anzeige passieren soll (***Transform***) und der Einrichtung von Warn-Funktionalitäten (***Alert***).

Wählen Sie bei ***Query*** Ihre Datenquelle aus (hier: InfluxDB_Telegraf) und geben Sie die Datenbank-Query in den darunter liegenden Bereich ein. Ein bequemer Weg ist, diese flux-Query im Explorer des InfluxDB UI zu entwickeln und dann an diese Stelle zu übertragen (siehe Kapitel 7). Dies soll fürs Erste genügen, da eine Erörterung der weiteren Optionen insbesondere des Query-Inspektors den Fokus zu sehr verschieben würde.

Die rechte Spalte:

Über eine Drop-Down-Liste in der Kopfzeile der rechten Spalte wählen Sie die Art der Anzeige (hier: ***Time series***).

Eine wunderbare Einrichtung ist das Suchfeld in der darunter liegenden Zeile. Mit Ihrer Hilfe könne Sie direkt zur gewünschten Option navigieren, ohne sich mühsam durch das gesamte Angebot quälen zu müssen (z.B. ***col*** für alle Farbeinstellungen).

Die beiden darauf folgenden zwei Schaltflächen bestimmen den Zugang zu den jeweiligen Optionen:

- ***All***: blättert alle Widget-Parameter auf
- ***Override***: Override beinhaltet die gleichen Einstellungsmöglichkeiten wie Fields; im Gegensatz betreffen diese jedoch nur eine spezielle Messwertreihe.

Experimentieren Sie ein wenig mit den Einstellungen. Das Vorgehen ist vielleicht wenig strukturiert aber vermutlich intensiver als eine ausschweifige Darstellung von Varianten und welche davon mit dem Blick auf das postulierte Ziel zur Anwendung kommt.

Klicken Sie auf ***Save dashboard*** und versehen Sie in der Folgemaske das Dashboard noch mit einem Namen. Schließen Sie mit ***Save*** ab. Grafana gibt bei Erfolg eine entsprechende Meldung aus und zeigt das Dashboard (siehe Abbildung 113).

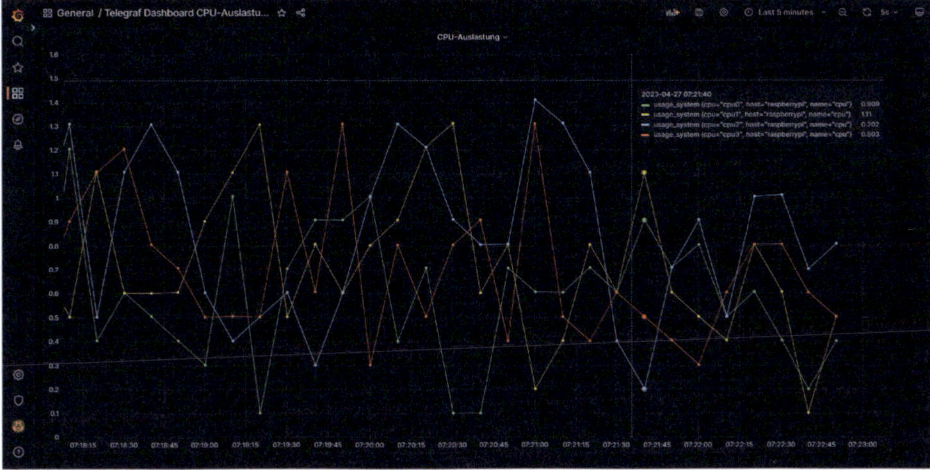

Abb. 113: Grafana Dashboard CPU-Daten

Tipp: fertige Dashboards importieren

Grafana speichert Dashboards im JSON-Format. Im Dashboard-Editor können Sie über ***Settings → JSON-Model*** ein Dashboard exportieren.

Mit der Import-Funktion können Sie derart gespeicherte Dashboards auch wieder in Ihre Anwendung laden (***Dashboards → Import*** bzw. ***New → Import***; vgl. Abbildung 114).

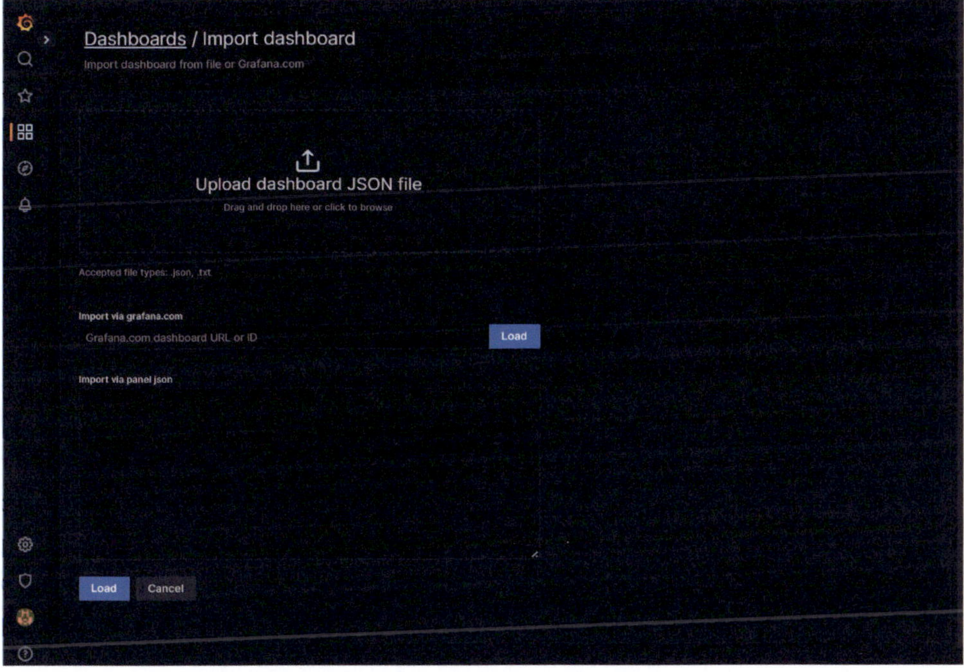

Abb. 114: Grafana Dashboard Import Auswahl-Bildschirm

Für den Import bestehen drei Möglichkeiten:

- Upload dashboard JSON file: eine Datei mit den Angaben für die Gestaltung liegt als JSON-Datei vor.
- Import via grafana.com mit den Optionen der Angabe der Dashboard - ID oder des Dashboard URL
- Import via panel json

Gerade grafana.com ist eine reichhaltige Fundgrube verschiedener Dashboards. So gibt es für Telegraf System Daten ein Beispiel mit der 17191, der zugehörige URL ist: https://grafana.com/grafana/dashboards/17191.

Schreiben Sie also *17191* in das Eingabefeld und Klicken Sie auf ***Load***, um zu einem Folgebildschirm zu gelangen (vgl. Abbildung 115).

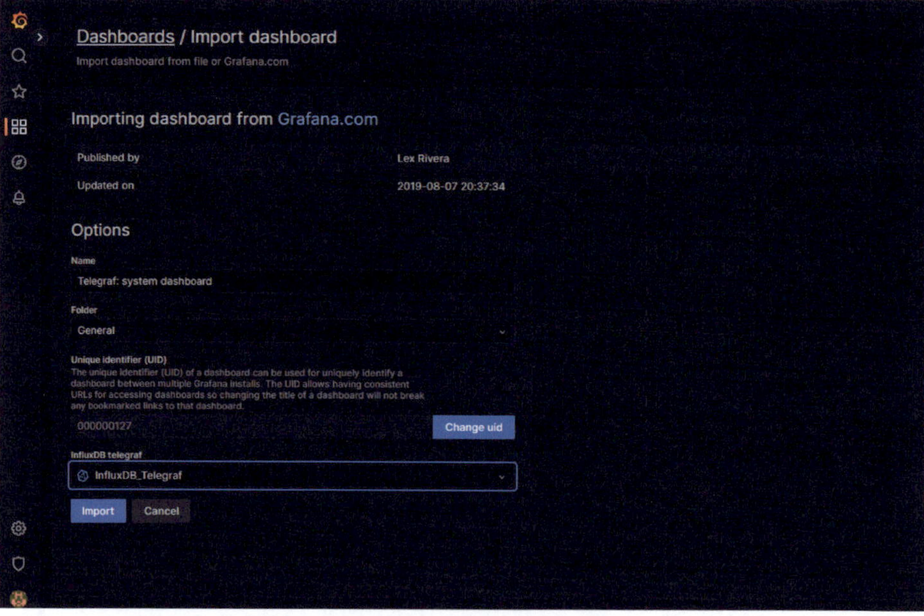

Abb. 115: Grafana Dashboard Import Folgebildschirm

Wählen Sie zumindest die passende Datenquelle respektive Datenbank, wie sie Sie bei Einrichtung der Datenbank-Verbindung fest gelegt haben (hier z.B. «InfluxDB_Telegraf») und klicken Sie auf ***Import***. Das Dashboard zeigt sofort Daten an, vorausgesetzt natürlich, dass die Felder der Flux-Abfrage den Feldnamen der Datenbank entsprechen.

Sobald Sie das Dashboard verlassen wollen, erhalten Sie eine Aufforderung hinsichtlich nicht gesicherte Änderungen. Bei der Option ***Save Dashboard*** folgt die Bitte um Eingabe eines Dashboard-Namens und ein abschließendes ***Save***.

Ein erweitertes Dashboard-Beispiel

Dieser Abschnitt behandelt an dem vorhandenen und drei neuen Panels weitere Facetten des Grafa-Dashboards (siehe Abbildung 116). Aber auch hier kann nur ein kleiner Einblick in das gesamten Leistungsspektrums stehen.

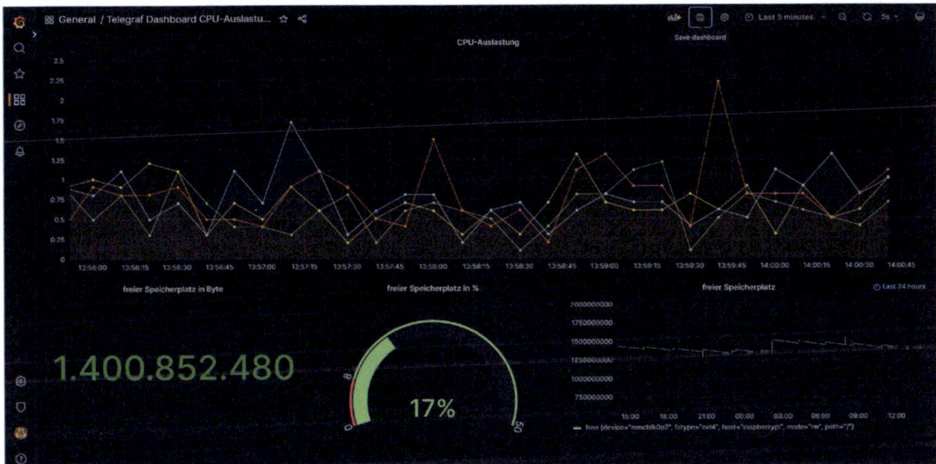

Abb. 116: erweitertes Grafana Dashboard

Das Panel CPU-Auslastung:

Das Panel nimmt nun die gesamte Dashboard-Breite ein. Sie verändern die Panelgröße durch ziehen eines kleinen Dreiecks bei gedrückter linker Maustaste; das Dreieck zeigt sich, wenn die linke untere Ecke mit der Maus den Fokus erhält. Sie verschieben ein Panel per gedrückter linker Maustaste in der Panelüberschrift.

Der Graph sieht im Füllbereich zwischen Linie und X-Achse etwas stylischer aus. Ursache ist die Option ***Fill opacity*** sein; das InfluxDB-UI bietet dies so nicht.

Das Panel freier Speicher in Byte:

Die Daten liefert folgende Query:

```
from(bucket: "telegraf")
  |> range(start: v.timeRangeStart, stop: v.timeRan-
geStop)
  |> filter(fn: (r) => r["_measurement"] == "disk")
  |> filter(fn: (r) => r["_field"] == "free")
  |> filter(fn: (r) => r["device"] == "mmcblk0p2")
```

Grundlage der Anzeige ist das *Stat*-Widget. Ein paar Eigenschaften bedürfen der Anpassung:

- ***Panel options***: die entsprechende Überschrift
- ***Value options → Limit*** (1): durch den Wert 1 kommt nur eine Datenreihe (Wert) zur Anzeige)
- ***Standard options → Unit → Misc → Locale Format***: dies sorgt für die Tausender-Punkte
- ***Thresholds → Base***: Wahl einer anderen Farbe

Das Panel freier Speicher in %:

Nunmehr muss die Query einen Prozentwert liefern; hier gestattet Flux einen Einblick in seine Vielschichtigkeit:

```
mem_SDCard = 8000000000
from(bucket: "telegraf")
  |> range(start: v.timeRangeStart, stop: v.timeRan-
geStop)
  |> filter(fn: (r) => r["_measurement"] == "disk")
  |> filter(fn: (r) => r["_field"] == "free")
  |> filter(fn: (r) => r["device"] == "mmcblk0p2")
  |> map(fn: (r) => ({r with _value: (r._value * 100) /
mem_SDCard  }))
```

Die erste Skriptzeile definiert eine Variable `mem_SDCard` und belegt sie der Einfachheit halber mit dem Wert `8000000000`. Die letzte Skriptzeile berechnet aus den Queryresultaten den Prozentwert des freien Speicherplatzes und gibt sie mit `map()` zur Anzeige weiter.

Zum Einsatz kommt ein *Gauge*-Widget:

- ***Panel options***: die entsprechende Überschrift
- ***Calculation → Last****: Grafana nimmt den letzten Nicht-Null-Wert. ***Last*** würde auch Null-Werte anzeigen.
- ***Gauge → Show thresholds labels***: zeigt die Schwellenwerte als Zahl an.
- ***Gauge → Show thresholds labels***: aktiviert zeigt die Schwellenwerte als Zahl.

- ***Gauge → Show thresholds markers***: aktiviert zeigt einen schmalen Ring mit den visualisierten Schwellenwerten an.
- ***Unit → Misc → Percent (0-100)***: sorgt für das Prozentzeichen neben der Werteanzeige.
- ***Unit → Min*** und ***Unit → Max***: legen den Anzeigewertebereich fest (hier 0 / 50).
- ***Thresholds***: ein Schwellenwert in Höhe von `8` mit der Farbe Grün; die Basefarbe ist jetzt Rot.

Das Panel freier Speicherplatz:

Die Query ist identisch mit der des Panels *freier Speicher in Byte*. Gewünscht ist jedoch Anzeige der letzten 24 Stunden und das weicht von den Dashboard-Einstellungen (hier: 5 Minuten) ab. Nötig ist daher, das Panel zu einer abweichenden Zeitschiene zu bewegen.

Ansatzpunkt sind die Query-Options, die Sie mit Klick auf den nebenstehenden Pfeil aufklappen können (siehe Abbildung 117).

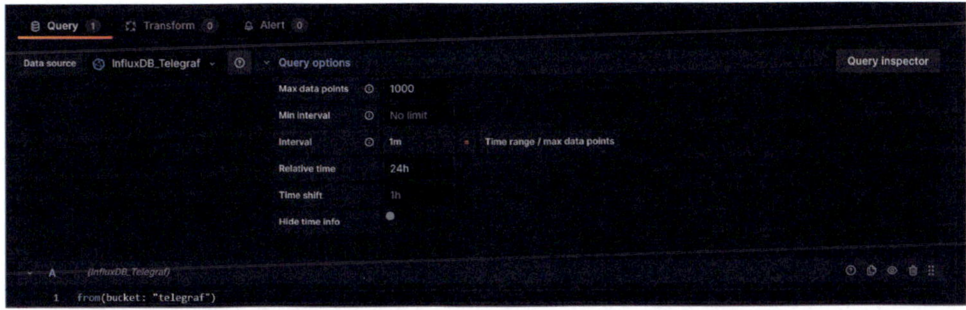

Abb. 117: Grafana Query-Options

Erhöhen Sie hier die maximale Anzahl der Datenpunkte, sodass sie für den abweichenden längeren Zeitraum (***Relative time***; hier: `24h`) ausreichen.

Das Panel basiert auf einem *Time-series*-Widget. Die Eigenschaften weisen keine erörterungswerten Besonderheiten auf.

Im Graphen schön zu sehen, ist die Wirkungsweise der Retention-Policy: die gesammelten Daten belasten den freien Speicher bis die Retention-Policy greift und den Datenbestand bereinigt. In der Folge ist wieder mehr Speicherplatz frei!

Tipp: Dashboard-Kopien sichern

Je umfangreicher und komplexer Dashboards werden, desto schneller schleichen sich Fehler order ungewollte Einstellungen ein, sodass es häufig besser ist, auf die Ursprungsvariante zurückzukehren. Legen Sie deshalb vor umfangreichen Arbeiten sicherheitshalber eine Dashboard-Kopie an. Hierzu bieten sich zwei Wege an:

- Dashboard-Export: exportieren Sie mit Copy und Paste die Datenstruktur des Dashboards im JSON-Format (***Dashboard-Settings → JSON-Model***) in eine externe Datei.
- Klonen des Dashboards: Eine Kopie des Dashboards legen Sie mit ***Dashboard-Settings*** und dann ***Save as*** mit neuem Dateinamen an.

8.5 Warnmeldungen einrichten

Warnmeldungen sind ein mächtiges Feature von Grafana gerade dann, wenn Sie InfluxDB / Grafana nicht im Zusammenhang mit anderer Software wie Node-RED, Home Assistant oder dergleichen betreiben (in diesem Fall ist es wahrscheinlich sinnvoller, Warnmeldungen aus dem „Haupt-System" abzusetzen).

Den Einstieg finden Sie über ***Alerting*** (vgl. Abbildung 118)

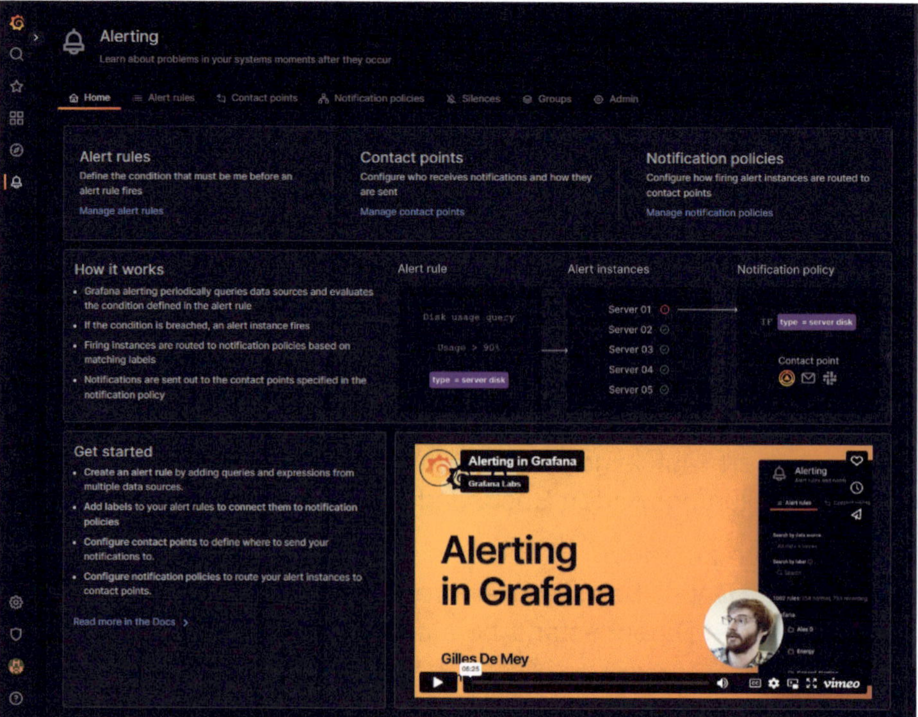

Abb. 118: Grafana Alerting

8.5 Warnmeldungen einrichten

Im Grunde ist Alerting recht gut beschrieben; ergänzend hilft das Video. Dennoch ist es hilfreich, zum Kennenlernen und zu Testzwecken schrittweise eine Warnfunktion aufzusetzen. Eine solche besteht aus drei Elementen:

- der Regel für die Warnung; d.h. welches Ereignis löst einen Alarm aus.
- Kontaktpunkte; d.h. welche Adressaten bekommen Warnmeldungen.
- Nachrichtenregel; wie ausgelöste Alarme an welche Kontaktpunkte gesendet werden.

Dem Beispiel dieses Abschnitts liegt ein Szenario zugrunde, das bei Überschreiten der Luftfeuchtigkeit in Zimmer 1 (siehe Abschnitt 3.4) eine Telegram-Meldung versendet. Der Schwellenwert soll bei 60 liegen.

Schritt 1: eine Alert rule (Warnregel) einrichten

Alert rules zeigt ihre Warnregeln an (vgl. Abbildung 119).

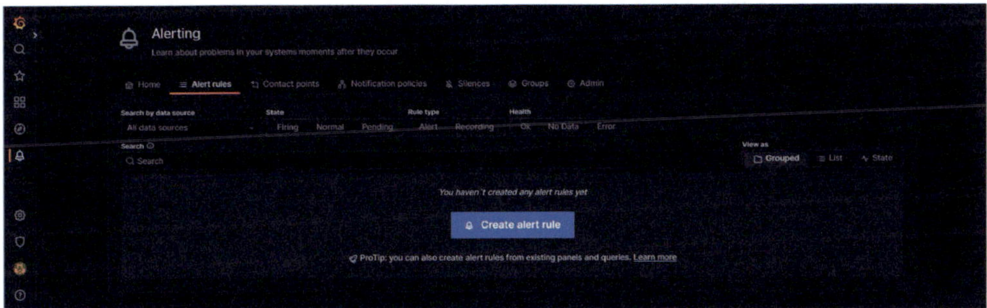

Abb. 119: Grafana Warnregel einrichten

Create alert rule öffnet ein in mehrere Abschnitte gegliedertes Fenster zur Eingabe der Bedingung. In Abschnitt 1 vergeben Sie für die Regel einen Namen (hier: Alarm-Luftfeuchtigkeit; vgl. Abbildung 120).

Abb. 120: Grafana Warnregel Namen vergeben

Die wesentlichen Bestimmungen setzen Sie in Abschnitt 2. Hier geht es um die Query und die Warnbedingung (vgl. Abbildung 121).

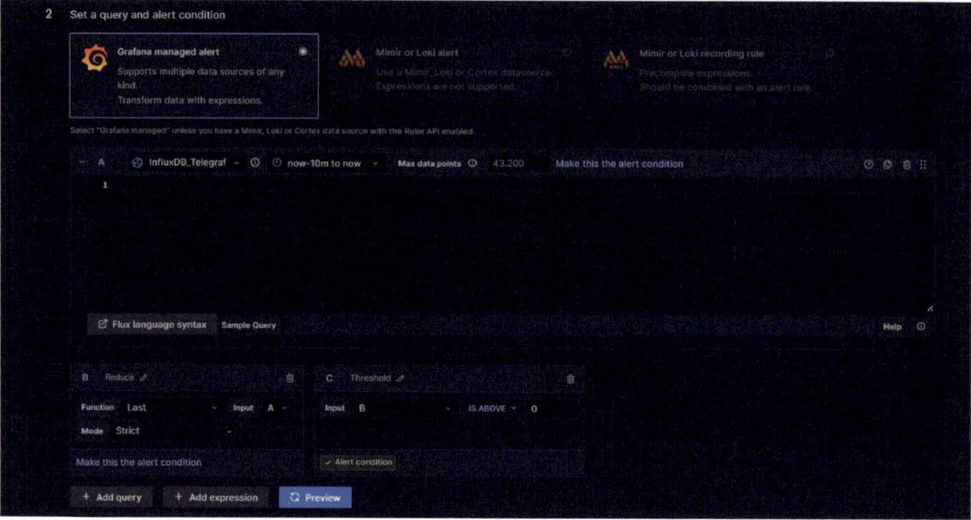

Abb. 121: Grafana Warnregel Query und Bedingung erstellen

Erstellen Sie eine Query oder übernehmen Sie eine Abfrage, die Sie mit dem InfluxDB UI oder einem Grafana Dashboard bereits entwickelt haben. Hier ist es:

```
from(bucket: "RaumDB")
  |> range(start: v.timeRangeStart, stop: v.timeRan-
geStop)
  |> filter(fn: (r) => r["_measurement"] ==
"RaumKlima")
  |> filter(fn: (r) => r["ZiID"] == "1")
  |> filter(fn: (r) => r["_field"] == "Luftfeuchte")
```

Grafana versucht die soeben erstellte Query sofort umzusetzen und einen Grafen zu erstellen. Häufig läuft das auf einen Fehler oder eine Warnung *No data*.

Lassen Sie sich nicht davon irritieren und geben Sie bei Threshold ***IS ABOVE*** und den Wert ***60*** ein. ***Preview*** sollte jetzt das gewünschte Ergebnis zeigen (vgl. Abbildung 122). Bedenken Sie die Stolperfalle der maßgebenden Zeitspanne (hier: ***now-10m to now***; s.o.).

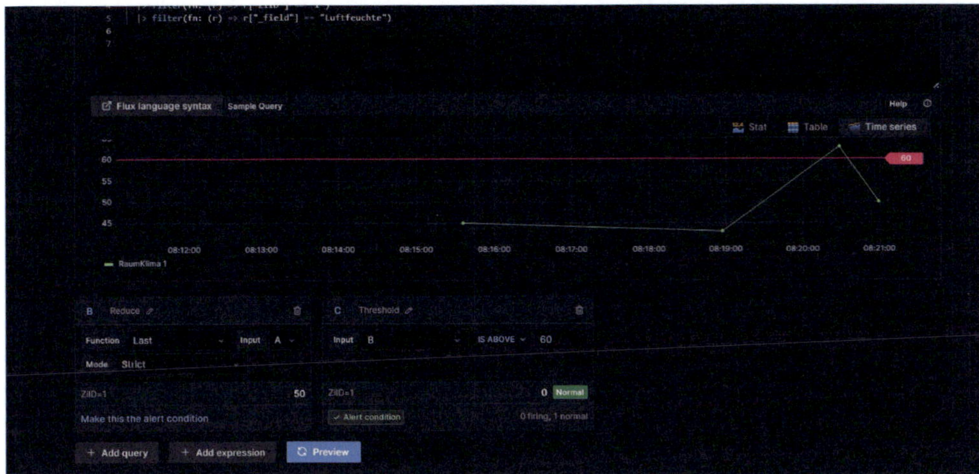

Abb. 122: Grafana Warnregel Bedingung prüfen

Weiter geht es mit Abschnitt 3 (Alert evaluation behavior; vgl. Abbildung 123).

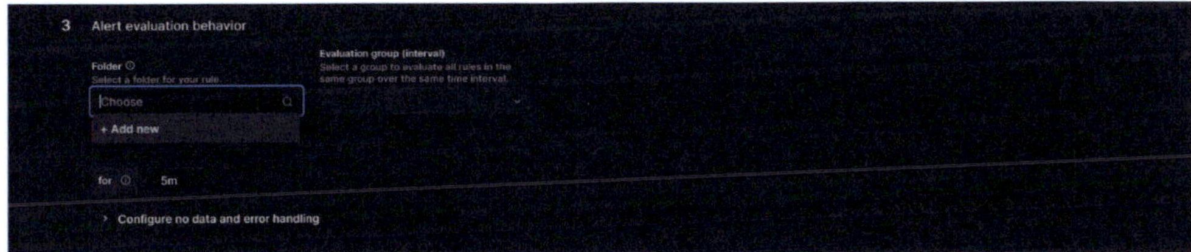

Abb. 123: Grafana Warnregel Verhalten angeben

Erstellen Sie mit Klick in das Feld und **+ *Add new*** einen neuen Ordner (z.B. Warnungen) und durch Eingebe eines Namens (z.B. *Eingreifgruppe*) eine neue Gruppe. Geben Sie noch ein Überprüfungsintervall und einen Zeitraum für die Überschreitung des Schwellenwertes an (vgl. Abbildung 124).

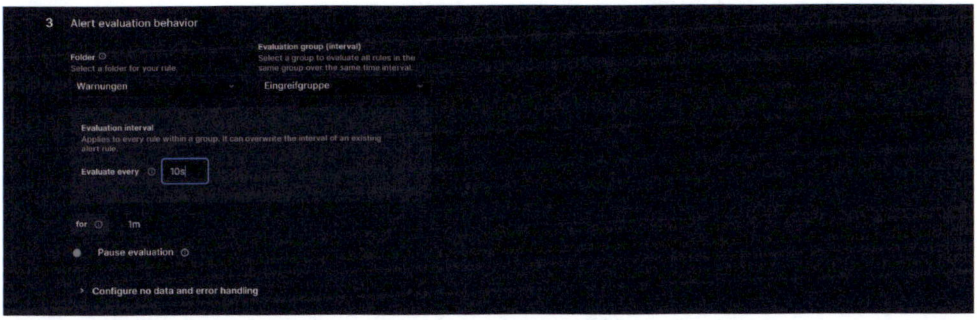

Abb. 124: Grafana Warnregel Verhalten Zeitspannen

In Abschnitt 4 bestimmen Sie den Text der Warnung (vgl. Abbildung 125).

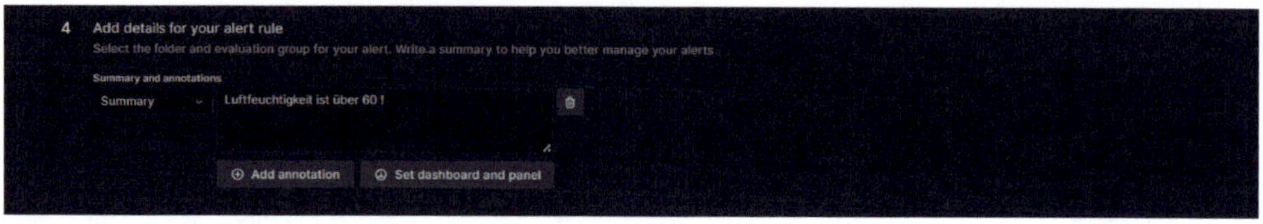

Abb. 125: Grafana Warnregel Warnmeldetext

Label (dt.: Etikett, Auszeichnung) spielen bei Grafana eine große Rolle. Sie unterstützen das System bei der Zuordnung von Meldungen zu bestimmten Kontaktpunkten und Nachrichtenregeln. Legen Sie entsprechende Angaben in Abschnitt 5 fest (vgl. Abbildung 126). Die Label benötigen Sie in Schritt 3 für das Routing der Nachrichten bzw. Schritt 4 für Ruhezeiten.

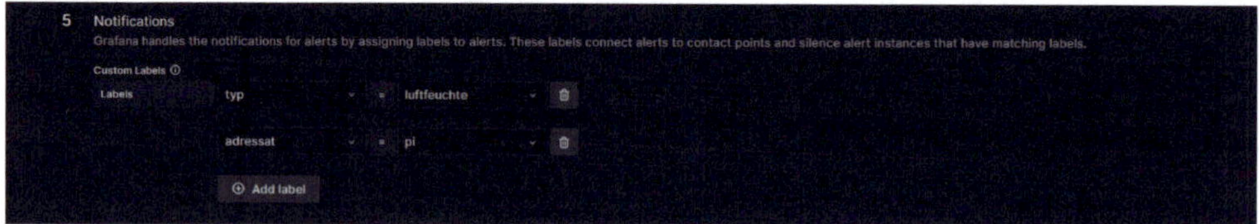

Abb. 126: Grafana Warnregel Label erstellen

Mit ***Save and exit*** sichern Sie die Eingaben und verlassen das Fenster. Sie finden jetzt bei ***Alert rules*** im Abschnitt ***Grafana*** die neu erstellte Warnregel (vgl. Abbildung 127).

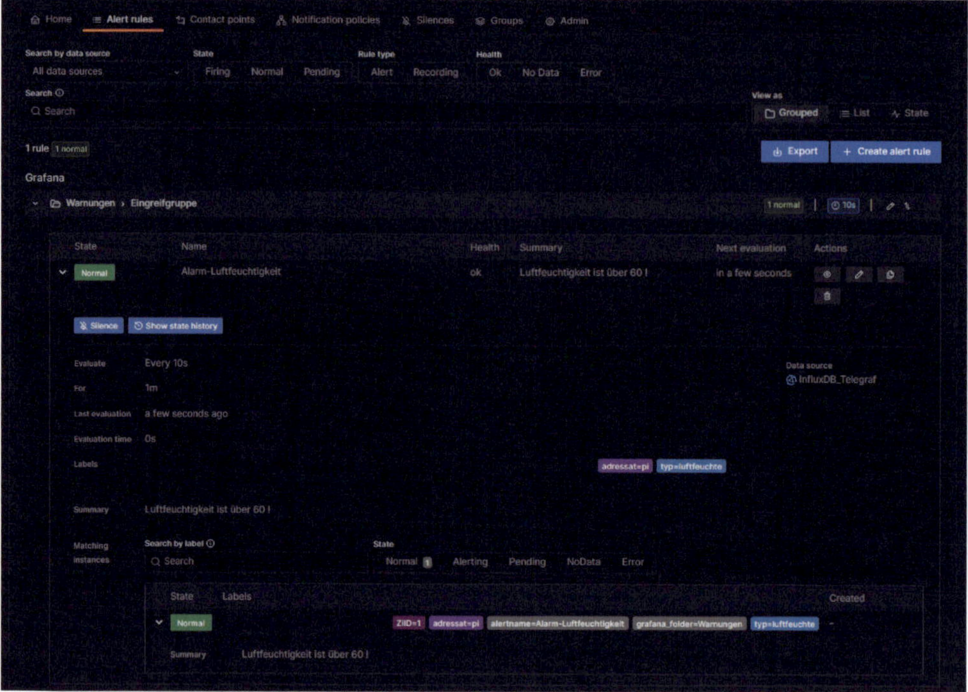

Abb. 127: Grafana erstelte Warnregel

Die einzelnen Merkmale können Sie bequem aufblättern und ggf. ändern. Eine Status-Anzeige (hier: ***normal***) signalisiert den aktuellen Zustand. Ein Status ***pending*** besagt, dass der Schwellenwert für die Warnung überschritten ist; die Überschreitung sich jedoch noch innerhalb des tolerierbaren Zeitfensters (hier: 1 Minute bewegt). Der Status wechselt auf Alerting, wenn das Zeitfenster verlassen ist und der Wert nicht wieder unter den Schwellenwert gesunken ist.

Lassen Sie sich die Warnmeldungs-Historie mit ***Show state history*** anzeigen.

Schritt 2: einen Kontaktpunkt (Warnregel) erstellen

Von Hause aus greift die *Root policy* als Voreinstellung (default) für alle Warnungen (***Notification policies***). Diese wiederum hat als voreingestellten Endpunkt *grafana-default-email* (vgl. Abbildung 128).

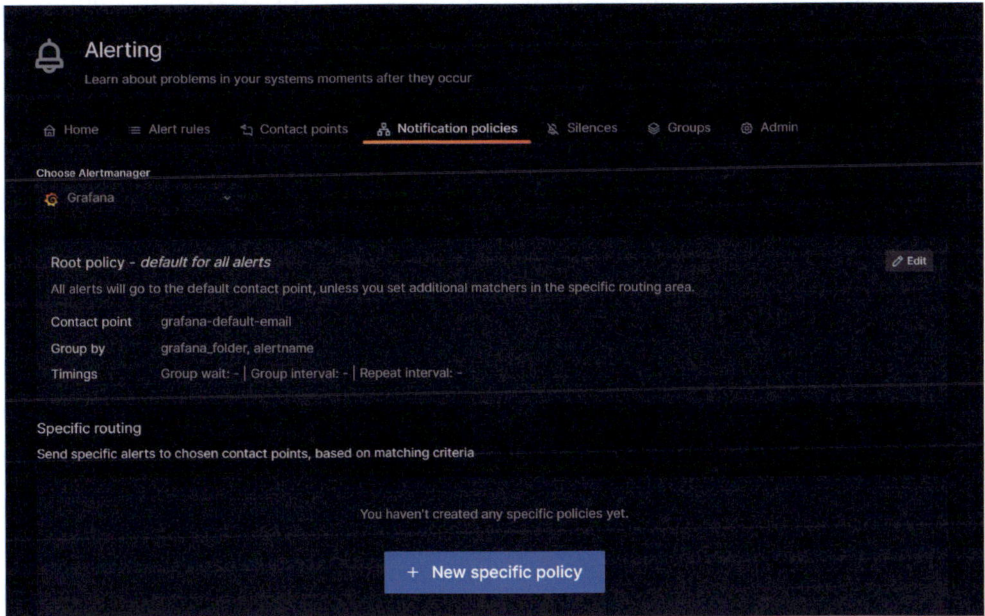

Abb. 128: Grafana Notification policies

Eine Überprüfung bei ***Contact Points*** ergibt, dass das System sehr wohl eine Warnmeldung generiert und den Versuch unternommen hat, diese an den voreingestellten Kontaktpunkt auszuliefern. Dieser ist jedoch nicht eingerichtet und so endet das Vorhaben mit einem Fehler (vgl. Abbildung 129).

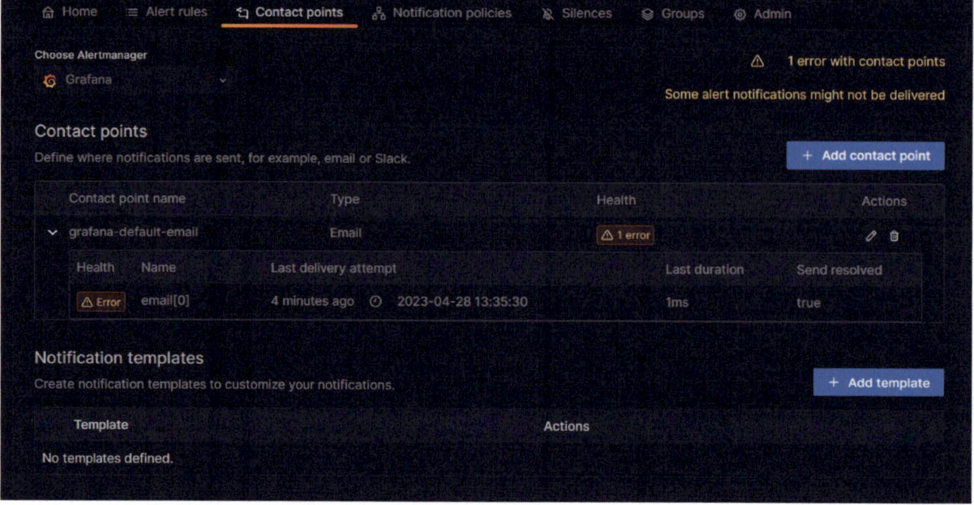

Abb. 129: Grafana nicht eingerichteter Kontaktpunkt

Das ist nicht weiter tragisch, denn eigentlich soll der Kontaktendpunkt ja auch ein Telegram-Kontakt sein. Mit ***+ Add contactpoint*** geht es zur Einrichtung (vgl. Abbildung 130).

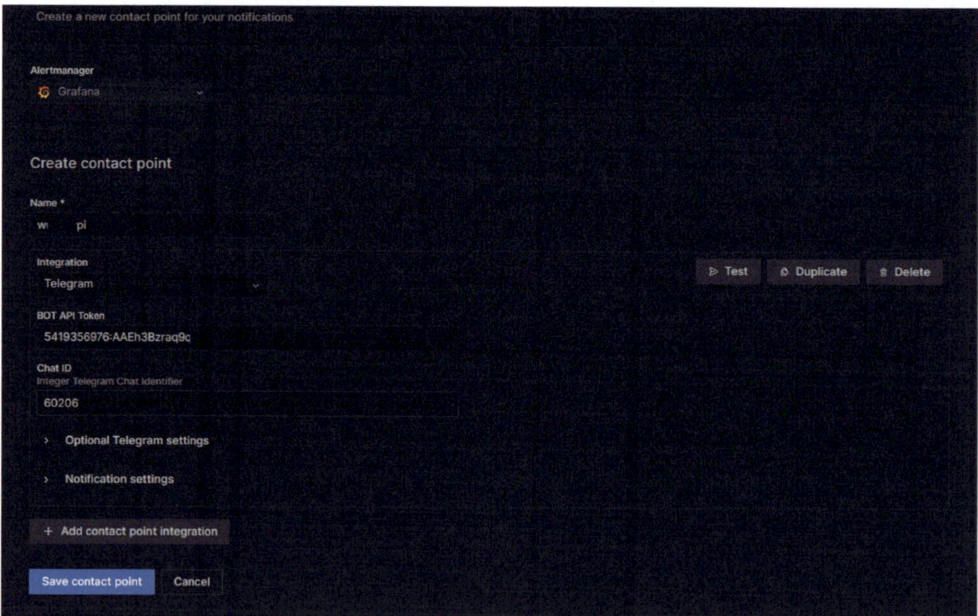

Abb. 130: Grafana Warnregel Bedingung erstellen

Füllen Sie das Pflichtfeld ***Name*** und wählen Sie aus der Drop-Down-Liste ***Telegram*** als Integration. Fügen Sie noch den API-Token des Bots und die Chat-ID ein. Mit ***Test → Send test notification*** können Sie die Richtigkeit der Einstellungen und das Funktionieren der Integration testen.

Save contact point sichert die Einstellungen. In der Liste der Kontaktpunkte haben Sie einen neuen Eintrag mit dem Status *No attempts* (keine Versuche).

Dieser Kontaktpunkt benötigt noch eine Nachrichtenregel, damit er auch bedient wird.

Schritt 3: eine Nachrichtenregel (Notification policy) definieren

Öffnen Sie für eine neue Nachrichtenregel das entsprechende Erfassungsfenster (**Notification policy → + New Specific Policy**, vgl. Abbildung 131).

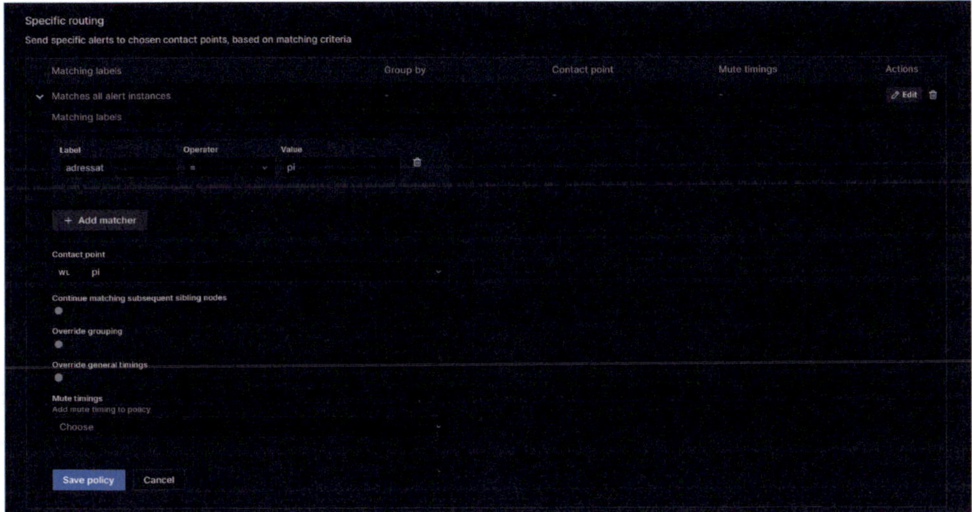

Abb. 131: Grafana Nachrichtenregel erstellen

Jetzt kommen die Label aus Schritt 1 ins Spiel. Tragen Sie ein auslösendes Label, einen Operator und einen Wert ein (hier: *adressat*, = und *pi*). Hinzu kommt der Name eines Kontaktpunktes aus Schritt 2. **Save policy** aktiviert die Nachrichtenregel.

Eine ausgelöste Warnmeldung sollten Sie nun unter Telegram einsehen können (vgl. Abbildung 132).

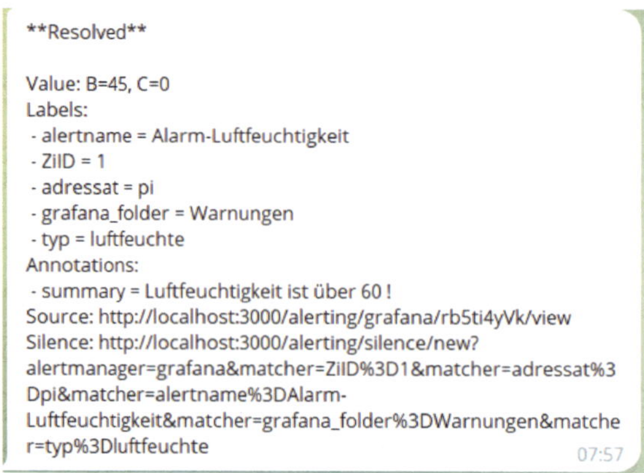

Abb. 132: erhaltene Telegram-Nachricht Warnregel Bedingung erstellen

Die Nachricht enthält alle wesentlichen Angaben. Experimentieren Sie ein wenig, den Nachrichtenkörper etwas lesefreundlicher zu gestalten.

Schritt 4: Ruhezeiten einrichten

Der Empfang einer Vielzahl von Nachrichten kann störend sein. Abhilfe können Ruhezeiten (***Silences***) schaffen (***Silences → + New Specific Policy***, vgl. Abbildung 133).

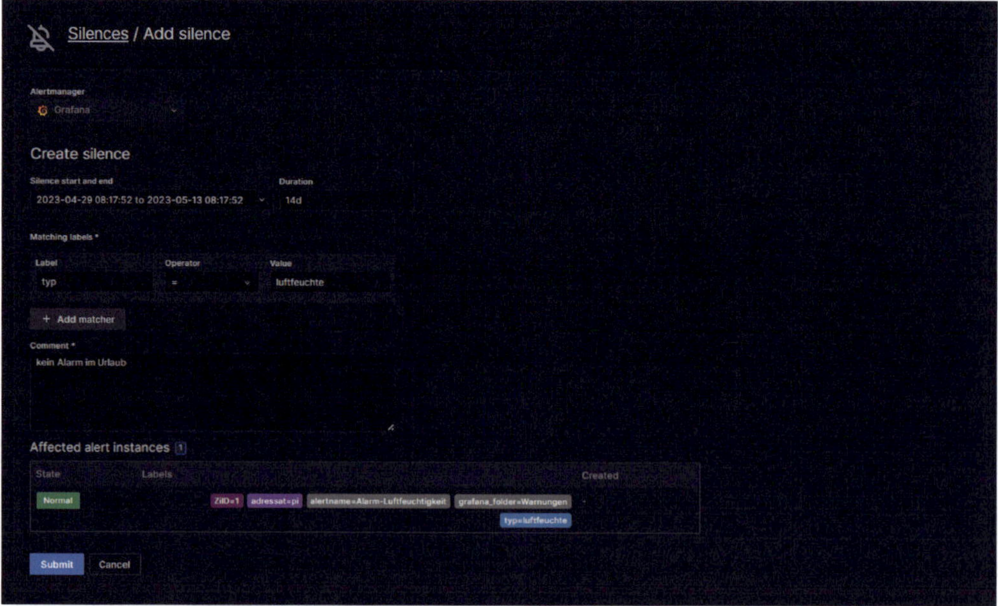

Abb. 133: Grafana Ruhezeit anlegen

Hier soll die Ruhezeit 14 Tage umfassen. Zwingend ist wieder, die Ruhezeit mit einem Label, einem Operator und einem Wert zu versehen (hier: *typ*, = und *luftfeuchte*). Grafana zeigt bei einer zutreffend eingerichteten Zuordnung weitere Informationen im Abschnitt *Affected Alert Instances*.

Submit aktiviert die Ruhezeit.

Eine weitere Option Warnmeldungen auszusetzen sind ***Mute Timings***. Mute Timings erstellen Sie über ***Notification policies → + Add mute Timing***. Die Zeitintervalle lassen sich recht vielschichtig gestalten. Einfließen können Uhrzeiten, Wochentage, Monate und Jahre; die Definition mehrerer Intervalle ist möglich.

8.6 Grafana versus InfluxDB UI Dashboard (Chronograf)

Sie haben nun Grafana und auch das InfluxDB UI Dashboard in den Grundansätzen kennen gelernt. Was kann aber Entscheidungsgrundlage für das eine oder das andere Softwarepaket sein? Hierzu vielleicht ein paar Anhaltspunkte:

- Grafana ist ein spezielles Überwachungs- und Visualisierungstool für eine Vielzahl von Datenquellen während sich das InfluxDB UI Dashboard auf die Zusammenarbeit mit InfluxDB und Telegraf bezieht. Anwender von InfluxDB 1.x müssen Chronograf gesondert installieren.
- Grafana und InfluxDB UI (Chronograf) sind Open-Source-Produkte. Außerdem sind für beide gehostete Lösungen verfügbar. Beispielsweise ist Grafana-As-A-Service von MetricFire die gehostete Lösung für Grafana.
- InfluxDB UI (Chronograf) ist für die Arbeit mit InfluxDB optimiert. Grafana unterstützt auch InfluxDB als Datenquelle, aber die Interaktion ist möglicherweise nicht so effizient.
- In Grafana ist eine Lösung für Alarmierungen integriert. Das geht auch mit InfluxDB UI, ist dort jedoch wesentlich aufwändiger implementiert; die Einrichtung von Ruhezeiten ist nicht vorgesehen.
- Sowohl Grafana als auch InfluxDB UI unterstützen unterschiedliche Installationsmethoden und Betriebssysteme. Darunter: Linux, MacOS, Windows, Docker, ARM. Unter Linux unterstützen beide Tools Debian / Ubuntu und RedHat / CentOS.
- Für beide Tools sind Zugriffsrichtlinien und Benutzer konfigurierbar.

- Sie können Metriken mithilfe von Abfragen sowohl in Grafana als auch in InfluxDB UI untersuchen. Beide Tools unterstützen eine Reihe von Aggregationsfunktionen (z. B. `mean ()`, `avg ()`, `count ()` usw.). Beide bieten als Abfrage InfluxQL (InfluxDB 1.x) und Flux an. Die Hilfen zur Erstellung einer Query sind bei InfluxDB UI deutlich besser.
- Grafana unterstützt die Erstellung von Dashboards, die aus Panelen mit verschiedenen Datenquellen bestehen, sodass ein einzelnes Dashboard Informationen aus diversen Quellen widerspiegeln kann. Dies macht Grafana extrem flexibel und vielseitig. InfluxDB UI funktioniert nur mit InfluxDB und kann daher nicht das gleiche Maß an Flexibilität wie Grafana bieten.
- Grafana lässt sich besser für Teamarbeit oder Nutzung innerhalb einen Organisationsbereiches konfigurieren.
- Grafana hat eine aktivere und breitere Community als der Dashboard-Part von InfluxDB UI.

8.7 Grafana und MySQL-Daten

Grafana ist für die Visualisierung von MySQL-Daten, also auch von Daten der MariaDB, vorbereitet. Gehen Sie zwei-stufig vor.

Datenbank-Verbindung einrichten

Fügen Sie als erstes Ihre MySQL-Datenbank (z.B. die RaumDB aus Kapitel 4.5) ein. Besuchen Sie den Bildschirm für die Auswahl der Datenquelle C***onfiguration → Data Sources → Add Data Source***) und scrollen Sie in den Bereich SQL (vgl. Abbildung 134)

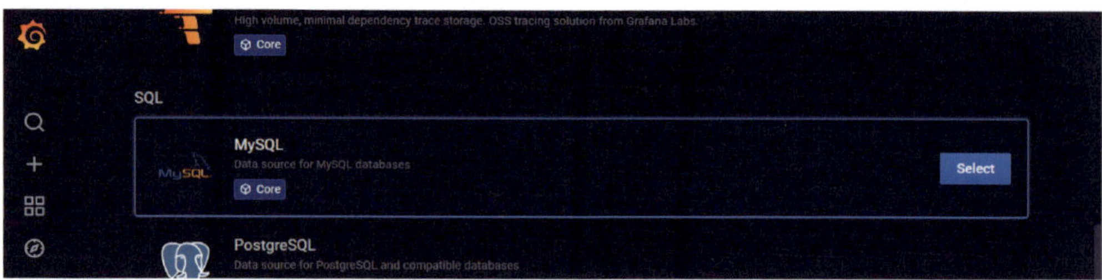

Abb. 134: Grafana MySQL-Database aussuchen

Fahren Sie mit dem Mauszeiger auf MySQL und klicken Sie dann auf ***Select***, um die Angaben zu Ihrer MySQL-Datenbank eingeben zu können (vgl. Abbildung 135)

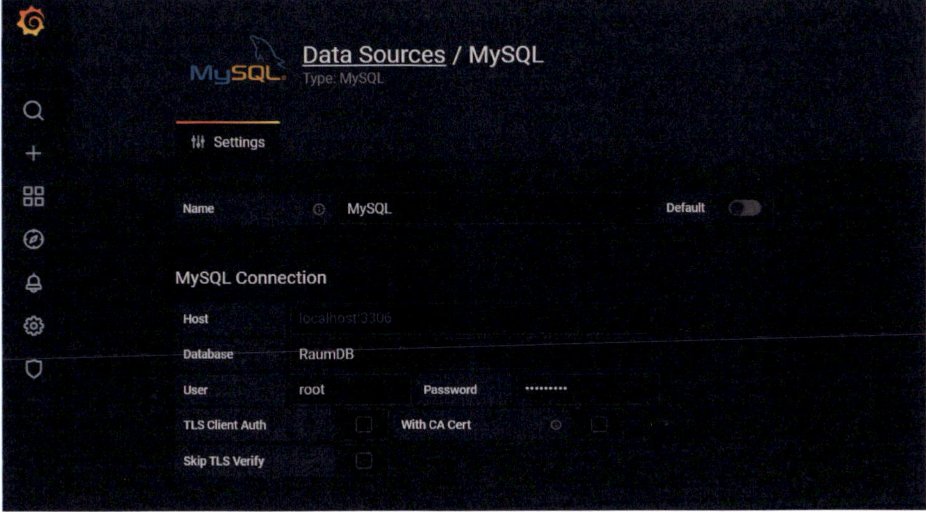

Abb. 135: Grafana MySQL-Database einrichten

Fügen Sie bei Database den MySQL- bzw. MariaDB-Datenbanknamen (hier RaumDB), den User (hier „root") und ggf. das Passwort für den Benutzer (hier ggf. „raspberry") ein. Klicken Sie auf ***Save & Test***. Die erfolgreiche Einrichtung der Verbindung quittiert Grafana wieder mit zwei grün hinterlegten Meldungen:

Abfrage-Anweisung erstellen und testen

Es bietet sich an, die Abfrage zunächst mit dem MariaDB-Client zu entwickeln und zu testen. Dies ist einfacher und weniger fehlerträchtig. In diesem Beispiel soll es um die mit Node-RED gesammelten CPU-Daten gehen (vgl. Kapitel 13.3). Die Abfrage bezüglich einer Ausgabe der CPU-Temperatur sieht dann wie folgt aus:

```
select Zeitstempel, cpu_temp from cpu_metrics group by
Zeitstempel;
```

Das Ergebnis ist dann (vgl. Abbildung 136 mit LIMIT-Angabe):

```
MariaDB [RaumDB]> select Zeitstempel , cpu_temp from cpu_metrics group by Zeitstempel LIMIT 10;
+---------------------+----------+
| Zeitstempel         | cpu_temp |
+---------------------+----------+
| 2021-01-07 08:17:19 |       42 |
| 2021-01-07 08:17:45 |       42 |
| 2021-01-07 08:22:45 |       42 |
| 2021-01-07 08:27:45 |       42 |
| 2021-01-07 08:32:45 |       42 |
| 2021-01-07 08:37:45 |       42 |
| 2021-01-07 08:42:45 |       42 |
| 2021-01-07 08:47:45 |       42 |
| 2021-01-07 08:52:45 |       42 |
| 2021-01-07 08:57:45 |       41 |
+---------------------+----------+
10 rows in set (0.002 sec)

MariaDB [RaumDB]>
```

Abb. 136: Grafana MySQL-Abfrage

Entspricht das Resultat den Vorstellungen, können Sie die Arbeit mit Grafana fortsetzen.

Ein Dashboard einrichten

Fahren Sie mit dem Einrichten des Dashboards fort (***Dashboards → Manage***); dann ***New Dashboard*** und weiter mit ***Add Panel*** (vgl. Abb. 137).

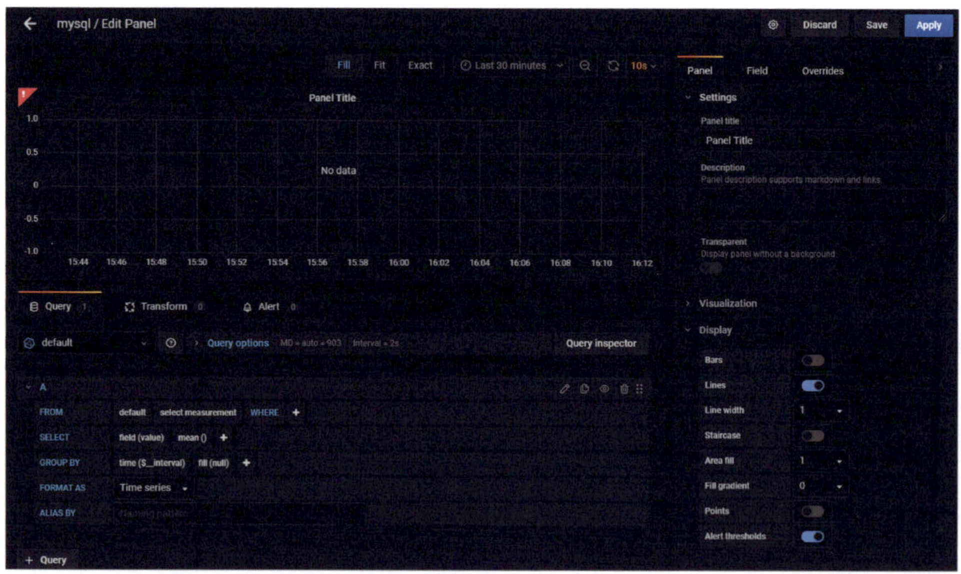

Abb. 137: Grafana MySQL-Abfrage Panel

Räumen Sie das Panel ein wenig auf und belegen es dann vor. Wählen hierzu Sie als erstes die zutreffende Datenbank; hier ist default (InfluxDB) durch MySQL (dem Datenbanknamen aus dem ersten Schritt) zu ersetzen.

Grafana ändert sofort die Vorbelegung der Query. Klicken Sie auf das Stiftsymbol und fügen Sie die Abfrage ein, wie Sie sie mit dem Client erstellt haben (vgl. Abbildung 138).

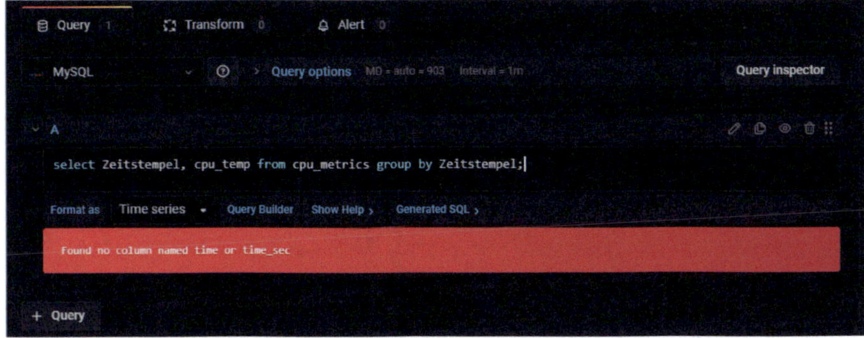

Abb. 138: Grafana MySQL-Abfrage Query

Sie erhalten eine Fehlermeldung, denn als Zeitachse verlangt Grafana zwingend eine Spalte des Namen *time* oder *time_sec*. Ergänzen Sie die Query also hinsichtlich der Spalte Zeitstempel mit **`as "time"`**:

```
select Zeitstempel as "time", cpu_temp from cpu_metrics
group by Zeitstempel;
```

Sofort zeigt Ihnen Grafana erste Ergebnisse an (vgl. Abbildung 139).

Abb. 139: Grafana MySQL Panale Vorschau

Eine zweite Linie *cpu_load* erhalten Sie, indem Sie die Query einfach um dieses Attribut erweitern (vgl. Abbildung 140).

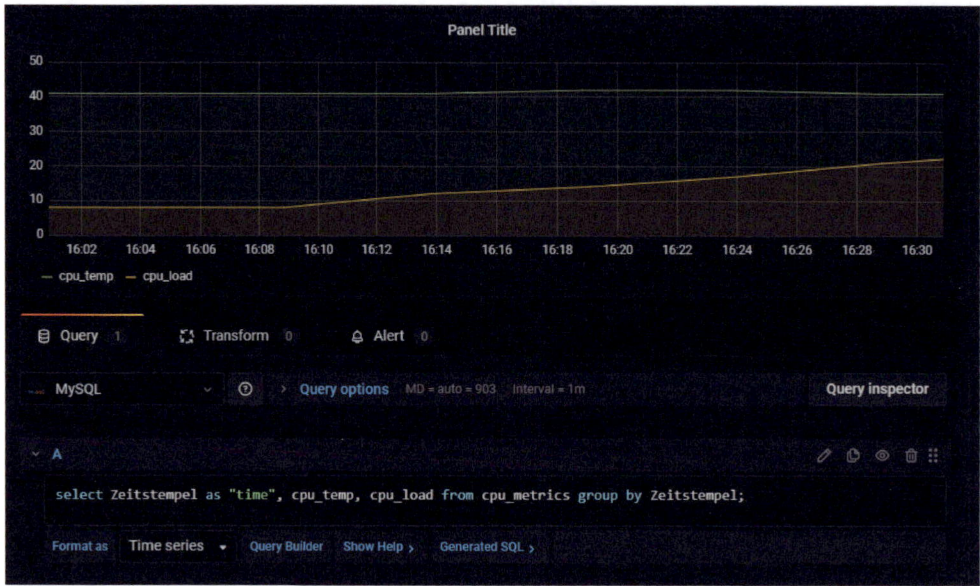

Abb. 140: Grafana MySQL Panale Vorschau zweite Datenlinie

Ändern Sie weitere Eigenschaften nach Ihren Wünschen und schließen Sie mit *Save* ab und gehen Sie zur Dashboard-Ansicht zurück.

8.8 SSL für Grafana

8.8.1 Grafana mit SSL

Auch Grafana lässt sich mit einem selbst-definierten Zertifikat im Hinblick auf SSL aufrüsten. Erstellen Sie hierfür zunächst ein selbst-signiertes Zertifikat mit einem Privaten-Schlüssel (vgl. Kapitel 10.4.3.)

```
sudo openssl req -x509 -nodes -newkey rsa:2048 -
keyout /etc/ssl/grafana.key -out /etc/ssl/grafana.crt -
days 3650
```

Überspringen Sie die Anfragen zu den CSR-Details mit **ENTER**.

Ändern Sie die Berechtigungen (lesen = jeder, ändern = nur Benutzer, ausführen = niemand):

```
sudo chmod 644 /etc/ssl/grafana.crt /etc/ssl/
grafana.key
```

Weisen Sie den Dateien den Eigentümer „root" zu (mit `ls -l` sehen Sie Eigentümer und Gruppe):

```
sudo chown root /etc/ssl/grafana.crt /etc/ssl/
grafana.key
```

Damit sind die selbst.zertifizierten Zertifikate erstellt.

Ändern Sie die Grafana-Konfigurationsdatei (`sudo nano /etc/grafana/grafana.ini`) im Bereich `[server]` an drei Stellen:

```
# Protocol (http, https, socket)
protocol = https
# https certs & key file
cert_file =/etc/ssl/grafana.crt
cert_key =/etc/ssl/grafana.key
```

Achten Sie darauf, dass die Parameterzeilen nicht mit einem „;" beginnen; dies kennzeichnet einen Kommentar, sodass der Parameter keine Wirkung entfaltet!

Nach einem Restart erreichen Sie Grafana nunmehr mit https://192.168.178.215:3000. Der Browser gibt eine Warnmeldung aus, da es sich ja um ein selbst-zertifiziertes Zertifikat handelt.

8.8.2 SSL für den TIG-Stack

Bei SSL für InfluxDB / Telegraf und die Nutzung von Grafana als Dashboard-Tool sind andere Einstellungen für die angeschlossene Datenquelle nötig. Besuchen Sie die Konfigurationsseite Ihrer Datenquelle (z.B. ***Configuration → Datasource → InfluxDB*** (Telegraf)). Ändern Sie den URL (z.B. https://localhost:8086) und aktivieren Sie Skip-TLS-verify. Klicken Sie auf ***Save & Test***. Grafana zeigt Ihnen den erfolgreichen Verbindungsaufbau an (vgl. Abbildung 141).

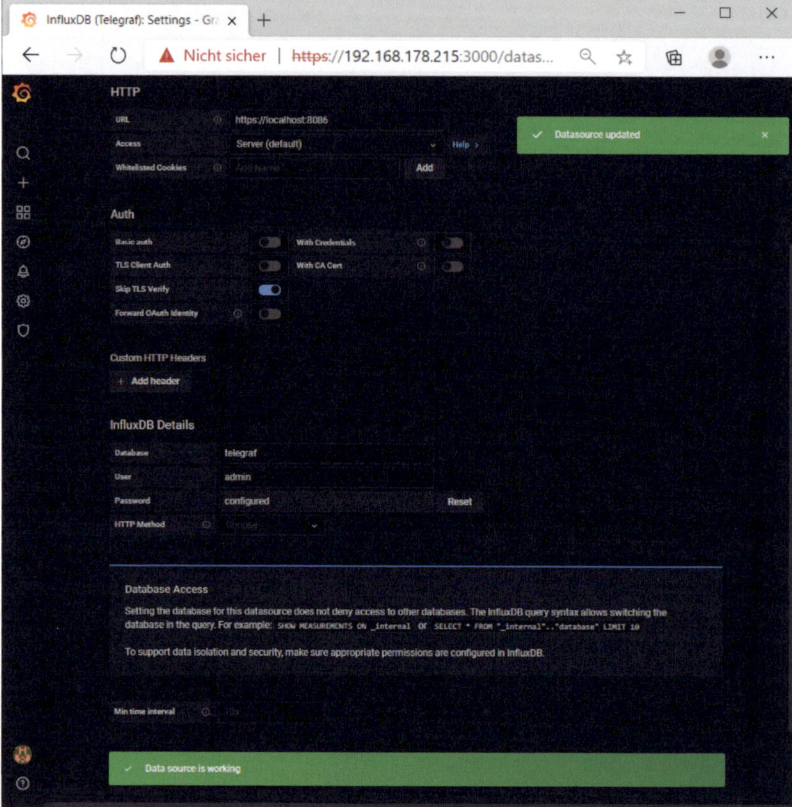

Abb. 141: SSL TIG-Stack

9 MQTT / Mosquitto

Die Standardantwort auf die Frage nach einem zur Kommunikation über das World-Wide-Web ist mit aller Wahrscheinlichkeit HTTP. Dieses Protokoll erfreut sich großer Beliebtheit und ist Grundlage für die Netzanbindung vieler Geräte. Jedoch gibt es Alternativen. Eine ist ***MQTT*** (Message Queue Telemetry Transport).

9.1 MQTT

Das MQTT-Protokoll wurde bereits um 1999 mit dem Hauptziel entwickelt. ein Protokoll zu erstellen, das aus Sicht der Bandbreite sehr effizient und darüber hinaus einfach und ressourcenschonend ist. Im Fokus stand dabei, die Nachteile von HTTP beim gleichzeitigen Übermitteln von Nachrichten an mehrere Geräte auszugleichen (die Request-/Response-Architektur von HTTP ist hier nur bedingt geeignet) sowie den Problemen entgegen zu wirken, die durch die Inhomogenität der Geräte verschiedenster Hersteller entstehen.

Während der Denkansatz von HTTP in einem Request / Response-Verfahren besteht, organisiert MQTT den Datenaustausch über einen s.g. ***Publish*** (dt.: veröffentlichen) / ***Subscribe*** (dt.: abonnieren). Das MQTT-Protokoll entkoppelt einen Client, der eine Nachricht ("Herausgeber") an andere Clients veröffentlicht, die die Nachricht erhalten ("Abonnenten"). Darüber hinaus ist MQTT im Gegensatz zum HTTP-Protokoll ein asynchrones Protokoll, d.h. es blockiert den Client nicht, während dieser auf die Nachricht wartet.

Die Schlüsselkomponente in MQTT ist der ***MQTT-Broker***. Die Hauptaufgabe des MQTT-Brokers besteht darin, Nachrichten von Publishern / Herausgebern zu empfangen und sie an an die ***MQTT-Clients*** (Subscriber / Abonnenten) zu versenden. Er ist damit ein Vermittler oder Zwischenhändler im Datentransfer (vgl. Abbildung 142).

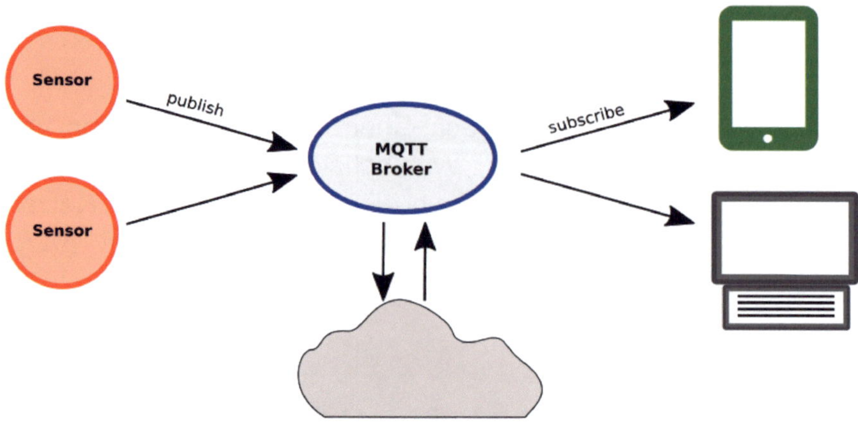

Abb. 142: MQTT-Broker publish / subscribe

Damit der Nachrichtenverkehr aber geordnet ablaufen kann und nicht jeder unnötigerweise alle verfügbaren Nachrichten erhält, werden Selektionskriterien und -werkzeuge benötigt. Dies sind bei MQTT s.g. ***topics*** (dt.: Thema). Anhand der von einem Publisher veröffentlichten Nachricht und des in ihr enthaltenen topics entscheidet der MQTTBroker, an welche Clients die Nachrichten weiter zu leiten sind. Ein topic ist dabei eine Zeichenkette, die es aber durch eine bestimmte Syntax (Sprachzusammensetzung) erlaubt, verschiedene Themenbereich zu kombinieren und hierarchisch zu gliedern.

Als MQTT-Broker stehen mehrere Lösungen zur Auswahl (z.B. CloudMQTT, HiveMQ, Mosquitto), Sehr weit verbreitet insbesondere auf dem Raspberry Pi ist Mosquitto (https://mosquitto.org/). Mosquitto ist Open Source und auf allen gängigen Systemen (Windows, Mac OS. Linux) verfügbar. Deshalb soll im Weiteren Mosquitto zum Einsatz kommen.

9.2 Installation

Für die Installation benötigen Sie lediglich das Paket „mosquitto“. Außerdem sollten Sie aber auch das Paket „mosquitto-clients“ einrichten. Es beinhaltet die Module mosquitto_sub (um MQTT-Nachrichten zu abonnieren), mosquitto_pub (um MQTT-Nachrichten zu veröffentlichen) und mosquitto_passw (um Benutzer und Passworte zu verwenden).

```
sudo apt-get update
sudo apt-get install mosquitto mosquitto-clients
```

Mosquitto startet i.d.R. automatisch. Manuell administrieren Sie Mosquitto wie folgt (Start / Stop / Status):

```
sudo systemctl start mosquitto
sudo systemctl stop mosquitto
sudo systemctl status mosquitto
```

Richten Sie ggf. den Service für einen Start beim Booten ein:

```
sudo systemctl unmask mosquitto
sudo systemctl enable mosquitto
```

Mosquitto speichert einige Informationen im Dateisystem:

- /etc/mosquitto Ordner mit Unterordnern für SSL-Zertifikate, etc.
- /etc/mosquitto/mosquitto.conf Konfigurationsdatei
- /var/log/mosquitto/mosquitto.log Log-Datei

9.3 Mosquitto mit Passwort absichern

Eine einfache Möglichkeit der Absicherung besteht über eine passwortgeschützte Verbindung. Allerdings werden hierbei Username und Passwort als einfacher Text also unverschlüsselt übertragen.

Passwortdatei erstellen

Erstellen Sie eine Passwortdatei (z.B. `sudo nano /etc/mosquitto/passwords.txt`) und schreiben Sie Benutzernamen und Passwort getrennt durch einen „`:`“ in einer Zeile (z.B. `admin:raspberry`).

Passwortdatei verschlüsseln

Verschlüsseln Sie die Passwortdatei:

```
sudo mosquitto_passwd -U /etc/mosquitto/passwords.txt
```

Konfigurationsdatei anpassen

Ändern Sie noch die Konfigurationsdatei (`sudo nano /etc/mosquitto/mosquitto.conf`) und fügen Sie folgende Einträge ein:

```
allow_anonymous false
password_file /etc/mosquitto/passwords.txt
```

Der Eintrag `allow_anonymous false` soll verhindern, dass sich Benutzer ohne festgelegten Benutzernamen und Passwort mit dem Broker in Verbindung setzen können. Achten Sie auf eine leere Zeile am Ende der Konfigurationsdatei. Starten Sie Mosquitto neu, damit die Einstellungen wirksam werden.

9.4 Mosquitto testen

Nun können Sie mit den Anweisungen mosquitto_sub und mosquitto_pub den Mosquitto-Broker testen. Beide Befehle benötigen jedoch noch bestimmte Argumente; die wichtigsten sind:

- `-h / --host`

  Dieser Parameter spezifiziert den Rechner, die IP-Adresse des Rechners, auf dem der Mosquitto-Broker läuft. Die Voreinstellung ist localhost, d.h. mosquitto_sub bzw. mosquitto_pub laufen auf demselben Rechner, wie der Mosquitto-Broker. Wird der Mosquitto-Server auf einem anderen Rechner gehostet, muss hier die entsprechende IP-Adresse (z.B. 192.168.2.126) eingetragen werden.

- `-t / --topic`

  Diese Option bestimmt das Topic / das Thema der Botschaft (z.B. eine Botschaft zu einem topic „Haus"). Topics können in der Informationsfolge innerhalb eines Systems hierarchisch aufgebaut sein (also z.B. Haus/Schlafzimmer/Temperatur). Das vereinfacht den Subscribe von Topics, da die meisten Systeme die Verwendung von Wildcards unterstützen. So erhält ein Subscribe mit Haus/Schlafzimmer/* alle Topics, die mit den Zeichen Haus/Schlafzimmer beginnen.

- `-p / --port`

  Der Port des Mosquitto-Servers für den nicht mit TLS / SSL gesicherten Zugriff ist standardmäßig 1883 (bei TLS / SSL standardmäßig 8883).

- `-u / --username`

  Dieser Parameter dient der Anmeldung gegenüber dem Broker.

- `-P / --pw`

  Diese Option bestimmt das dem Benutzernamen zugeordnete Passwort, wenn der Broker passwortgeschützt ist.

- `-v / --verbose` (nur bei mosquitto_sub)

  Dieser Parameter beeinflusst der Umfang der Ausgabe. Ist er gesetzt, werden mehr Informationen angezeigt.

- `-m` (nur bei mosquitto_pub)

  Dies ist die zu übermittelnde Nachricht.

Eine Liste aller Optionen erhalten Sie mit dem Argument `--help`.

9.4 Mosquitto testen

Öffnen Sie ein Terminal und starten Sie einen MQTT Subscriber, der auf Nachrichten im mit der Topic „test" wartet, indem Sie folgendes Kommando eingeben:

```
mosquitto_sub -h localhost -v -t test
```

Senden Sie nun eine Nachricht aus einem weiteren Terminal:

```
mosquitto_pub -h localhost -t test -m "Hallo"
```

In dem ersten Terminal können Sie den Empfang der Nachricht „Hallo" mit dem Topic „test" sehen (vgl. Abbildung 143).

```
pi@pi4:~ $ mosquitto_sub -h localhost -v -t test
test Hallo
```

```
pi@pi4:~ $ mosquitto_pub -h localhost -t test -m "Hallo"
pi@pi4:~ $
```

Abb. 143: Mosquitto publish / subscribe

Bei einem Passwort geschützten Broker ist dies:

```
mosquitto_sub -h localhost -v -t test -u admin -P
raspberry
mosquitto_pub -h localhost -t test -m "Hallo" -u admin
-P raspberry
```

9.5 Mosquitto TLS / SSL

Mit TLS/SSL besteht eine weitere Option, die Sicherheit des Datentransfers zu erhöhen. Allerdings ist das mit einem Vielfachen an Daten- und Rechenvolumen, sodass z.B. ein ATMega127 (Arduino) überfordert wäre. Überdies kann es bei gleichzeitigem Einsatz Passwortschutz und TLS/SSL zu Unverträglichkeiten kommen.

Wechseln Sie ggf. in Ihr Zertifikate-Verzeichnis (z.B. **ssl-zertifikate**) oder legen Sie es ggf. an. Legen Sie - sofern noch nicht vorhanden - ein Stammzertifikat an (vgl. Kapitel 10).

```
openssl genrsa -out CA.key 2048
openssl req -x509 -new -nodes -key CA.key -sha256 -days
3650 -out CA.crt -subj "/C=DE"
chmod 400 CA.key
chmod 444 CA.crt
```

Als nächstes erstellen Sie aus dem Stammzertifikat das Server-Zertifikat: Wichtig ist die Angabe von CN (hier `localhost`) im CSR:

```
openssl genrsa -out server.key 2048
chmod 400 server.key
openssl req -new -key server.key -out server.csr -subj
"/CN=localhost"
```

```
openssl x509 -req -in server.csr -CA CA.crt -CAkey
CA.key -CAcreateserial -out server.crt -days 3650
chmod 444 server.crt
```

Damit ist das mit der eigenen CA erstellte Server-Zertifikat fertig. Kopieren Sie CA.crt, server.crt und server.key nach /etc/mosquitto/certs:

```
sudo cp CA.crt /etc/mosquitto/certs
sudo cp server.key /etc/mosquitto/certs
sudo cp server.crt /etc/mosquitto/certs
```

Ändern Sie noch die Mosquitto-Konfigurationsdatei (`sudo nano /etc/mosquitto/mosquitto.conf`) und fügen Sie folgende Zeilen ein:

```
# Verschlüsselter Port (VOR cafile etc.)
listener 8883
cafile /etc/mosquitto/certs/CA.crt
keyfile /etc/mosquitto/certs/server.key
certfile /etc/mosquitto/certs/server.crt
```

8883 kennzeichnet den Port für SSL. Testen Sie die Einrichtung von SSL/TLS mit mosquitto-sub und mosquitto-pub (vgl. Abbildung 144).

```
mosquitto_sub -h localhost -v -t test -p 8883 --
cafile /etc/mosquitto/certs/CA.crt
mosquitto_pub -h localhost -t test -m "Hallo" -p 8883
--cafile /etc/mosquitto/certs/CA.crt
```

```
pi@pi4:~ $ mosquitto_sub -h localhost -v -t test -p 8883 --cafile /etc/mosquitto/certs/CA.crt
test Hallo
```

```
pi@pi4:~ $ mosquitto_pub -h localhost -t test -m "Hallo" -p 8883 --cafile /etc/mosquitto/certs/C
A.crt
pi@pi4:~ $
```

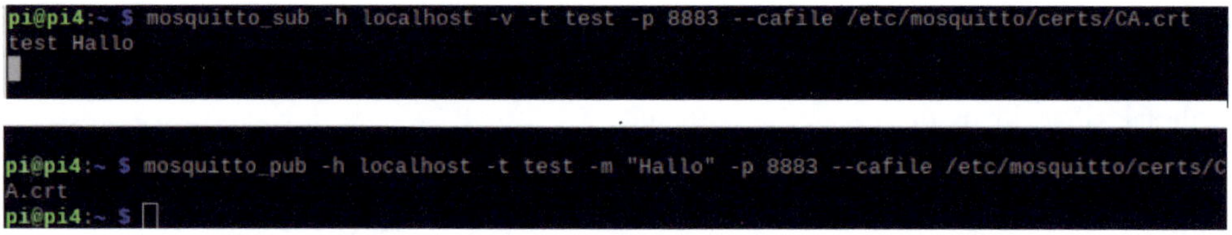

Abb. 144: Mosquitto publish / subscribe mit SSL

10 Das „Netz“ und der Raspberry PI

In den allermeisten Fällen ist der Raspberry Pi an das heimischen WLAN-Netz angebunden. Beim Boot baut er bei entsprechender Konfiguration eine Verbindung mit einem Access-Point (i.d.R. dem zentralen Router) auf; die auf dem Pi aktiven Server sind dann über eine IP-Adresse erreichbar. Aber was verbirgt sich dahinter im Detail? Und warum kann der Pi trotz Netzanbindung so ohne weiteres nicht von „überall“ angesprochen werden? Dieses Kapitel befasst sich damit und zeigt, wie Sie Ihren Raspberry Pi fit für das „Netz“ machen.

10.1 Verbindung mit dem heimischen Netz

Alle Geräte in Ihrem heimischen WLAN-Netz, vom Smartphone oder Laptop bis zu den Servern auf einem Raspberry Pi oder dem Mikrocontroller ESP32, die Inhalte für Websites bereitstellen, lokalisieren sich gegenseitig über Nummern und kommunizieren über diese miteinander. Diese Nummern werden als IP-Adressen bezeichnet.

Am Weitesten verbreitet sind aktuell noch IPv4-Adressen. Sie bestehen aus vier Zahlen, die Werte von 0 bis 255 annehmen können und mit einem Punkt getrennt werden, beispielsweise 192.168.178.1. Technisch gesehen ist die Adresse eine 32-stellige (IPv4) Binärzahl; bei dem neueren Standard IPv6 ist diese Zahl 128-stellig.

In aller Regel erfolgt die Vergabe der IP-Adresse im lokalen Netz durch den Router mittels ***DHCP*** (Dynamic Host Configuration Protocol). DHCP ermöglicht es, angeschlossene Clients ohne manuelle Konfiguration der Netzschnittstelle in ein bestehendes Netz einzubinden. Die Vergabe von nötigen Informationen wie IP-Adresse, Netzmaske, Gateway, Name Server (DNS) und ggf. weitere Einstellungen erfolgt automatisch.

10.2 Verbindung mit dem Internet

Hinsichtlich der Verbindung zum Internet kommt es ein wenig darauf an, was über diese Verbindung geschehen soll. Bei Datenanfragen gestaltet sich die Angelegenheit relativ einfach: Hier übernimmt der Router das Management von Anfrage und Antwort. Komplizierter ist es, wenn die Möglichkeit bestehen soll, aus dem Internet Anfragen an den Raspberry Pi (oder jedes andere Gerät im heimischen Netz auch) zu richten. Die nachfolgenden Abschnitte sollen etwas Licht auf das Dunkel der Vorgänge werfen und abschließend Möglichkeiten auf zeigen, auf den Raspberry Pi aus der Ferne zuzugreifen.

10.2.1 Das Domain Name System

Firmen, Behörden und Privatpersonen stellen auf unterschiedlichsten Systemen in ihrem Bereich (engl.: domain) Daten auch für den externen Gebrauch zur Verfügung. Diese Systeme verfügen wie die Geräte im privaten WLAN-Netz auch über IP-Adressen, über die sie zu erreichen sind. Nun ist wäre es sehr umständlich und fehleranfällig, wenn sich Anwendungen oder Personen, die auf diese Daten zugreifen möchten, die IP-Adresse merken müssten. Viel eingängiger sind hier selbst erklärende Namen und Bezeichnungen.

Im Hinblick auf einheitliche Konventionen innerhalb des weltweiten Namensraums greift eine systematische hierarchische Struktur, das ***Domain Name System*** (DNS, vgl. Abbildung 145).

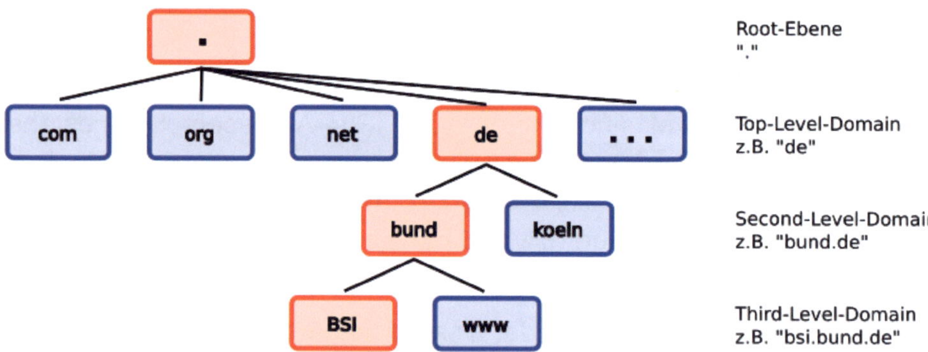

Abb. 145: das Domain Name System

Demnach werden Domänennamen von links nach rechts gelesen.

Das DNS funktioniert dabei ähnlich wie eine Telefonauskunft. Der Benutzer oder die Anwendung kennt die Domain (den leichter merkbaren Namen eines Rechners im Internet). Diese (z.B. netcologne.de) sendet er als Anfrage in das Internet. Die Domain wird dann dort vom DNS in die zugehörige IP-Adresse (die „Anschlussnummer“ im Internet) umgewandelt. Dies ist einfacher als die Eingabe von 87.79.15.135, unter der die Domäne auch zu erreichen wäre.

Die Vorgänge im Hintergrund

Im Hintergrund sind vier DNS-Server beteiligt (vgl. Abbildung 146):

- DNS-Resolver
- Root-Name-Server
- TLD-Name-Server
- Autoritativer Name-Server

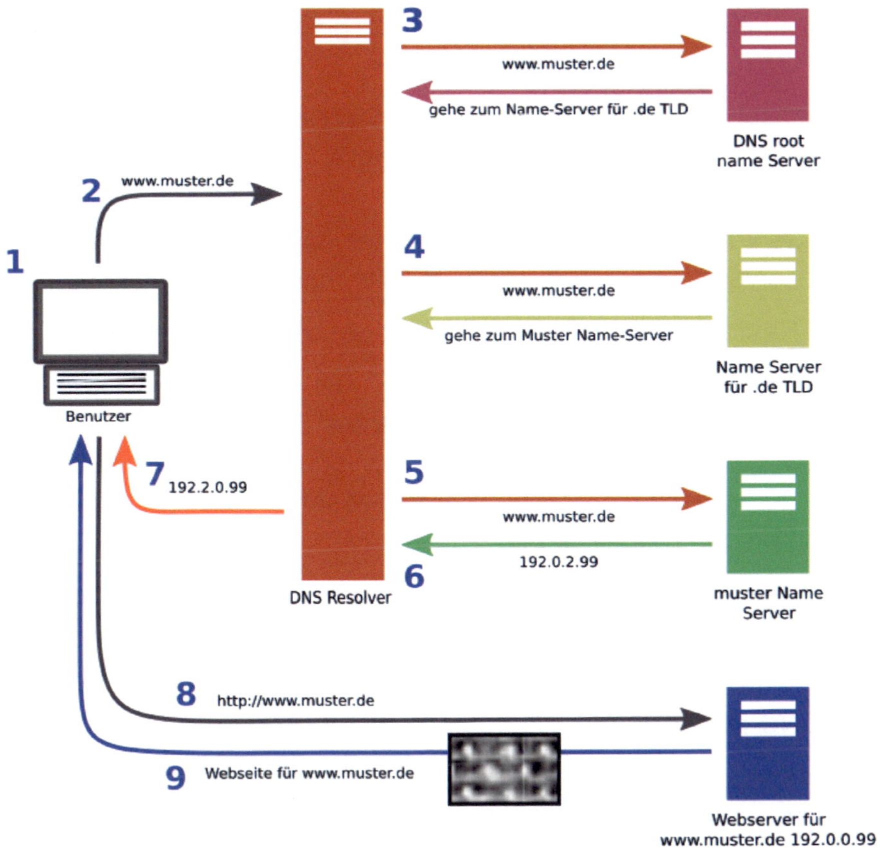

Abb. 146: DNS-Verbindungsaufbau

Eine Benutzeranfrage erfolgt damit in neun Schritten:

1. Ein Benutzer gibt in die Adressleiste eines Browsers „www.muster.de" ein und drückt die Eingabetaste.
2. Die Anforderung für «www.muster.de» wird an einen DNS-Resolver geleitet, der in der Regel vom Internetdienstanbieter (z. B. Kabelnetzbetreiber) des Benutzers betrieben wird.
3. Der DNS-Resolver leitet die Anforderung für «www.muster.de» an einen DNS Root Name Server weiter.

Der Stammserver antwortet dem Resolver mit der Adresse eines DNS-Servers einer Domain auf oberster Ebene (TLD, Top Level Domain), der die Informationen zu den zugehörigen Domains (wie .com oder .de) enthält. So mündet beispielsweise eine Suche nach «muster.de» an eine Anfrage an die TLD «.de».

4. Der DNS-Resolver des Internetdienstanbieters leitet die Anforderung für «www.muster.de» jetzt an einen der TLD-Namensserver für .de-Domains.

   Der Namenserver für .de-Domains beantwortet die Anforderung mit den Namen des muster--Namenservers, denen die Domain «muster.de» zugeordnet ist.

   Der TLD-Server für .de-Domains antwortet dann mit der IP-Adresse des Nameservers der Domain «www.muster.de».

5. Der DNS-Resolver sendet an eine Anfrage an den Nameserver der Domain.

6. Der Name-Server durchsucht die gehostete Zone „muster.de" nach dem Eintrag «www.muster.de», ruft den zugehörigen Wert, beispielsweise die IP-Adresse 192.0.2.99 eines Webservers ab und gibt diese IP-Adresse an den DNS-Resolver zurück.

7. Der DNS-Resolver verfügt nun über die vom Benutzer benötigte IP-Adresse und kann diese an den Web-Browser zurück senden.

8. Der Web-Browser sendet eine Anforderung für «www.muster.de» an die vom DNS-Resolver zurückgegebene IP-Adresse.

9. Der Webserver (oder eine andere Ressource) an 192.0.2.99 gibt die Webseite von «www.muster.de» an den Browser zurück, sodass dieser schließlich die Seite anzeigen kann.

Anmerkung: verwendete Protokolle: UDP und TCP

In der Regel verwendet DNS als Kommunikationsprotokoll ***UDP*** (User Datagram Protocol). Empfängt der Name Server zeitnah keine Antwort, wiederholt er die Anfrage oder wendet sich an einen alternativen Server. Um Antworten verlässlich zuordnen zu können, verwenden die Queries einen 16 Bit langen Schlüssel, der auch in den Responses wieder auftaucht. Alternativ sind auch Anfragen per ***TCP*** (Transmission Control Protocol) möglich.

Tipp:Server Test

https://www.ssllabs.com/ssltest bietet einen SSL-Server-Test. Er führt eine Analyse von über das öffentliche Netz erreichbare Server durch.

10.2.2 Die eigene Domain

Damit ist der Weg aufgezeichnet, sofern Sie über eine eigene Domain mit einer öffentlichen IP-Adresse verfügen. Entsprechende Dienstleister übernehmen das für ein jährliches Entgelt und weisen eine fixe öffentliche IP-Adresse zu. Sind Sie Betreiber einer eigenen Domain, sind Sie in der glücklichen Lage, sich ohne weitere Umwege einen Zugang zu Ihren Geräten zu schaffen.

Dieser Weg ist jedoch versperrt, wenn dies nicht so ist. Zwar verfügt Ihr Router über eine IP-Adresse, die ihn von „draußen" erreichbar macht. Allerdings wechseln die Internetdienstleister diesen Wert häufig und ohne Benachrichtigung bei neuen Verbindungen (z.B. nach Neustart des Routers) oder auch in regelmäßigen zeitlichen Abständen. Grund ist u.a., dass insgesamt zu wenige IP-Adressen zur Verfügung stehen.

Aber es gibt Alternativen:

- das ***Dynamic Domain Name System***
- der ***VPN-Tunnel***

10.2.3 Das Dynamic Domain Name System

Dynamic Domain Name System (***DDNS*** oder ***DynDNS***) ist gewissermaßen eine Erweiterung des DNS, die Domains im DNS dynamisch aktualisiert. Ziel ist, dass ein Gerät immer unter demselben Hostnamen erreichbar ist, auch wenn die aktuelle IP-Adresse für den Nutzer unbekannt ist. DDNS führt regelmäßig einen Abgleich mit den DNS-Datenbanken des Internetdienstleisters durch und sorgt automatisch dafür, dass Änderungen der IP-Adresse erkannt und DNS-Einträge entsprechend aktualisiert werden. So benötigen Sie für einen Verbindungsaufbau zu Ihrem Rechner lediglich die im DDNS-Dienst registrierte Domain-Adresse. Dies ist eine Unterdomäne der Domäne des DDNS-Anbieters.

Die Abläufe sehen folgendermaßen aus:

- Der Router teilt dem DDNS-Dienst die vom Internetdienstleister zugewiesene IP-Adresse mit. Diese wird im DynDNS dem von Ihnen festgelegten Domain-Namen zugeordnet. Mit dieser Domain ist der lokale Server nun jederzeit erreichbar. Die vom Internetdienstleister zugewiesene IP-Adresse erhalten Sie mit z.B.:

```
curl -B4 checkip.dyndns.com 2>&1 | grep -o '[0-9]\
{1,3\}\.[0-9]\{1,3\}\.[0-9]\{1,3\}\.[0-9]\{1,3\}'
```

- Bei Änderungen der IP-Adresse bekommt der DDNS-Dienst die neue IP-Adresse automatisch mitgeteilt. Der DDNS-Server beantwortet die DNS-Anfrage und aktualisiert die neue IP-Adresse unter der festen Domain. Die meisten Router machen das bei entsprechender Konfiguration automatisch.

  Verfügt Ihr Router nicht über eine solche Automatik erreichen Sie dies, indem Sie einen DDNS-Update-Client wie ddclient oder einen cron-Job einrichten. ddclient ist ein Programm, das auf Ihrem Linux-Server ausgeführt werden kann und Ihre neue IP automatisch an Ihren Domainnamenanbieter meldet, wenn sich Ihre IP ändert.

- Bei einem Verbindungsaufbau zu Ihrem Gerät senden Sie eine DNS-Anfrage an Ihre registrierte (Unter-)-Domäne. Der DDNS-Server liefert dann automatisch die unter dem Namen gespeicherte, aktuelle IP-Adresse Ihres Internetdienstanbieters.

Allerdings besteht noch das Problem, dass der heimische Router i.d.R. mit einer externen Anfrage nichts anzufangen weiß und sie daher verwirft. Das liegt im Grunde daran, dass der private IP-Adressraum im öffentlichen IP-Adressraum unbekannt ist. Zwar läuft auf den meisten Routern eine Technik, die Übersetzungsdienste zwischen öffentlichen und privatem Adressraum leistet. Dieses Verfahren heißt ***Network Address Translation*** (NAT). Es übernehmen das Austauschen der privaten und öffentlichen IP-Adressen.

Nun reicht es aber nicht, dass der Router die IP-Adressen austauscht; er muss auch wissen welcher Port auf eingehende Datenpakete bzw. einen Verbindungsaufbau wartet. Dieses Verfahren heißt ***Port-Forwarding***. In dem folgenden Beispiel ist ein Client mit der Adresse 192.168.2.215 in einem lokalen Netz über einen Router mit der öffentlichen Adresse 194.347.916.43 mit dem Internet verbunden.

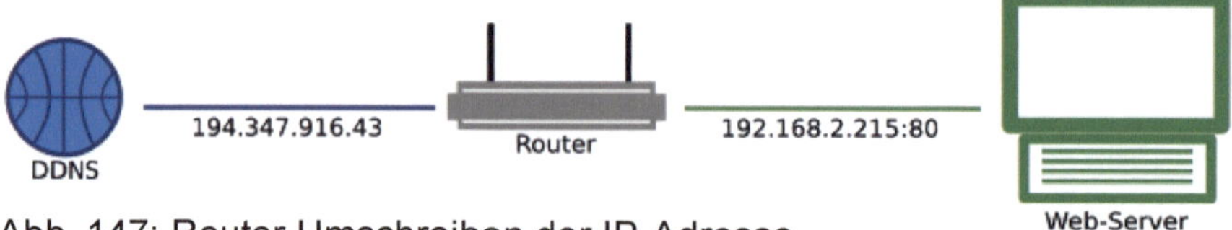

Abb. 147: Router Umschreiben der IP-Adresse

Um auf den Webserver auf dem Client zugreifen zu können, wird der Router dahingehend konfiguriert, dass er sämtliche Datenpakete für den Port 4711 an den Port 80 auf dem Rechner 192.168.2.215 weiterleitet.

Die Antwortpakete von 192.168.2.215:80 werden vom Router auf 194.347.916.43:4711 umgeschrieben (vgl. Abbildung 147).Die nächsten Abschnitte begleiten Sie durch die Einrichtung von DynDNS. Dabei geht es zunächst um die Auswahl des DDNS-Anbieters.

Zur Auswahl stehen kostenlose und kostenpflichtige Angebote. Meist unterscheiden sich nur in den Punkten: Hosts, Anzahl der Sub-Domains und keine Werbung. Kostenlos sind beispielsweise DynDNS Service (https://www.ddnss.de/index.php, deutscher Anbieter), No-IP (https://www.noip.com/), Securepoint DynDNS (https://www.securepoint.de/, deutscher Anbieter) und DuckDNS (https://www.duckdns.org/, auf AWS gehostet, keine weiteren Softwarepakete auf dem Pi erforderlich).

Vier Alternativen möchte ich Ihnen vorstellen: DuckDNS, NoIP, DynDNS und MyFRITZ!.

DuckDNS

Die folgenden Schritte führen Sie durch die Einrichtung von Dynamischer DNS mit ***DuckDNS***. DuckDNS hat für Anwender von Home-Assistant die Annehmlichkeit, dass es sich leicht über ein Add-On einbinden lässt.

Schritt 1: bei DuckDNS registrieren

Rufen Sie die DuckDNS Homepage (https://www.duckdns.org/) auf und registrieren Sie sich mit mit Google, GitHub oder Twitter (vgl. Abbildung 148; persona und reddit werden nicht mehr unterstützt).

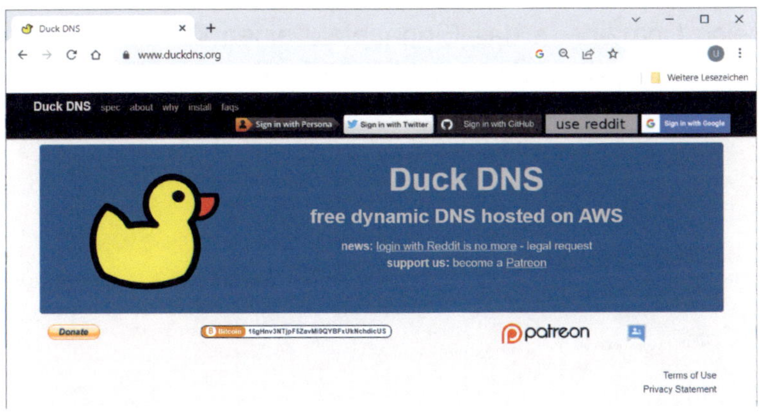

Abb. 148: Duck DNS Homepage

Nach der Registrierung sind Sie auf Ihrem Home-Fenster (vgl. Abbildung 149). Er ist Ausgangspunkt für alles Weitere.

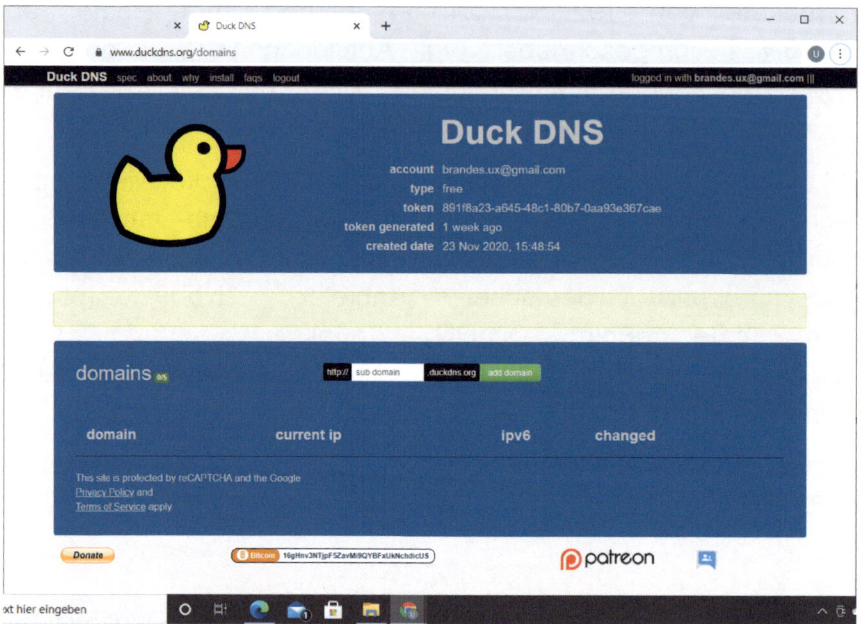

Abb. 149: Duck DNS persönlicher Homefenster

Die Anzeige enthält im oberen Bereich Ihre Kontoinformationen und vor allem den Token, den Sie später noch brauchen.

Im unteren Bereich sind Ihre Domains aufgelistet. Sie können hier bis zu fünf Domains einrichten.

Schritt 2: Unterdomäne erstellen

Geben Sie im Bereich Domains in das Eingabefeld einen Domain-Namen Ihrer Wahl ein (z.B. «iiotnerds») und Klicken Sie auf ***add domain*** (vgl. Abbildung 150).

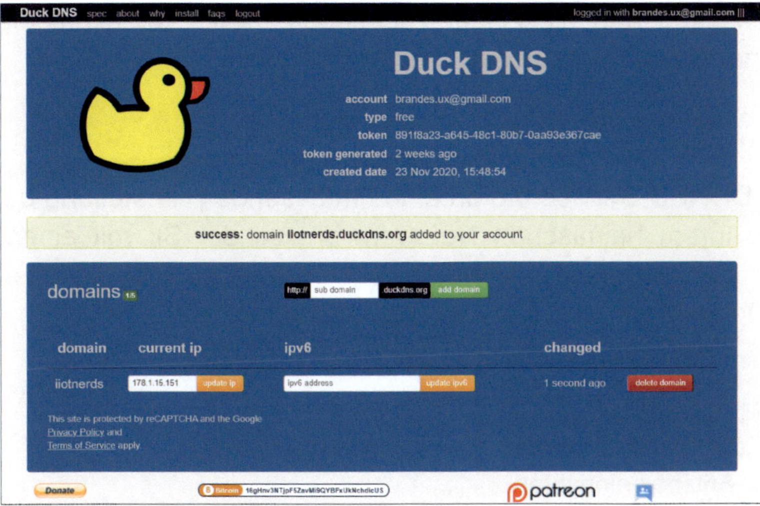

Abb. 150: Duck DNS Domain hinzufügen

Damit ist die Domain eingerichtet.

Schritt 3: Erreichbarkeit testen mit der App eines Smartphones

Mit Hilfe Ihres Smartphones und einer passenden App (z.B. Ping & Net) können Sie die Erreichbarkeit Ihrer Domain prüfen. Tragen Sie als Hostnamen den Domänennamen ein und gehen Sie dann über *IPv4* und *OK* (Folgebildschirm *Ping Options*) weiter (vgl. Abbildung 151).

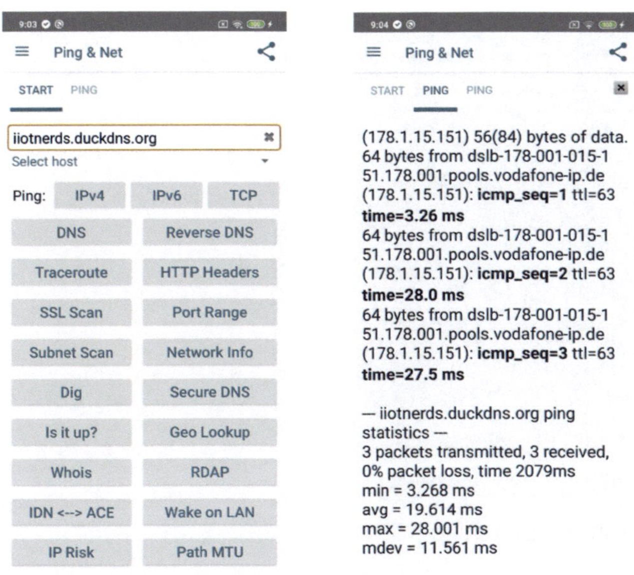

Abb. 151: Duck DNS Ping Subdomain

Im Ping-Protokoll sollten nun die Anzahl gesendeter aber vor allem die Anzahl empfangener Pakete auftauchen und größer 0 sein.

Schritt 4: Router einrichten (Fritzbox)

Die Betreiber von DDNSS-Service bieten eine umfassende Hilfestellung bei der Einrichtung in Ihrem heimischen Netzwerk an, zu der Sir mit einem Klick auf ***install*** in der Menuleiste gelangen (vgl. vorheriges Bild). Wählen Sie in dem Drop-Down-Menu Ihre Domain (vgl. Abbildung 152).

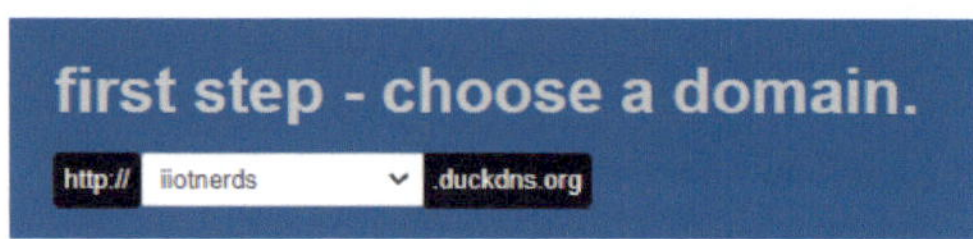

Abb. 152: Duck DNS Fritzbox einrichten

Wählen Sie nun Ihren Router (z.B. Fritzbox) aus. DuckDNS bereitet Ihnen nun alle notwendigen Angaben auf (vgl. Abbildung 153).

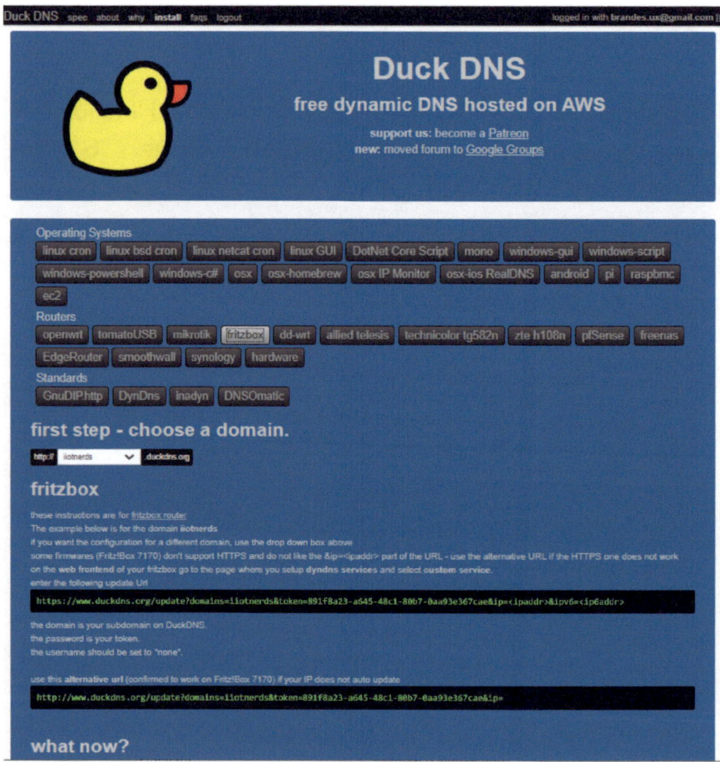

Abb. 153: Duck DNS Fritzbox Einrichtungshilfe

Die Aktivierung von DynDNS geht bei der FRITZ!Box über ***Internet → Freigaben*** unter dem Reiter ***DynDNS***. Setzen Sie bei „DynDNS benutzen“ ein Häkchen. Wählen Sie bei SynDNS-Anbieter ***Benutzerdefiniert***. Füllen

Sie die restlichen Felder entsprechend der Hilfestellung von DuckDNS wie folgt (vgl. Abbildung 154):

- Update-URL: **`https://www.duckdns.org/update`**
- Domainname: **`iiotnerds`**
- Benutzername: **`none`**
- Passwort ist der Token: **`891f8a23-a645-48c1-80b7-xxxxxxxxxxx`**

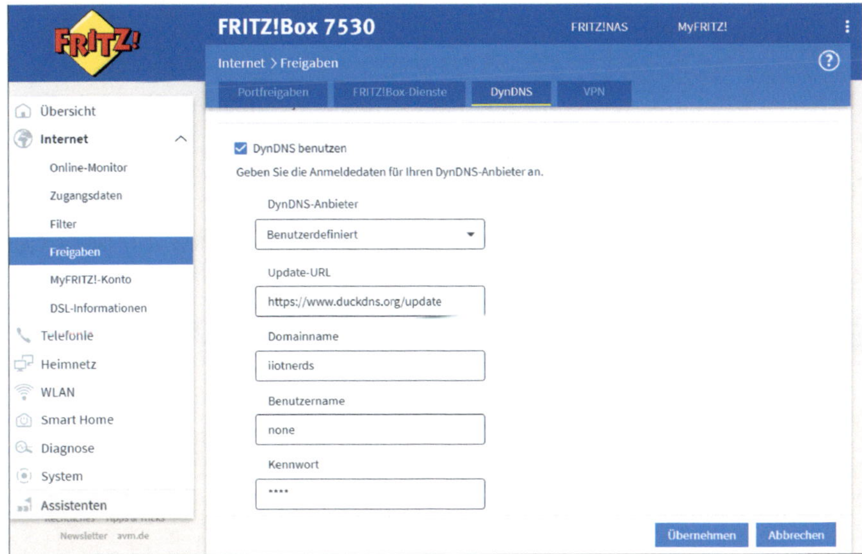

Abb. 154: Duck DNS in Fritzbox einrichten

Auf *Übernehmen* klicken.

Schritt 4: Port am Router freigeben

Geben Sie nun noch den Port frei (*Internet → Freigaben → Portfreigaben*, vgl. Abbildung 155). Als Beispiel dient hier Cockpit (vgl. Kapitel 14.1), das auf Port 9090 lauscht.

Abb. 155: Fritzbox Portfreigabe

Mit ***Gerät für Freigaben*** hinzufügen bestimmen Sie das Gerät, auf dem der Server läuft (vgl. Abbildung 156).

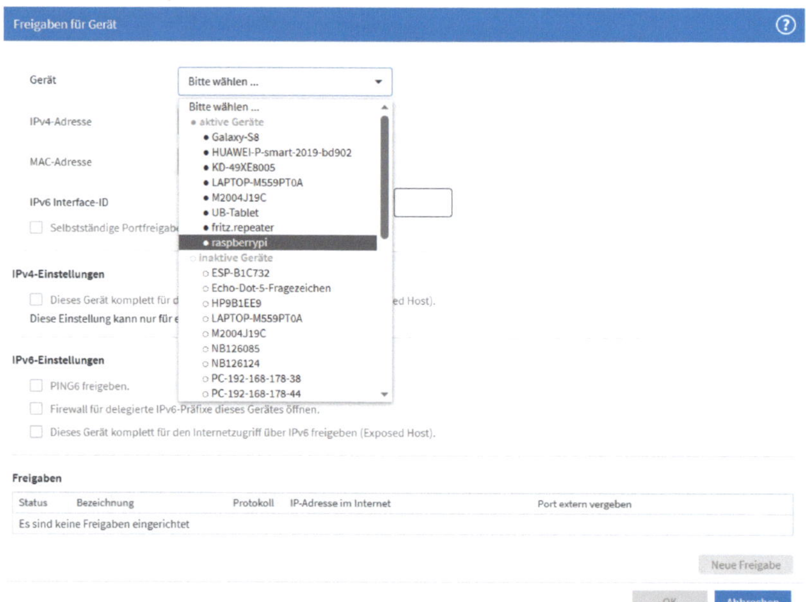

Abb. 156: DuckDNS Fritzbox Portfreigabe Gerät hinzufügen

Wählen Sie danach ***Neue Freigabe***, um eine Freigabe anzulegen (vgl. Abbildung 157).

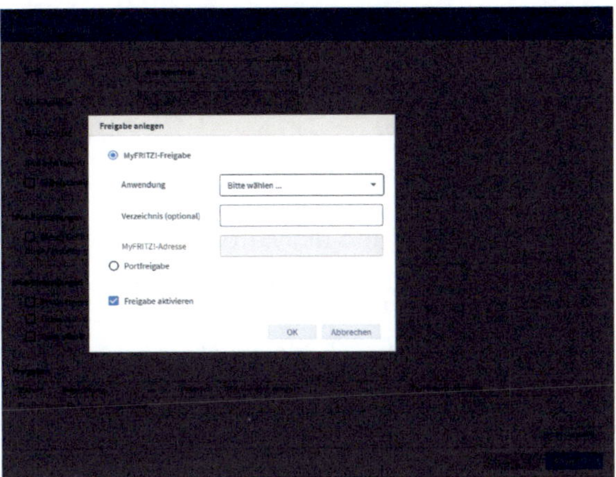

Abb. 157: DuckDNS Fritzbox Portfreigabe neue Freigabe anlegen

Aktivieren Sie ***Portfreigabe***, um die Angaben für den Port festzulegen (vgl. Abbildung 158).

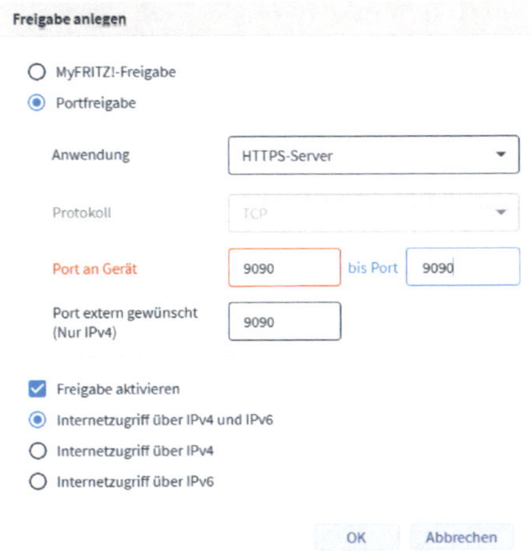

Abb. 158: DuckDNS Fritzbox Portfreigabe Port festlegen

Achten Sie darauf, dass das Kontrollkästchen ***Internetzugriff über PIv4 und IPv6*** aktiviert ist. Wählen Sie ***HTTPS Server***, geben Sie den Port ein (hier: 9090) und schließen Sie das Fenster mit ***OK***.

Hinweis: Port nur einmal weiterleitbar

Jeder Port kann logischerweise nur einmal freigegeben werden. So ist es nicht möglich, eine Portfreigabe für z.B. zwei Cockpit- oder zwei Node-RED-Instanzen einzurichten.

Die Freigabe bedarf nun noch der Speicherung und Aktivierung (vgl. Abbildung 159).

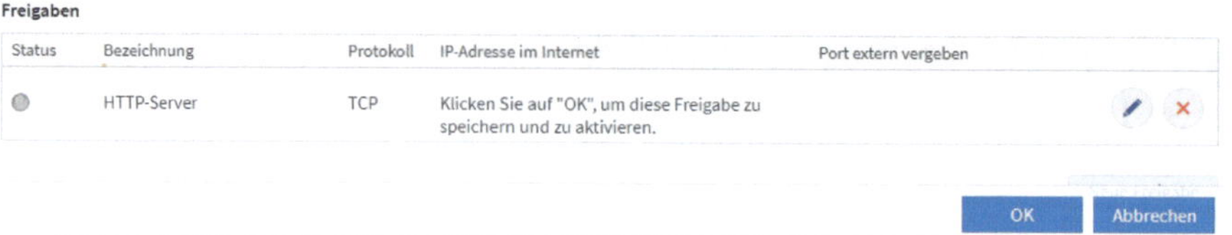

Abb. 159: DuckDNS Fritzbox Portfreigabe speichern und aktivieren

OK schließt das Anlegen der Portfreigabe ab (vgl. Abbildung 160).

Abb. 160: DuckDNS Fritzbox Portfreigabe erteilt

Aktualisieren Sie ggf. die Einstellungen (der Anzeigepunkt in der Zeile mit der IPv4-Adresse erhält eine grüne Farbe) und ***Übernehmen*** Sie alle Änderungen.

Schritt 5: die Portfreigabe testen

Öffnen Sie jetzt einen Browser und geben Sie Domainname und Port ein, z.B. für Cockpit:

http://iiotnerds.duckdns.org:9090 bzw. https://iiotnerds.duckdns.org:9090) oder für Node-RED http://iiotnerds.duckdns.org:1880

Nun sollte sich der entsprechende Bildschirm ggf. nach einer Browserwarnung wegen eines nicht sicheren oder fehlenden Zertifikates entfalten (vgl. Abbildung 161).

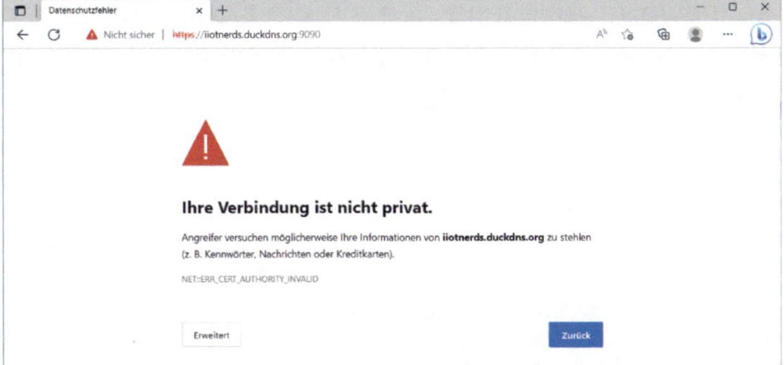

Abb. 161: DuckDNS Verbindung

Beachten Sie jedoch, dass nicht verschlüsselte Verbindungen ein hohes Risiko für externe Angriffe sind!

Schritt 6: DDNS-Update für das Betriebssystem einrichten

Sofern Ihr Router ein automatisiertes Update der IP-Adresse vornimmt, ist dieser Schritt obsolet. DuckDNS benötigt keinen DDNS-Client sondern regelt den Update über einen Cronjob. Unter der Überschrift Operating System (vgl. Bild unter Router einrichten, ***install → Operating System***) sind mehrere Betriebssysteme bzw. Betriebssystem-Konfigurationen aufgelistet. Markieren Sie ***linux cron***, um einen Cronjob für DuckDNS auf Ihrem Raspberry Pi einzurichten, der für eine Aktualisierung des DDNS-Host-Accounts sorgt (vgl. Abbildung 162).

Abb. 162: Duck DNS Update durch das Betriebssystem

Sie erhalten nun eine schrittweise Anleitung, wie sie die Option mit Leben füllen. Die ersten beiden Befehle prüfen, ob auf Ihrem System ein Cronjob läuft und curl eingerichtet ist (vgl. Abbildung 163).

```
ps -ef | grep cr[o]n
curl
mkdir duckdns
cd duckdns
```

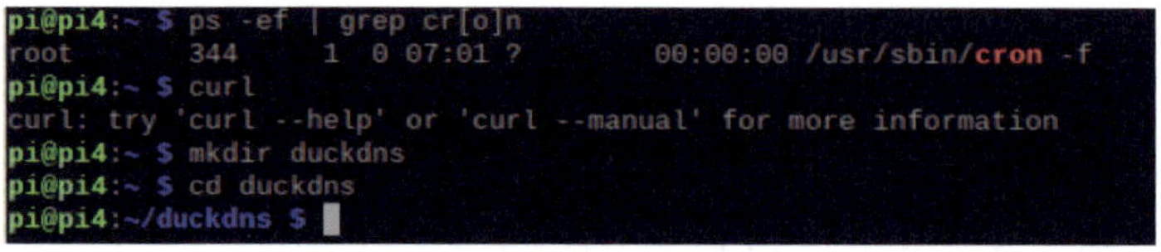

```
pi@pi4:~ $ ps -ef | grep cr[o]n
root       344     1  0 07:01 ?        00:00:00 /usr/sbin/cron -f
pi@pi4:~ $ curl
curl: try 'curl --help' or 'curl --manual' for more information
pi@pi4:~ $ mkdir duckdns
pi@pi4:~ $ cd duckdns
pi@pi4:~/duckdns $
```

Abb. 163: Duck DNS cron-Job

Erstellen Sie eine neue Skript-Datei (`vi duck.sh` oder `nano duck.sh`).

Speichern Sie die Anweisung, die mit „echo …“ beginnt ab; Ihre Daten sind bereits hinterlegt; Beispiel:

```
echo url="https://www.duckdns.org/update?
domains=iiotnerds&token=891f8a23-a645-48c1-80b7-
xxxxxxxxxxe&ip=" | curl -k -o ~/duckdns/duck.log -K -
```

Machen Sie die Datei ausführbar (`chmod 700 duck.sh`).

Testen Sie das Skript mit `./duck.sh` (vgl. Abbildung 164).

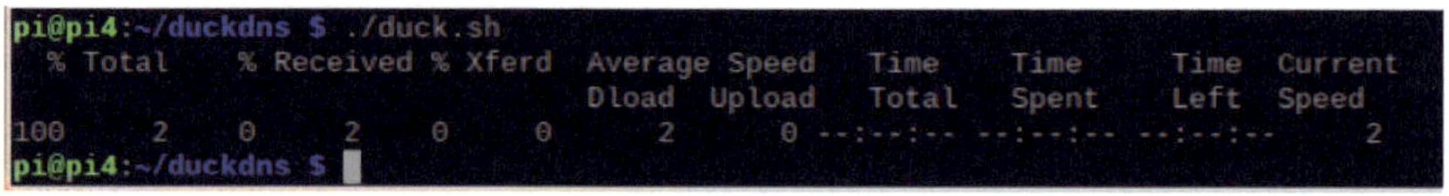

```
pi@pi4:~/duckdns $ ./duck.sh
  % Total    % Received % Xferd  Average Speed   Time    Time     Time  Current
                                 Dload  Upload   Total   Spent    Left  Speed
100     2    0     2    0     0      2      0 --:--:-- --:--:-- --:--:--     2
pi@pi4:~/duckdns $
```

Abb. 164: Duck DNS Test-Skript

Als nächstes richten Sie den Cronjob ein, sodass er das Skript alle fünf Minuten ausführt. Mit `crontab -e` erstellen Sie eine eigene Cron-Tabelle für den Benutzer. Das System bittet sie nach Aufruf des Befehls einen Editor auszuwählen und öffnet dann eine nur mit Kommentaren gefüllte, also prinzipiell leere Datei. Fügen Sie am Ende ein:

```
*/5 * * * * ~/duckdns/duck.sh >/dev/null 2>&1
```

(Anmerkung: Den Job entfernen Sie wieder, indem Sie diese Zeile löschen.)

Mit `cat duck.log` sehen Sie, ob der letzte Versuch zum Aufbau einer Verbindung erfolgreich war. Er zeigt „OK“ bei Erfolg und „KO“ im Fehlerfall. Dies ist allerdings nur eine Momentaufnahme, da die Einträge recht schnell wieder überschrieben werden.

No-IP

No-IP ist eine weit verbreitete Alternative zu Duck DNS. Notwendig ist hier allerdings ein eigener Update-Client.

Schritt 1: Account erstellen

Gehen Sie auf die Webseite (https://www.noip.com/) und wählen Sie einen Domainnamen (vgl. Abbildung 165).

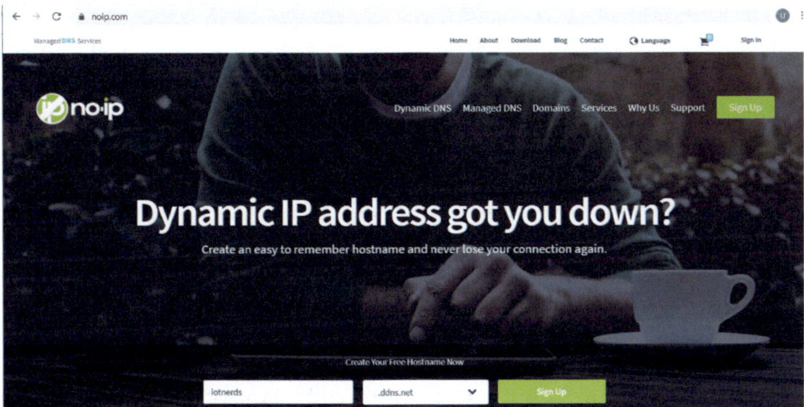

Abb. 165: No-IP Homepage

Klicken Sie auf ***SignUp***, um den Account einzurichten.

Füllen Sie dort die Anmeldedaten aus, aktivieren Sie das Kontrollkästchen zu den Geschäftsbedingungen und Klicken Sie auf ***FreeSignUp***. Sie gelangen auf einen Bildschirm, der Sie auffordert, den Account mit einem Link aus einer erhaltenen Email zu bestätigen.

Mit Klick auf den Link in der Email gelangen Sie zu einem Welcome-Bildschirm (vgl. Abbildung 166).

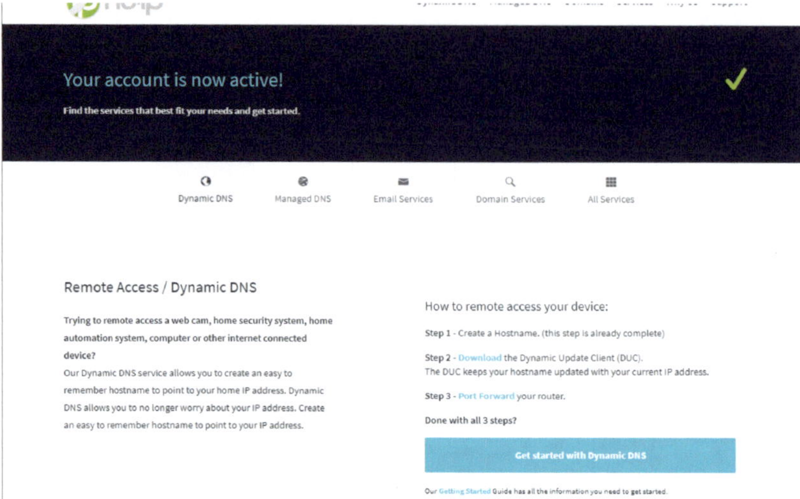

Abb. 166: no-IP Welcome Bildschirm

Klicken Sie auf ***Get started with Dynamic DNS***.

Schritt 2: Konfiguration des Accounts vervollständigen

Es erfolgt eine Aufforderung den Account mit Benutzernamen und Passwort zu vervollständigen (vgl. Abbildung 167).

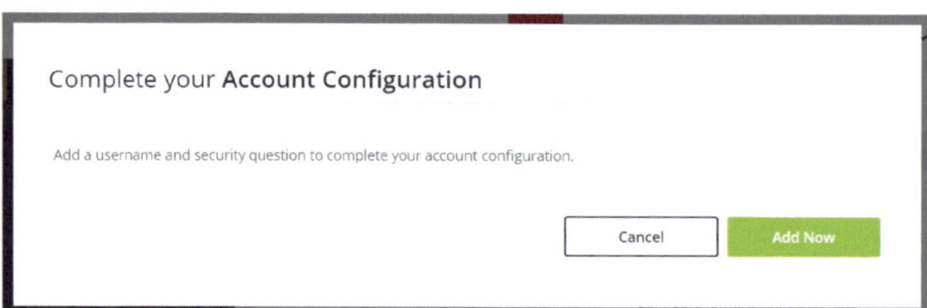

Abb. 167: No-IP Account vervollständigen

Klicken Sie auf ***Add Now***, damit Sie in der Einrichtung fortfahren können (vgl. Abbildung 168).

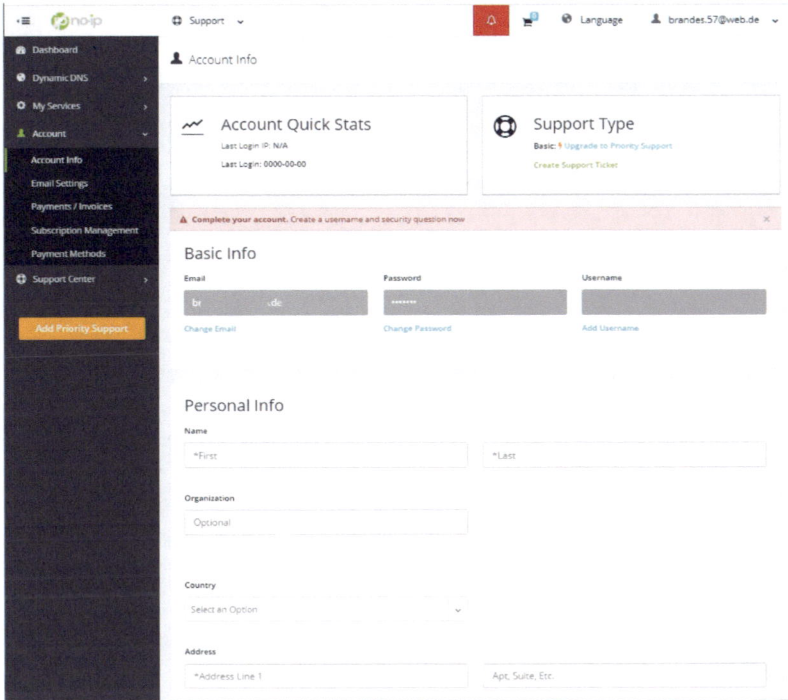

Abb. 168: No-IP Account vervollständigen Angaben

Klicken Sie auf ***Add Username*** und legen Sie einen Benutzernamen sowie ggf. Sicherheitsfrage / -antwort fest.

Schritt 3: Router einrichten (Fritz!Box)

Damit Sie DDNS nutzen können, müssen Sie die Routereinstellungen dergestalt anpassen, dass die DynDNS-Funktion vom Router unterstützt wird. Bei der FRITZ!Box gibt es hier allerdings einen kleinen Unterschied zu Duck DNS. Markieren Sie über ***Internet → Freigaben*** den Reiter ***DynDNS***. Setzen Sie bei „DynDNS benutzen" ein Häkchen, wählen Sie als DynDNS-Anbieter ***No-ip.com*** geben Sie anschließend Ihre DDNS-Adresse und die dazugehörigen Kenndaten ein, wie Sie sie mit der Registrierung von Ihrem DDNS-Dienst erhalten haben. Bei No-IP sind das:

- Domainname: `iotnerds.ddns.net`
- Benutzername: `IhrBenutzerName`
- Passwort : `IhrPasswort`

Das sieht dann wie folgt aus (vgl. Abbildung 169):

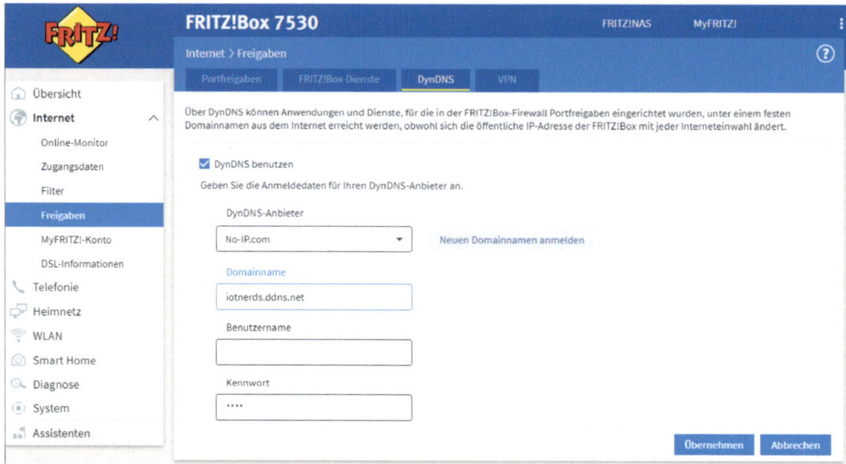

Abb. 169: No-IP in Fritzbox einrichten

Schritt 4: testen

Testen Sie mit einer Browsereingabe (z.B. iotnerds.ddns.de:9090 für Cockpit), ob alles korrekt funktioniert.

Schritt 5: DDNS-Update-Client auf dem Raspberry PI installieren

Sofern Ihr Router keine automatisiertes Update der IP-Adresse unterstützt, müssen Sie selbst dafür mit einer Softwarelösung Sorge tragen. Einige DNS-Anbieter haben ihre eigenen (proprietären) DDNS-Clients. ***ddclient*** ist kostenlos, Open Source und in Perl geschrieben. Verwenden Sie diesen Befehl, um ddclient zu installieren:

```
sudo apt-get install ddclient
```

Es öffnet sich der Autoconfig-Bildschirm (vgl. Abbildung 170).

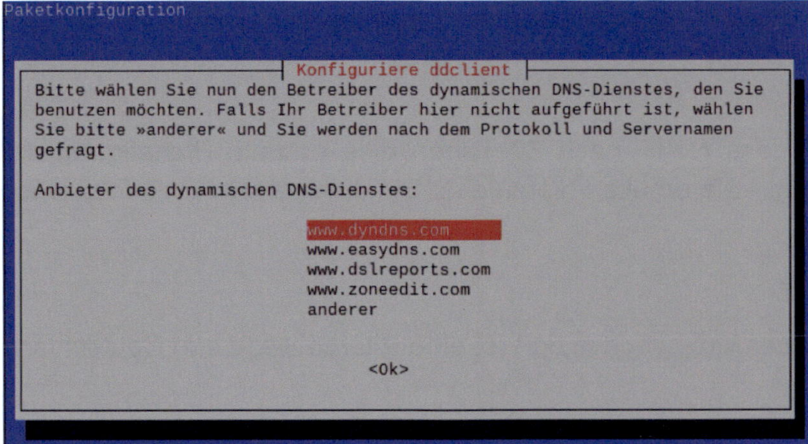

Abb. 170: Raspberry Pi Autoconfig Bildschirm

Markieren Sie *anderer*, da die Konfiguration manuell in der Config-Datei erfolgt und dann mit Tab auf *<Ok>*. Es folgen einige weitere Konfigurations-Bildschirme. Klicken Sie auch hier wieder auf *<Ok>* bis alle vorgegebenen Konfigurationsschritte durchlaufen sind. Der Einrichtungsassistent startet ddclient und fügt den Service der Liste der beim Boot zu startenden Prozesse hinzu.

Die Konfigurationsinformationen von ddclient befinden sich in der Datei /etc/ddclient.conf. Öffnen Sie die Datei mit `sudo nano /etc/ddclient.conf`. Machen Sie dort folgende Einträge:

```
protocol=noip
use=web
web=checkip.dyndns.org
server=dynupdate.no-ip.com
login=IhrBenutzername
password='IhrPasswort'
iotnerds.ddns.net
```

Speichern Sie die Datei und starten Sie den Dienst mit `sudo service ddclient restart` neu.

Mit dem Konsolenbefehl `sudo ddclient -daemon=0 -debug -verbose -noquiet` testen Sie, ob der Dienst mit den definierten Parametern ordnungsgemäß arbeitet. Dies ist der Fall, wenn die lange Ausgabe mit einer Erfolgsmeldung oder einer Meldung endet, dass nichts zu veranlassen ist.

Entfernen Sie ddclient aus der Liste der beim Boot zu startenden Dienste mit `sudo systemctl disable ddclient`, wenn Sie ihn nicht mehr benötigen.

Beachten Sie, dass No-IP nach 30 Tagen eine erneute Bestätigung der Domain verlangt. Sie erhalten hierzu eine Email mit einem Link; folgen Sie dann dem Link.

DynDNS Service

DynDNS Service (https://ddnss.de/) ist eine Alternative, die in Deutschland gehostet wird.

Schritt 1: Account erstellen

Gehen Sie auf die Webseite und erstellen Sie einen Account (vgl. Abbildung 171).

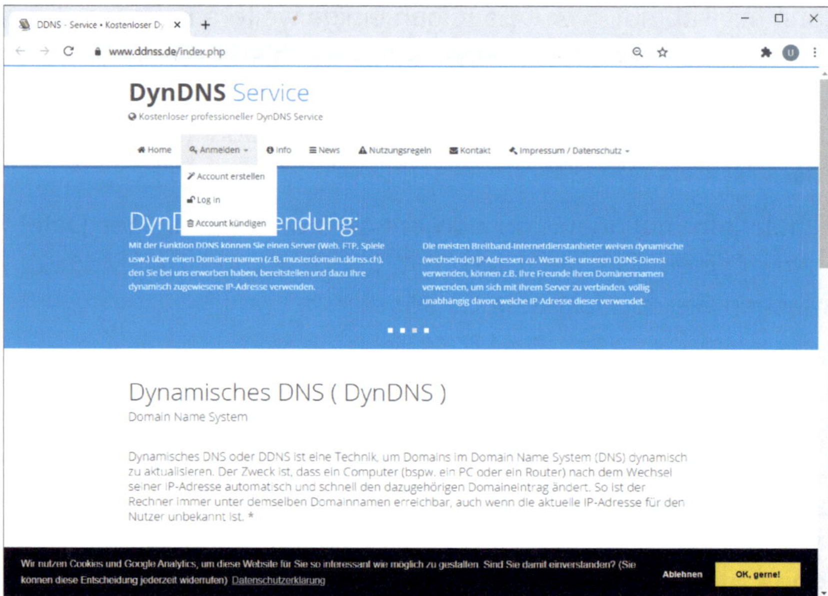

Abb. 171: DynDNS Service Homepage

Nach Eingabe einiger persönlicher Daten erhalten Sie eine Email, mit der Sie Ihr Benutzerkonto aktivieren. Nach diesem Schritt und einem erneuten Login gelangen Sie zur Übersicht Ihres Accounts (vgl. Abbildung 172).

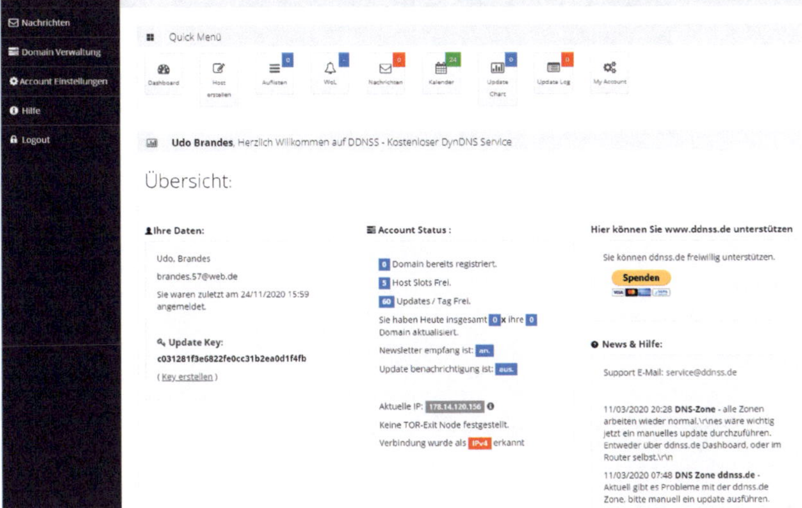

Abb. 172: DynDNS Service Bildschirm persönlicher Bereich

Schritt 2: neue Domain erstellen

Klicken Sie auf ***Domain Verwaltung → Neu erstellen*** (vgl. Abbildung 173).

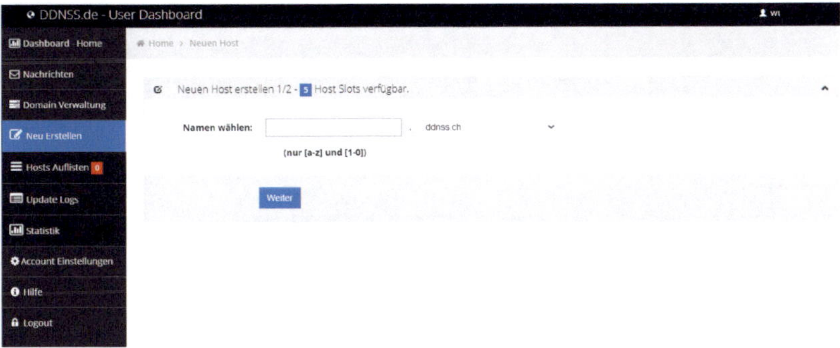

Abb. 173: DynDNS Service Domain Verwaltung

Wählen Sie einen Namen (z.B. iotnerds) und ggf. eine andere Hauptdomäne (z.B. ddnss.de). Klicken Sie für den Folgebildschirm auf ***Weiter*** (vgl. Abbildung 174).

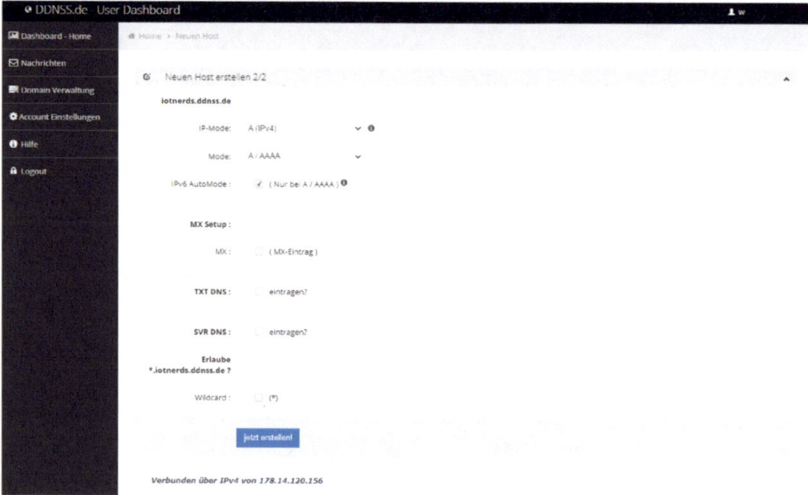

Abb. 174: DynDNS Service Domain Setup

Treffen Sie Ihre Auswahl in den angezeigten Feldern und klicken Sie auf ***jetzt erstellen***, um den Vorgang abzuschließen. In Ihrem Dashboard finden Sie den eingerichteten Host (vgl. Abbildung 175).

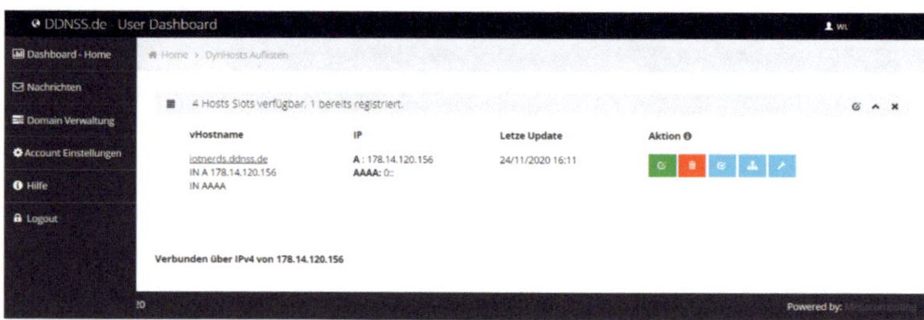

Abb. 175: DynDNS Service Domain eingerichtet

Schritt 3: Router einrichten (Fritz!box)

Damit Sie also DDNS nutzen können, müssen Sie die Routereinstellungen dergestalt anpassen, dass die DynDNS-Funktion vom Router unterstützt wird. Bei der FRITZ!Box geht dies über ***Internet → Freigaben*** unter dem Reiter ***DynDNS***. Setzen Sie bei „DynDNS benutzen“ ein Häkchen und geben Sie anschließend Ihre DDNS-Adresse und die dazugehörigen Kenndaten ein, wie Sie sie mit der Registrierung von Ihrem DDNS-Dienst erhalten haben. Bei DDNSS Service sind das:

- Update-URL: `https://ddnss.de/upd.php`
- Domainname: `iotnerds.ddnss.de`
- Benutzername: `IhreBenutzername`

- Passwort : `IhrPasswort`

Das sieht wie folgt aus (vgl. Abbildung 176):

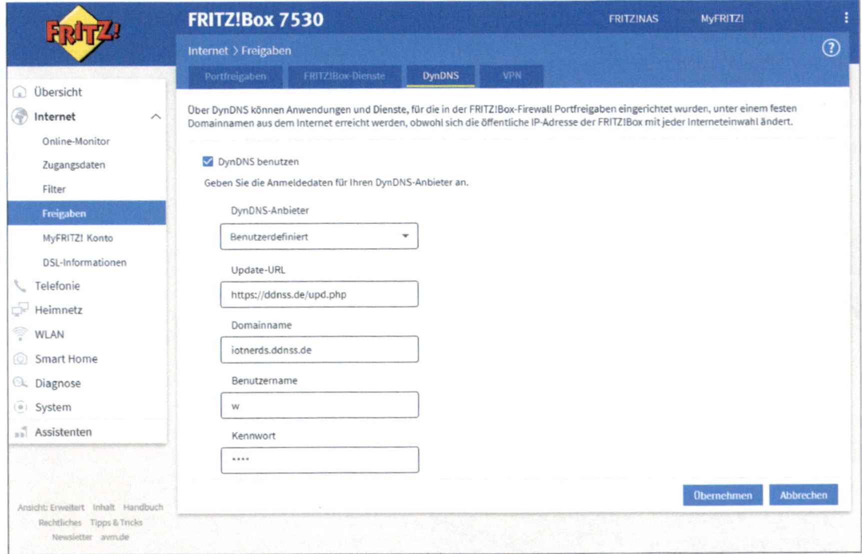

Abb. 176: DynGNS Service in Fritzbox einrichten

Schritt 4: testen

Testen Sie mit einer Browsereingabe (z.B. iotnerds.ddnss.de:9090 für Cockpit), ob alles korrekt funktioniert.

Schritt 5: DDNS-Update-Client auf dem Raspberry PI installieren

Die Konfigurationsinformationen für ddclient sind:

```
protocol=dyndns2
use=web
web=checkip.dyndns.com
server=ddnss.de
login=IhrBenutzername
password='IhrPasswort'
iotnerds.ddnss.de
```

Der Anbieter schließt das Konto nach einem Jahr Inaktivität.

MyFRITZ!-Freigaben

Mit MyFRITZ!-Freigaben können Sie ebenfalls jederzeit mit beliebigen Internetbrowsern über das Internet auf eine browserbasierte Anwendung im FRITZ!Box-Heimnetz zugreifen. Voraussetzung ist ein MyFRITZ!-Konto.

Schritt 1: Port am Router freigeben

Geben Sie nun noch den Port frei (***Internet → Freigaben → Portfreigaben***, vgl. Abbildung 155). Als Beispiel dient hier Node-RED (vgl. Kapitel 14.1), das auf Port 1880 lauscht. Mit ***Gerät für Freigaben*** hinzufügen bestimmen Sie das Gerät, auf dem der Server läuft (vgl. Abbildung 156).

Wählen Sie danach ***Neue Freigabe***, um eine Freigabe anzulegen (vgl. Abbildung 177).

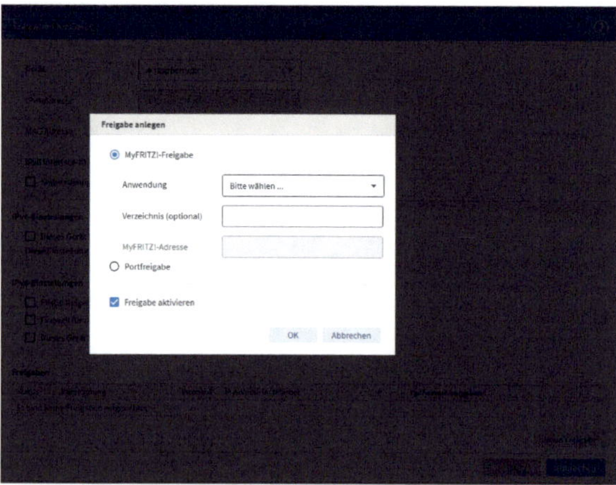

Abb. 177: MyFRITZ!-Portfreigabe neue Freigabe anlegen

Lassen Sie ***MyFRITZ!-Freigabe*** aktiviert und wählen Sie für die Eingabe der Verbindungsparameter ***Andere Anwendung*** (vgl. Abbildung 178).

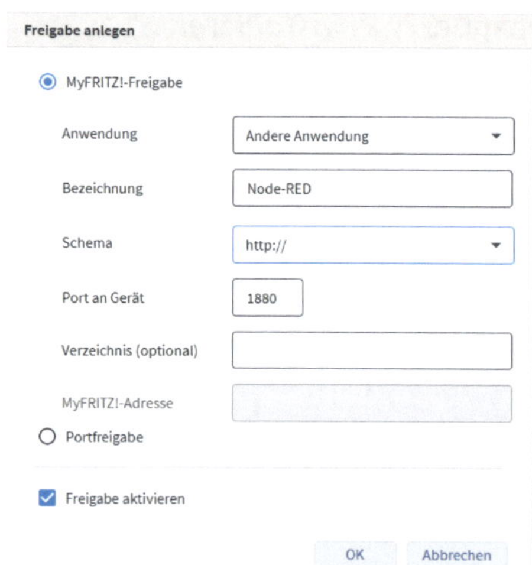

Abb. 178: MyFRITZ! Portfreigabe Port festlegen

Geben Sie der Anwendung eine Bezeichnung (hier: Node-RED), legen Sie das Schema (hier: `http://`) und den Port hier: `1880`) fest. Schließen Sie das Fenster mit ***OK***. Die Freigabe bedarf nun noch der Speicherung und Aktivierung (vgl. Abbildung 179).

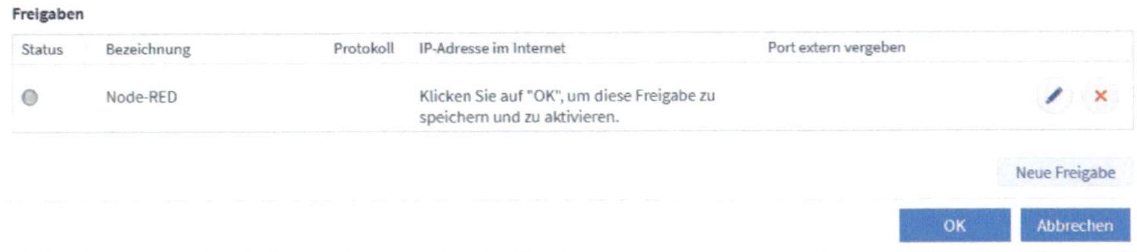

Abb. 179: MyFRITZ! Portfreigabe speichern und aktivieren

OK schließt das Anlegen der Portfreigabe ab.

Aktualisieren Sie ggf. die Einstellungen (der Anzeigepunkt in der Zeile mit der IPv4-Adresse erhält eine grüne Farbe) und ***Übernehmen*** Sie alle Änderungen.

Schritt 2: die Adresse besorgen

Besorgen Sie sich nun die Adresse, mit der Sie Ihre Anwendung über MyFRITZ! erreichen können. Sie ist in den Angaben zur Portfreigabe hinterlegt (***Freigaben → Portfreigaben → <Gerätename> → <Freigaben>***, vgl. Abbildung 180).

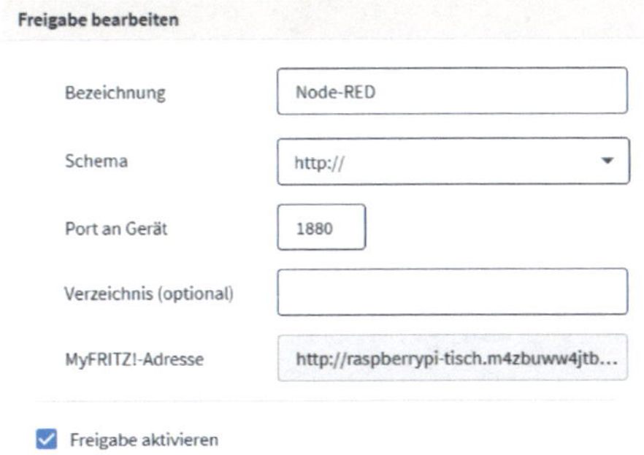

Abb. 180: MyFRITZ! Adresse

Kopieren Sie den Inhalt von ***MyFRITZ! Adresse*** für die Eingabe in Ihren Browser. Sie gelangen dann zu Ihrer Anwendung.

Handy-Camera-Hack

Auf https://draeger-it.blog/android-ip-cam-mit-ddnss-de/ beschreibt ein Blogger, wie mit einem alten Handy eine Webcam realisiert werden kann. Zum Einsatz kann auch die App IP-Webcam kommen.

10.3 Der VPN-Tunnel

In allen Fällen, in denen eine öffentliche IP-Adresse fehlt, ist der VPN-Tunnel eine Alternative. Vom Grundgedanken her ist ein ***VPN*** (Virtual Private Network) ein privates Netzwerk. Inzwischen steht dieser Begriff vielfach auch für die Möglichkeit, dass VPN-Provider gegen Entgelt einen sicheren und verschlüsselten Tunnel zum heimischen Rechner anbieten. Konkret erfolgt der Zugriff über einen VPN-Server. Dieser nimmt die Anfrage entgegen und leitet sie an den Client weiter. Der bearbeitet die Anfrage und schickt sie über den Server wieder zurück. Zwischen Webseite und lokalem Rechner läuft der Datentransfer also für den Anfrager unsichtbar. Damit kommt dem VPN-Provider eine besondere Vertrauensstellung zuteil.

Auf dem Markt sind eine Vielzahl von Providern aktiv. An dieser Stelle soll die Einrichtung einer Verbindung über den Provider ***ngrok***[3] dargestellt werden. ngrok bietet eine Kostenlose Basisversion an, die die allermeisten Ansprüche abdecken sollte, sowie Client-Software für Windows, Mac, Linux und ARM-basierte PC's (Raspberry PI).

Die einzelnen Schritte zur Einrichtung des Tunnels sind:

Schritt 1: ngrok-Account erstellen

Besuchen Sie die Homepage von ngrok (vgl. Abbildung 181).

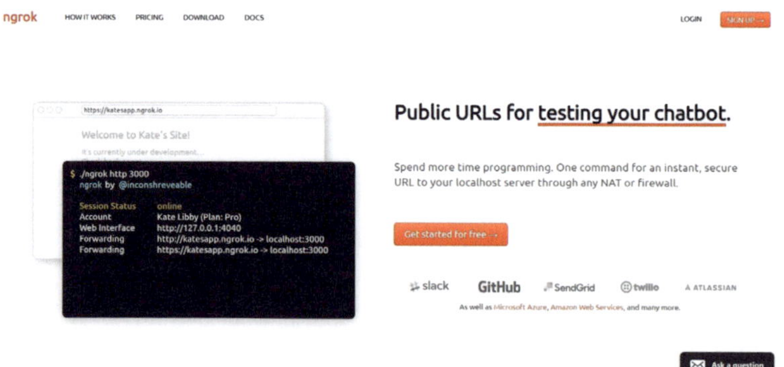

Abb. 181: ngrok Homepage

Klicken Sie auf ***Get started for free***, um zur zur Maske für die Einrichtung des Accounts zu gelangen (vgl. Abbildung 182).

3 https://ngrok.com

Join ngrok

Your Name

Full Name

Your Email

Email address

Confirm Email

Email address

Password

Password

Ich bin kein Roboter.

reCAPTCHA

Create an account

Abb. 182: ngrok Account einrichten

Füllen Sie die der Felder aus und klicken Sie auf ***Create an Account***, um zum zu einem Bildschirm mit Setup und Installationshinweisen zu gelangen (vgl. Abbildung 183).

Hinweis: Zeichenvorrat Passwort

Viele verwenden innerhalb eines Passworts auch Sonderzeichen. Dieses Passwort wird jedoch u.a. beim den Start der ngrok-Software verwendet. Dem Start liegen Skripte zugrunde, die u.U. bei bestimmten Sonderzeichen auf Fehler laufen können. In einem solchen Fall muss das Passwort über User Settings auf der ngrok-Home-Page geändert werden.

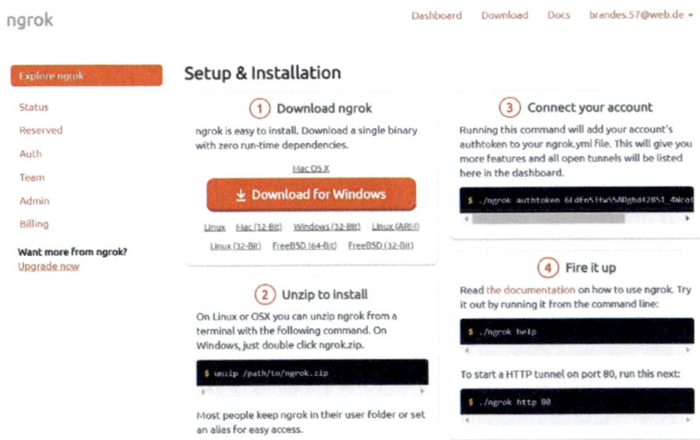

Abb. 183: ngrok Setup- und Installationshinweise

Schritt 2: Tunnel Auth-Token besorgen

Sie benötigen den Tunnel Auth-Token im Laufe der weiteren Installation. Besorgen Sie ihn vorab mit Klick auf das Feld ***Auth*** unterhalb von Explore ngrok (vgl. Abbildung 184).

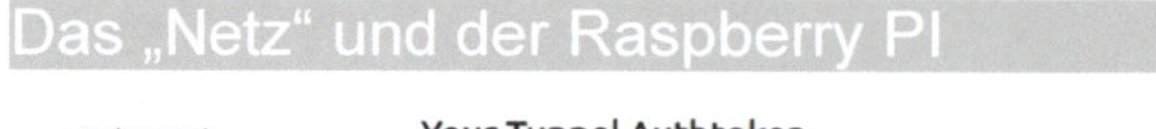

Abb. 184: ngrok Auth-Token

Dankenswerterweise wird nicht nur der Auth-Token angezeigt sondern die gesamte Befehlszeile, die für die Aktivierung der Software erforderlich ist.

Schritt 3: Software herunterladen

Laden Sie die benötigte Software in Abhängigkeit vom Betriebssystem herunterladen. Für den RaspberryPi ist dies die Linux(ARM)-Version. Die Software kommt als .zip-Datei. Entpacken Sie die Datei. In dem Zielordner ist nun eine ausführbare Datei ngrok.

Schritt 4: Konto verbinden

Öffnen Sie ein Terminal und geben Sie die o.g. Befehlszeile für die Aktivierung des Kontos ein (vgl. Abbildung 185).

```
pi@raspberrypi:~/ngrok $ ./ngrok authtoken 6LdEn                    5fWLSjQcp
```

Abb. 185: ngrok Konto verbinden

Hiermit wird eine Datei ngrok.yml - beim RaspberryPi unter /home/pi/.ngrok2 - erstellt, die für die spätere Anmeldung nötig ist.

Schritt 5: die Software starten

Der Tunnel ist universell einsetzbar und je nach Einsatzgebiet unterschiedlich zu starten. Maßgeblich ist die Portnummer des Servers. So lauter die Anweisung für eine Verbindung zu Port 1880:

```
./ngrok http -auth="Name:Password" 1880
```

Name und Password erhalten die Angaben des Benutzer-Accounts. ngrok meldet sich dann (vgl. Abbildung 186).

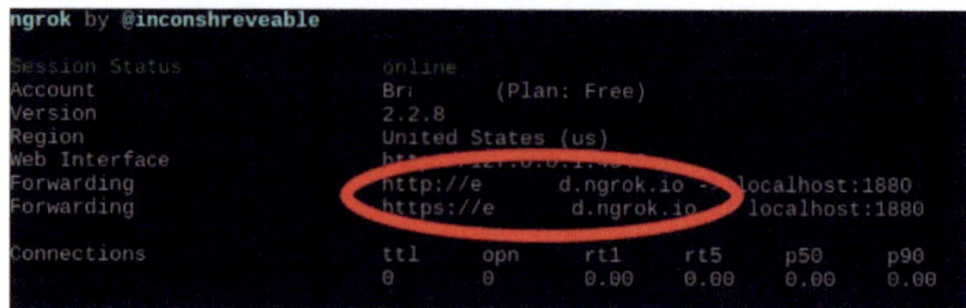

Abb. 186: ngrok Verbindung

Schritt 6: die Verbindung nutzen

Damit haben Sie den URL, mit dem sich der ngrok-Client erreichen lässt. Zu empfehlen ist derjenige, der mit https beginnt, da es sich hier um eine verschlüsselte Verbindung handelt. Geben Sie diese in der Browserzeile ein. Danach werden Sie zur Eingabe des Benutzernamens und des Passwortes aufgefordert (vgl. Abbildung 187).

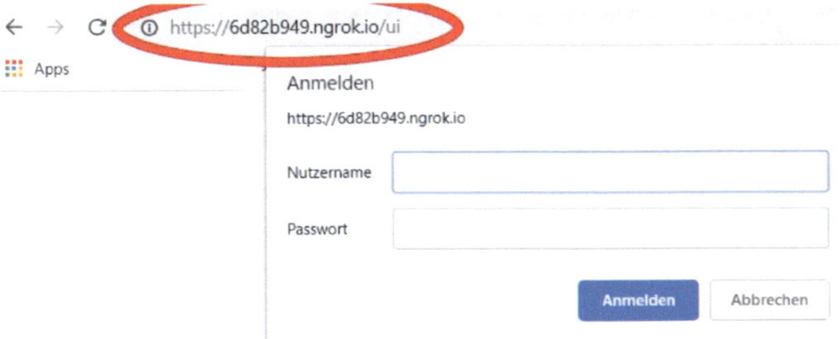

Abb. 187: ngrok Verbindungsaufbau im Browser

Wenn alles stimmt, gelangen Sie in dem Beispiel zum Node-RED Editor. Mit dem Zusatz /ui öffnen Sie das Node-RED-Dashboard.

Auf der Client-Seite lässt sich das Programm mit **Ctrl+C** beenden.

Tipp: geöffnete Ports anzeigen

Lassen Sie sich bei Bedarf geöffnete Port anzeigen: `sudo netstat -plntu` (vgl. Abbildung 188).

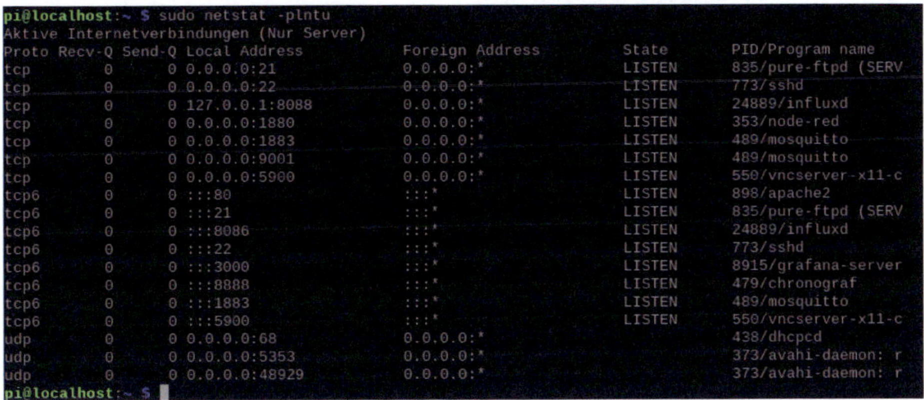

```
pi@localhost:~ $ sudo netstat -plntu
Aktive Internetverbindungen (Nur Server)
Proto Recv-Q Send-Q Local Address           Foreign Address         State       PID/Program name
tcp        0      0 0.0.0.0:21              0.0.0.0:*               LISTEN      835/pure-ftpd (SERV
tcp        0      0 0.0.0.0:22              0.0.0.0:*               LISTEN      773/sshd
tcp        0      0 127.0.0.1:8088          0.0.0.0:*               LISTEN      24889/influxd
tcp        0      0 0.0.0.0:1880            0.0.0.0:*               LISTEN      353/node-red
tcp        0      0 0.0.0.0:1883            0.0.0.0:*               LISTEN      489/mosquitto
tcp        0      0 0.0.0.0:9001            0.0.0.0:*               LISTEN      489/mosquitto
tcp        0      0 0.0.0.0:5900            0.0.0.0:*               LISTEN      550/vncserver-x11-c
tcp6       0      0 :::80                   :::*                    LISTEN      898/apache2
tcp6       0      0 :::21                   :::*                    LISTEN      835/pure-ftpd (SERV
tcp6       0      0 :::8086                 :::*                    LISTEN      24889/influxd
tcp6       0      0 :::22                   :::*                    LISTEN      773/sshd
tcp6       0      0 :::3000                 :::*                    LISTEN      8915/grafana-server
tcp6       0      0 :::8888                 :::*                    LISTEN      479/chronograf
tcp6       0      0 :::1883                 :::*                    LISTEN      489/mosquitto
tcp6       0      0 :::5900                 :::*                    LISTEN      550/vncserver-x11-c
udp        0      0 0.0.0.0:68              0.0.0.0:*                           438/dhcpcd
udp        0      0 0.0.0.0:5353            0.0.0.0:*                           373/avahi-daemon: r
udp        0      0 0.0.0.0:48929           0.0.0.0:*                           373/avahi-daemon: r
pi@localhost:~ $
```

Abb. 188: geöffnete Ports anzeigen lassen

10.4 TLS / SSL

TLS (Transport Layer Security) ist der Nachfolger von ***SSL*** (Secure Socket Layer). SSL gilt als veraltet und mit Sicherheitsproblemen belastet. Aktuell kommt fast ausschließlich TLS zur Anwendung, auch wenn im allgemeinen Sprachgebrauch vielfach – fälschlicherweise - SSL verwendet wird. Beides sind Protokolle und von Zertifikaten strikt zu unterscheiden.

Zur Erinnerung: HTTPS (Hypertext Transfer Protocol Secure) ist im technischen Sinne kein eigenständiges Protokoll. Es steht für die Verwendung von HTTP über TLS / SSL.

Der Einsatz von TLS / SSL (HTTPS) verfolgt drei Hauptziele:

- Vertraulichkeit (durch Verschlüsselung)
- Datenintegrität (keine Datenmanipulation)
- Authentizität (Überprüfbarkeit des Seitenbetreibers auf korrekte Identität)

10.4.1 Die HTTPS-Verbindung und der -Verbindungsaufbau

Sie erkennen im Browser eine verschlüsselte Verbindung, dass der besuchten Internetadresse https statt http vorangestellt ist und an einem kleinen Schloss-Symbol (vgl. Abbildung 189).

Abb. 189: HTTPS-Verbindung im Browser

Der Ablauf einer HTTP-Authentifizierung findet in mehreren Schritten statt:

1. Verbindungsaufbau: der Client kontaktiert den Server.
2. Server-Authentifizierung: Verbindungsannahme durch den Server; er schickt sein Zertifikat mit dem öffentlichen Schlüssel seines Schlüsselpaares zur Authentifizierung an den Client.
3. Validierung: Der Client führt eine Gültigkeitsprüfung des Server-Zertifikats und bricht bei Ungültigkeit des Zertifikats die Verbindung ab.
4. Der Client erzeugt bei Gültigkeit des Zertifikates den symmetrischen Sessionschlüssel.
5. Client Key Exchange: Mit dem öffentlichen Schlüssel des Servers verschlüsselt der Client den Sessionschlüssel und schickt ihn an den Server.

6. Mit seinem privaten Schlüssel entschlüsselt der Server den verschlüsselten Sessionschlüssel.
7. Der Server bestätigt den geheimen Sitzungsschlüssel.
8. Austausch verschlüsselter HTTP-Requests und -Responses bis Verbindungsende (vgl. Abbildung 190).

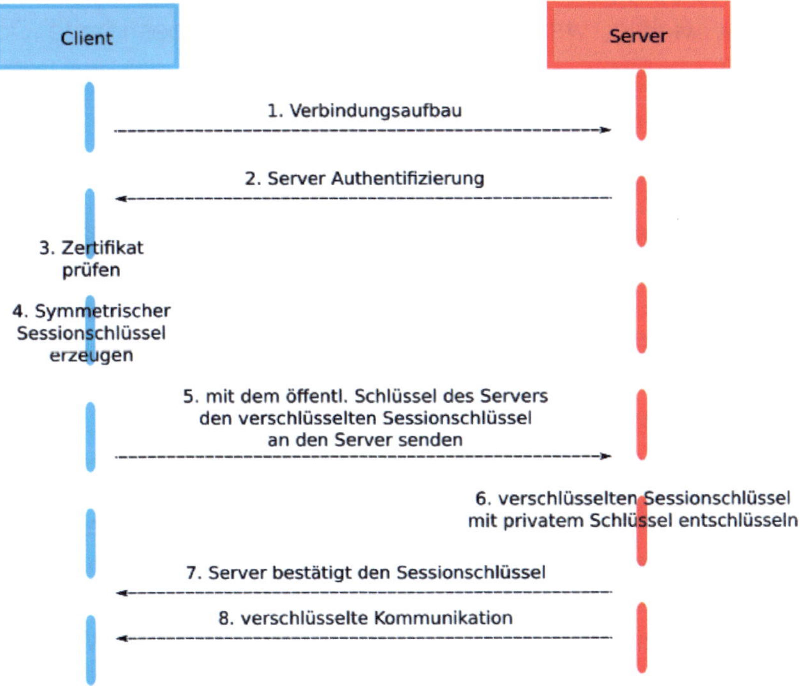

Abb. 190: Schritte HTTP-Authentifizierung

10.4.2 Das Erstellen von Verschlüsselungs-Zertifikaten

Verschlüsselungs-Zertifikate nutzen als Verschlüsselungs-Technik ein asymmetrisches Verfahren (Public-Key Verfahren). Hier erzeugt ein Benutzer ein Schlüsselpaar, das aus einem geheimen (private) und einem öffentlichen (public) Schlüssel (engl. key) besteht. Der öffentliche Schlüssel kann „öffentlich" ausgetauscht werden. Er ermöglicht es jedem, Daten für den Inhaber des privaten Schlüssels zu verschlüsseln. Nur der Besitzer des geheimen (privaten) Schlüssels ist in der Lage, diese Daten wieder zu entschlüsseln.

Das Erstellen vollzieht sich in drei Schritten:

1. erzeugen eines RSA-Schlüssels (***RSA*** steht für die Anfangsbuchstaben der Familiennamen der Verfahrensentwickler Rivest, Shamir, Adlerman).

2. erstellen der Zertifikatsregistrierungsanforderung (engl. Certificate Signing Request, ***CSR***). Der CSR enthält Firmeninformationen, Domainname (Common Name, ***CN***), eMail-Adresse, etc. Die Angabe des CN ist wichtig, wenn das Zertifikat für eine bestimmte Domain erstellt wird.

3. Zertifikat signieren.

Es gibt drei unterschiedliche Arten von signierten Zertifikaten:

- öffentlich signierte Zertifikate - offiziell gültiges Zertifikat, das über eine öffentliche Zertifizierungsstelle (engl.: Certification Authority, ***CA***). CA signiert wurde.
- privat signierte Zertifikate - über eine private (nicht öffentliche) CA signiert.
- selbstsignierte Zertifikate - signiert durch den eigenen privaten Schlüssel, nicht über eine CA.

Für die Stärke bzw. Sicherheit der Verschlüsselung ist das gewählte Verfahren absolut irrelevant. Da jedoch bei selbst zertifizierten Zertifikaten die Authentizität des Ausstellers nicht geprüft werden kann, sehen Besucher einer derartig abgesicherten Seite eine Browser-Warnung, die das Zertifikat als nicht vertrauenswürdig einstuft. Privat signierte Zertifikate werden aber als vertrauenswürdig akzeptiert, wenn das Zertifikat der verwendeten Zertifizierungsstelle auf dem Client-Rechner (also im Browser) installiert ist. Deshalb eignet sich ein selbst signiertes SSL-Zertifikat für nicht produktive Webseiten, bzw. zur Absicherung von Tools, auf die nur eine begrenzte Anzahl von Benutzern zugreift.

Ein von einer offiziellen Zertifizierungsstelle signiertes Zertifikat genießt einen vollen Vertrauensschutz und wird in der Regel von allen gängigen Programmen (z.B. Browsern) ohne Probleme akzeptiert. Grund ist u.a., dass diese ein übergeordnetes Zertifikat der Zertifizierungsstelle enthalten.

10.4.3 Selbst-signiertes Zertifikat mit openssl

openssl ist ein Kommandozeilen-Programm zum Beantragen, Erzeugen und Verwalten von Zertifikaten. Das Paket ist i.d.R. bereits installiert. Das Erstellen eines openssl-Zertifikats orientiert sich an den vorher genannten

Schritten. Erstellen Sie ggf. einen eigenen Ordner für Ihre generierten Zertifikate (z.B. `mkdir ssl-zertifikate`).

Private-Key erstellen:

Erzeugen Sie den Private-Key:

```
openssl genrsa -out server.key 4096
```

Der Private-Key hat eine Verschlüsselungstiefe von 4096 Bit und befindet sich in der Datei server.key.

CSR erstellen

Erstellen Sie den CSR, der die Antragsdaten sowie den öffentlichen Schlüssel zu Ihrem Private-Key enthält.

```
openssl req -new -key server.key -out server.csr
```

openssl erbittet in einem Dialog einige Angaben, die in den CSR einfließen. Diese Angaben sind an dieser Stelle ohne Belang, sodass Sie jeweils mit **ENTER** weiter gehen können. In Ihrem Verzeichnis haben Sie nun eine neue Datei server.csr.

CSR signieren und Zertifikat generieren

Führen Sie den abschließenden Schritt durch:

```
openssl x509 -req -days 3650 -in server.csr -signkey
server.key -out server.crt
```

Das Argument `x509` kennzeichnet das s.g. Certificate Data Management und `days` die Gültigkeitsdauer des Zertifikates.

Ihr Verzeichnis enthält nun eine Zertifikate-Datei server.crt. Wenn Sie eine Datei benötigen, in der Schlüssel und Zertifikat zusammen gefasst sind (wie z.B. für Cockpit), verschmelzen Sie die beiden Dateien mit `cat server.key server.crt > server.cert` in einer neuen Datei (vgl. Abbildung 191).

```
pi@pi4:~/ssl-zertifikate $ openssl genrsa -out server.key 4096
Generating RSA private key, 4096 bit long modulus (2 primes)
..................................++++
.........................................++++
e is 65537 (0x010001)
pi@pi4:~/ssl-zertifikate $ openssl req -new -key server.key -out server.csr
You are about to be asked to enter information that will be incorporated
into your certificate request.
What you are about to enter is what is called a Distinguished Name or a DN.
There are quite a few fields but you can leave some blank
For some fields there will be a default value,
If you enter '.', the field will be left blank.
-----
Country Name (2 letter code) [AU]:
State or Province Name (full name) [Some-State]:
Locality Name (eg, city) []:
Organization Name (eg, company) [Internet Widgits Pty Ltd]:
Organizational Unit Name (eg, section) []:
Common Name (e.g. server FQDN or YOUR name) []:
Email Address []:

Please enter the following 'extra' attributes
to be sent with your certificate request
A challenge password []:
An optional company name []:
pi@pi4:~/ssl-zertifikate $ openssl x509 -req -days 3650 -in server.csr -signkey server.key -out server.crt
Signature ok
subject=C = AU, ST = Some-State, O = Internet Widgits Pty Ltd
Getting Private key
pi@pi4:~/ssl-zertifikate $ dir
server.crt  server.csr  server.key
pi@pi4:~/ssl-zertifikate $
```

Abb. 191: selbst-signiertes Zertifikat erstellen

Anmerkung: Dateiendungen

Bei den SSL-Zertifikaten ist die Dateiendung (z.B. .pem, .crt, .cert, .key usw.) nicht ausschlaggebend. Sie können entweder in einem Textformat vorliegen (dieses ist die häufigste z.B. auf Linux und Apache, Unix und anderen Servern) oder binär (Java, Microsoft Server).

In der Textform ist das Zertifikat in Base64 in einer Datei gespeichert. Nach dem Öffnen eines solchen Dokumentes in einem Editor sehen Sie seinen in Base64 codierten Inhalt und die Fuß- und Endzeile `BEGIN/END CERTIFICATE`. Im übrigen steht die Dateiendung „pem“ für Privacy-enhanced Electronic Mail

Mit folgendem Kommando lassen sich alle wesentlichen Dinge in einem Schritt erledigen (vgl. Abbildung 192):

```
openssl req -new -days 3650 -newkey rsa:4096bits -
sha512 -x509 -nodes -out server.crt -keyout server.key
-subj "/CN=localhost"
```

```
pi@pi4:~/ssl-zeritikate $ openssl req -new -days 3650 -newkey rsa:4096bits -sha512 -x509 -nodes
 -out server.crt -keyout server.key -subj "/CN=localhost"
Generating a RSA private key
.................................................................................................
...++++
.................................................................................................
.............++++
writing new private key to 'server.key'
-----
pi@pi4:~/ssl-zeritikate $ cat server.key server.crt > server.cert
pi@pi4:~/ssl-zeritikate $ dir
server.cert  server.crt  server.key
pi@pi4:~/ssl-zeritikate $
```

Abb. 192: selbst-signiertes Zertifikat erstellen – ein Schritt

10.4.4 Privat signierte Zertifikate mit openssl

Die Nutzung einer eigenen Zertifizierungsstelle (CA) ist besonders dann sinnvoll, wenn mehrere Dienste über SSL/TLS kostenlos abgesichert werden sollen. Primärer Anwendungsfall sind Zertifikate für Server im Intranet, z.B. für Testsysteme oder weil eine Software SSL voraussetzt. (Zertifikate von Let's Encrypt lassen sich hier nicht einsetzen, da der Server über das Internet erreichbar und der Domainname im DNS des Providers registriert sein muss.). Damit stehen auch die beiden notwendigen Blöcke in Form der Arbeiten für das Stammzertifikat der Zertifizierungsstelle und der Arbeiten für ein einzelnes Zertifikat.

Das Stammzertifikat

Private-Key für Stammzertifikat

Erstellen Sie im ersten Schritt einen privater Schlüssel für das Stammzertifikat. Vom Ansatz verbleibt dieser immer bei der Zertifizierungsstelle. Da er Grundlage für alle abgeleiteten Zertifikate ist, sollten verstärkte Sicherheitsregeln hinsichtlich des Zugriffs bestehen:

```
openssl genrsa -out CA.key 2048
```

CSR erstellen, CSR signieren und Stammzertifikat generieren

Generieren Sie in einem Schritt das Zertifikat der CA.

```
openssl req -x509 -new -nodes -key CA.key -sha256 -days
3650 -out CA.crt
```

Es folgt wieder die Abfrage einiger Informationen, erfüllen Sie sie mit Leben, denn das erleichtert Ihnen später das Wiederfinden (z.B. DE, .Germany, Berlin, ich AG, IT, iag (Achtung, das ist der Domainname / CN!), m.mustermann@iag.de (vgl. Abbildung 193).

```
pi@pi4:~ $ openssl genrsa -out CA.key 2048
Generating RSA private key, 2048 bit long modulus (2 primes)
.......................................................+++++
......+++++
e is 65537 (0x010001)
pi@pi4:~ $ openssl req -x509 -new -nodes -key CA.key -sha256 -days 3650 -out CA.crt
You are about to be asked to enter information that will be incorporated
into your certificate request.
What you are about to enter is what is called a Distinguished Name or a DN.
There are quite a few fields but you can leave some blank
For some fields there will be a default value,
If you enter '.', the field will be left blank.
-----
Country Name (2 letter code) [AU]:DE
State or Province Name (full name) [Some-State]:Germany
Locality Name (eg, city) []:Berlin
Organization Name (eg, company) [Internet Widgits Pty Ltd]:ich AG
Organizational Unit Name (eg, section) []:IT
Common Name (e.g. server FQDN or YOUR name) []:iag
Email Address []:m.mustermann@iag.de
pi@pi4:~ $
```

Abb. 193: privat signierte Zertifikate - Stammzertifikat

Überprüfen Sie den Erfolg mit

```
openssl x509 -in CA.crt -text -noout
```

Die Ausgabe sollte folgende Anmerkung beinhalten (vgl. Abbildung 194).

```
        X509v3 Basic Constraints: critical
            CA:TRUE
    Signature Algorithm: sha256WithRSAEncryption
```

Abb. 194: Zertifikat Überprüfung

Public-Key des Stammzertifikats installieren

Das erstellte Stammzertifikat CA.crt ist jetzt für die Installation auf allen benötigten Rechnern und Browsern bereit. Bei Chrome geht dies mit ***Einstellungen → Datenschutz und Sicherheit → Sicherheit → Zertifikate verwalten → Import*** (Speicher für “Vertrauenswürdige Stammzertifizierungsstellen”);beim Browser des Raspberry Pi (ähnlich bei Firefox) mit ***Einstellungen → Datenschutz und Sicherheit → Zertifikate verwalten → Zertifizierungsstellen → Import***.

Navigieren Sie beim Pi zu der Stelle, an der die Datei CA.crt liegt, legen Sie die Vertrauenseinstellungen fest und schließen Sie den Import mit ***OK*** ab. Für die org-ich AG gibt es nun für den CN Mustermann ein Zertifikat einer CA.

Das Zertifikat für eine Subdomain / Server

Die Schritte folgen dem bekannten Muster:

Private-Key für Serverzertifikat:

```
openssl genrsa -out server.key 2048
```

CSR erstellen

```
openssl req -new -key server.key -out server.csr
```

Achten Sie bei den Dialogangaben auf die CN-Abfrage. Sie muss mit dem DNS-Namen oder der IP-Adresse (z.B. 192.168.178.215) der Serverkonfiguration (z.B. Apache) übereinstimmen. Die IP-Adresse bzw. den Hostnamen erhalten Sie mit `hostname -I`.

Das Zertifikat generieren

Die Zertifikateanfrage server.csr ist Basis für die Anfrage an Ihre CA. Sie erstellt den öffentlichen Schlüssel (Public Key) zum angefragten Zertifikat. in die Verschlüsselung fließen Public Key und Private Key des des Stamm- bzw. Rootzertifikates ein.

```
openssl x509 -req -in server.csr -CA CA.crt -CAkey
CA.key -CAcreateserial -out server.crt -days 365 -
sha512
```

Überprüfen Sie das Ergebnis (vgl. Abbildung 195):

```
openssl x509 -in server.crt -text -noout
```

```
pi@pi4:~/ssl-zertifikate $ openssl x509 -in server.crt -text -noout
Certificate:
    Data:
        Version: 1 (0x0)
        Serial Number:
            4e:11:f3:12:55:36:72:54:90:8a:fa:02:59:a1:67:61:a3:b0:52:4f
        Signature Algorithm: sha512WithRSAEncryption
        Issuer: C = DE, ST = Germany, L = Berlin, O = ich AG, OU = IT, CN = iag, emailAddress = m.mustermann@iag.de
        Validity
            Not Before: Dec 16 16:44:50 2020 GMT
            Not After : Dec 16 16:44:50 2021 GMT
        Subject: C = AU, ST = Some-State, O = Internet Widgits Pty Ltd, CN = 192.168.178.215
        Subject Public Key Info:
            Public Key Algorithm: rsaEncryption
                RSA Public-Key: (2048 bit)
                Modulus:
                    00:bf:80:93:5e:3e:ca:6a:56:ae:d9:81:53:6b:ff:
                    94:b6:cc:1b:c9:b1:36:87:33:87:6f:dc:ee:ae:0d:
                    2d:3c:fa:68:53:21:c2:f1:97:f6:dc:3d:92:44:9c:
                    c6:43:81:45:3d:4e:5b:2e:ac:fe:73:1c:ef:7f:55:
                    3c:d1:77:79:f0:bc:e7:0c:48:d6:e9:77:c3:7e:29:
```

Abb. 195: Server-Zertifikat überprüfen

Das Zertifikat nutzen

Eine Webserver-Konfiguration benötigt üblicherweise drei Zertifikatsdateien:

Key des Servers (server.key)
Zertifikats des Servers (server.crt)
Public Zertifikat der CA (einRoot.crt)

Möglich ist auch, das Public Zertifikat der CA an die Zertifikate Datei des Servers anzuhängen:

```
cat einRoot.crt >>  server.crt
```

Diese Integration ist immer dann nötig, wenn es keinen Parameter in der Konfiguration gibt, bei dem man das Rootzertifikat einer CA angeben kann (z.B. XMPP Server Prosody, Webserver Nginx).

10.4.5 Zertifikate mit Let's Encrypt

Um ein offiziell gültiges Zertifikat zu erhalten, ist der Besitz einer eigenen Domain Voraussetzung; sie ist Basis des Zertifikat-Antrags und der Ausstellung. Diese Voraussetzung wird auch von der CA überprüft. Je nach CA und Typ des Zertifikats unterscheidet sich die Art dieser Überprüfung.

Let's Encrypt ist eine sehr einfache und dazu kostenlose Variante für ein solches Zertifikat. Voraussetzung für diese Methode ist, dass der Webserver bereits öffentliche HTTP-Anfragen auf die Domain beantwortet - es muss also unter anderem ein A-record im DNS existieren. Das Zertifikat ist nach der Ausstellung zunächst für drei Monate gültig. Die Verlängerung ist ebenfalls kostenlos und kann ganz einfach automatisiert werden.

Wie Sie genau ein Let's Encrypt-Zertifikat erstellen, beschreibe ich in Zusammenhang mit dem Apache-Webserver im folgenden Kapitel.

11 Apache

Der ***Apache*** HTTP Server (https://httpd.apache.org/) ist einer der meist genutzten Webserver im Internet und steht damit häufig an erster Stelle bei dem Wunsch, einen eigenen Dienst aufzusetzen. Er ist Open Source und unter allen gängigen Betriebssystemen lauffähig.

11.1 Installation

apache lässt sich bequem aus dem Raspberry Repository installieren:

```
sudo apt-get update
sudo apt-get install apache2
```

apache startet nach der Installation und bei späteren Bootvorgängen automatisch.

Sie administrieren den Service mit:

```
sudo systemctl status apache2
sudo systemctl stop apache2
sudo systemctl start apache2
sudo systemctl enable apache2
sudo systemctl disable apache2
```

Die Installation richtet ein paar Ordner ein. Dies sind:

- /etc/apache2 Daten (Konfiguration, Module, etc.)
- /var/www Web-Seiten
- /var/log/apache2 Logging

11.2 Apache nutzen

Apache ist über Port 80 zu erreichen. Dies ist der Standard-Port für Webserver und muss deshalb nicht gesondert spezifiziert werden. Öffnen Sie einen Browser und geben Sie http://LINUX_DEVICE_IP (z.B. http://192.168.178.215) ein. Sie erhalten die Standardseite des Apache Webservers, wie sie unter /var/www/html/index.html abgespeichert ist (vgl. Abbildung 196).

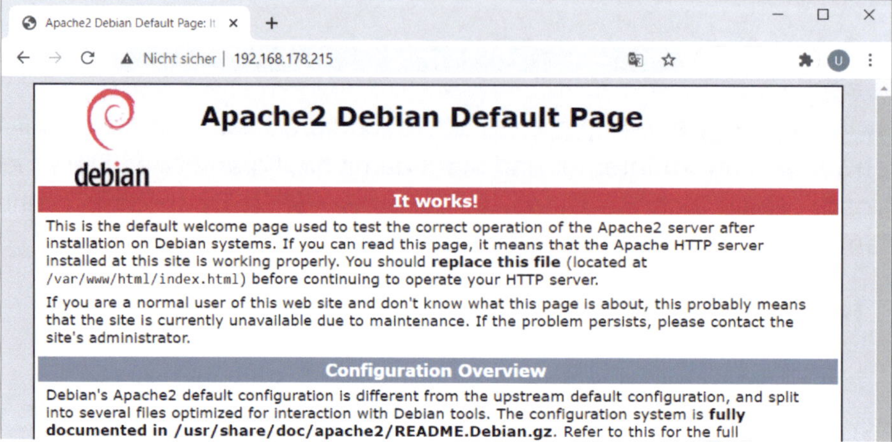

Abb. 196: : Standardseite Apache Webserver

11.3 TLS / SSL

Privat signierte Zertifikate

SSL ist bei extern erreichbaren Webservern im Prinzip unverzichtbar. Eine Möglichkeit ist, ein ein selbst-signiertes Zertifikat mit einem Privaten-Schlüssel (vgl. Abschnitt 10.4.3) zu nutzen. Wechseln Sie ggf. in Ihr Zertifikate-Verzeichnis (z.B. ssl-zertifikate). Erstellen Sie dann ein selbst-signiertes Zertifikat mit einem Privaten-Schlüssel (vgl. Abbildung 197).

```
openssl req -new -days 3650 -newkey rsa:4096bits -sha512 -x509 -nodes -out apache.crt -keyout apache.key -subj "/CN=localhost"
```

```
pi@pi4:~ $ cd ssl-zertifikate
pi@pi4:~/ssl-zertifikate $ openssl req -new -days 3650 -newkey rsa:4096bits -sha
512 -x509 -nodes -out apache.crt -keyout apache.key -subj "/CN=localhost"
Generating a RSA private key
.....................................++++
................................................++++
writing new private key to 'apache.key'
-----
pi@pi4:~/ssl-zertifikate $
```

Abb. 197: Apache selbst signiertes SSL-Zertifikat erstellen

Ändern Sie die Berechtigungen (lesen = jeder, ändern = nur Benutzer, ausführen = niemand):

```
sudo chmod 644 ~/ssl-zertifikate/apache*
```

Verschieben Sie die Dateien nach /etc/ssl :

```
sudo mv  apache* /etc/ssl
```

Öffnen Sie die Apache-Konfigurationsdatei (`sudo nano /etc/apache2/sites-available/default-ssl.conf`) und pflegen Sie die Parameter für die Zertifikate-Dateien ein:

```
SSLEngine on
#   SSLCertificateFile directive is needed.
#   SSLCertificateFile    /etc/ssl/certs/ssl-cert-
snakeoil.pem
#   SSLCertificateKeyFile /etc/ssl/private/ssl-cert-
snakeoil.key
SSLCertificateFile      /etc//ssl/apache.crt
SSLCertificateKeyFile   /etc/ssl/apache.key
```

Überprüfen Sie ob der Apache-Server auf dem SSL-Port 443 reagiert. Es darf kein #-Zeichen vor dem Befehl **`Listen 443`** stehen (vgl. Abbildung 198):

```
sudo nano /etc/apache2/ports.conf
```

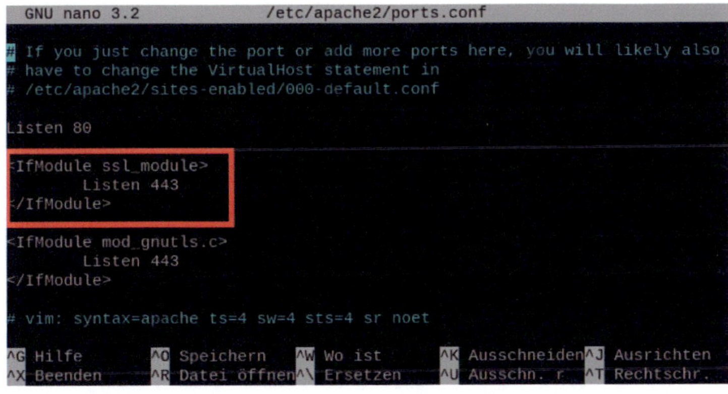

Abb. 198: Apache Port-Konfiguration überprüfen

Aktivieren Sie noch den SSL-Service (falls dieser nicht ohnehin schon laufen sollte) und die default-ssl Konfiguration:

```
sudo a2enmod ssl
sudo a2ensite default-ssl
```

Starten Sie den Apache-Webserver neu.

Überprüfen Sie, ob Apache nun auf Port 443 lauscht (`sudo netstat -tulpen`, vgl. Abbildung 199):

```
pi@pi4:~ $ sudo netstat -tulpen
Aktive Internetverbindungen (Nur Server)
Proto Recv-Q Send-Q Local Address           Foreign Address         State       Benutzer   Inode      PID/Program name
tcp        0      0 0.0.0.0:5900            0.0.0.0:*               LISTEN      0          18531      546/vncserver-x11-c
tcp        0      0 0.0.0.0:22              0.0.0.0:*               LISTEN      0          16608      555/sshd
tcp        0      0 0.0.0.0:1880            0.0.0.0:*               LISTEN      1000       22864      368/node-red
tcp        0      0 127.0.0.1:8088          0.0.0.0:*               LISTEN      110        17382      727/influxd
tcp        0      0 127.0.0.1:25            0.0.0.0:*               LISTEN      0          18332      1165/exim4
tcp        0      0 0.0.0.0:1883            0.0.0.0:*               LISTEN      0          17275      723/mosquitto
tcp6       0      0 :::5900                 :::*                    LISTEN      0          18530      546/vncserver-x11-c
tcp6       0      0 :::80                   :::*                    LISTEN      0          132726     8844/apache2
tcp6       0      0 :::8086                 :::*                    LISTEN      110        21207      727/influxd
tcp6       0      0 :::22                   :::*                    LISTEN      0          16610      555/sshd
tcp6       0      0 ::1:25                  :::*                    LISTEN      0          18333      1165/exim4
tcp6       0      0 :::443                  :::*                    LISTEN      0          132730     8844/apache2
tcp6       0      0 :::1883                 :::*                    LISTEN      0          17276      723/mosquitto
tcp6       0      0 :::9090                 :::*                    LISTEN      0          12496      1/init
udp        0      0 0.0.0.0:5353            0.0.0.0:*                           108        13879      386/avahi-daemon: r
udp        0      0 0.0.0.0:36695           0.0.0.0:*                           108        13881      386/avahi-daemon: r
udp        0      0 0.0.0.0:68              0.0.0.0:*                           0          17056      575/dhclient
udp        0      0 0.0.0.0:68              0.0.0.0:*                           0          15144      446/dhcpcd
udp6       0      0 :::5353                 :::*                                108        13880      386/avahi-daemon: r
udp6       0      0 :::43462                :::*                                108        13882      386/avahi-daemon: r
udp6       0      0 :::546                  :::*                                0          19638      446/dhcpcd
pi@pi4:~ $
```

Abb. 199: Apache Aktivierung Port 443 überprüfen

Durch Browser-Eingabe von Sie https://LINUX_DEVICE_IP (z.B. https://192.168.178.215) erhalten Sie eine verschlüsselte Verbindung, auch wenn der Browser auf Grund des selbst signierten Zertifikates beim ersten Mal Sicherheitsbedenken meldet.

Let's Encrypt-Zertifikat

Stellen Sie vor dem Beginn sicher, dass:

- Sie eine funktionierende (Sub-)Domain haben (hier z.B: iiotnerds.duckdsns.com)
- am Router eine Portfreigabe (Portforwarding) für Port 80 (http-Verbindung) und 433 (verschlüsselte https-Verbindung) eingerichtet ist.

Schritt 1: certbot installieren

Let's Encrypt empfiehlt für Zertifikate-Anforderung das Kommandozeilen-programme certbot (Dokumentation: https://eff-certbot.readthedocs.io/en/stable/). Es vereinfacht die Erstellung und Administration von Let's Encrypt-Zertifikaten erheblich.

Im Zusammenhang mit Apache gibt es noch eine weitere Erleichterung. Es handelt sich dabei um das das Let's Encrypt-Add-On für den Apache, mit dessen Hilfe das Zertifikat angefordert und automatisch in Apache installiert wird.

```
sudo apt-get update
sudo apt-get install python3-certbot-apache
```

Der Paketmanager sorgt dafür, dass neben dem Add-On auch certbot eingerichtet wird. Für nginx gibt es ein gleichartiges Paket (python3-certbot-nginx).

Schritt 2: certbot ausführen

Starten Sie certbot:

`sudo certbot --apache`

Es folgt ein Dialog, der Sie zu mehreren Angaben auffordert (vgl. Abbildung 200):

- Angabe einer E-Mail-Adresse: Diese dient u.a. dazu, bei drohendem Ablauf der Zertifikate-Gültigkeit zu informieren
- Zustimmung zu den Nutzungsbedingungen: `Y`
- Zustimmung zu der Weitergabe der E-Mail-Adresse: `Y` bzw. `N`
- der Domänenname: hier www.iiotnerds.duckdns.org

```
pi@raspberrypi:~ $ sudo certbot --apache
Saving debug log to /var/log/letsencrypt/letsencrypt.log
Plugins selected: Authenticator apache, Installer apache
Enter email address (used for urgent renewal and security notices)
 (Enter 'c' to cancel): b        57@  b.de

- - - - - - - - - - - - - - - - - - - - - - - - - - - - - - - - - - - - - - - -
Please read the Terms of Service at
https://letsencrypt.org/documents/LE-SA-v1.3-September-21-2022.pdf. You must
agree in order to register with the ACME server. Do you agree?
- - - - - - - - - - - - - - - - - - - - - - - - - - - - - - - - - - - - - - - -
(Y)es/(N)o: Y

- - - - - - - - - - - - - - - - - - - - - - - - - - - - - - - - - - - - - - - -
Would you be willing, once your first certificate is successfully issued, to
share your email address with the Electronic Frontier Foundation, a founding
partner of the Let's Encrypt project and the non-profit organization that
develops Certbot? We'd like to send you email about our work encrypting the web,
EFF news, campaigns, and ways to support digital freedom.
- - - - - - - - - - - - - - - - - - - - - - - - - - - - - - - - - - - - - - - -
(Y)es/(N)o: N
Account registered.
No names were found in your configuration files. Please enter in your domain
name(s) (comma and/or space separated)  (Enter 'c' to cancel): www.iiotnerds.duckdns.org
```

Abb. 200: Let's Encrypt Erstellung eines Zertifikates

Am Ende des Prozesses erhalten Sie eine Erfolgsmeldung (vgl. Abbildung 201):

```
- - - - - - - - - - - - - - - - - - - - - - - - - - - - - - - - - - - - - - - -
Congratulations! You have successfully enabled https://www.iiotnerds.duckdns.org
- - - - - - - - - - - - - - - - - - - - - - - - - - - - - - - - - - - - - - - -

IMPORTANT NOTES:
 - Congratulations! Your certificate and chain have been saved at:
   /etc/letsencrypt/live/www.iiotnerds.duckdns.org/fullchain.pem
   Your key file has been saved at:
   /etc/letsencrypt/live/www.iiotnerds.duckdns.org/privkey.pem
   Your certificate will expire on 2023-07-31. To obtain a new or
   tweaked version of this certificate in the future, simply run
   certbot again with the "certonly" option. To non-interactively
   renew *all* of your certificates, run "certbot renew"
 - If you like Certbot, please consider supporting our work by:

   Donating to ISRG / Let's Encrypt:   https://letsencrypt.org/donate
   Donating to EFF:                    https://eff.org/donate-le

pi@raspberrypi:~ $
```

Abb. 201: Let's Encrypt Erstellung eines Zertifikates Erfolgsmeldung

Dieser Erfolgsmeldung ist auch der Speicherort der Zertifikate zu entnehmen:

- /etc/letsencrypt/live/www.iiotnerds.duckdns.org/fullchain.pem
- /etc/letsencrypt/live/www.iiotnerds.duckdns.org/privkey.pem
- /etc/letsencrypt/live/www.iiotnerds.duckdns.org/cert.pem
- /etc/letsencrypt/live/www.iiotnerds.duckdns.org/chain.pem

Dankenswerterweise brauchen Sie nichts weiter zu veranlassen, da das Add-On sich bereits um die Änderungen bei Apache gekümmert hat. Schauen Sie sich bei Interesse sie die geänderten bzw. neuen Dateien an (`sudo nano`):

- /etc/apache2/sites-available/default-ssl.conf
- /etc/apache2/sites-available/000-default.conf
- /etc/apache2/sites-available/000-default-le-ssl.conf

Schritt 3: Servertest durchführen

Führen Sie optional einen Servertest durch (z.B. mit SSL Labs; https://www.ssllabs.com/ssltest/index.html, vgl. Abbildung 202):

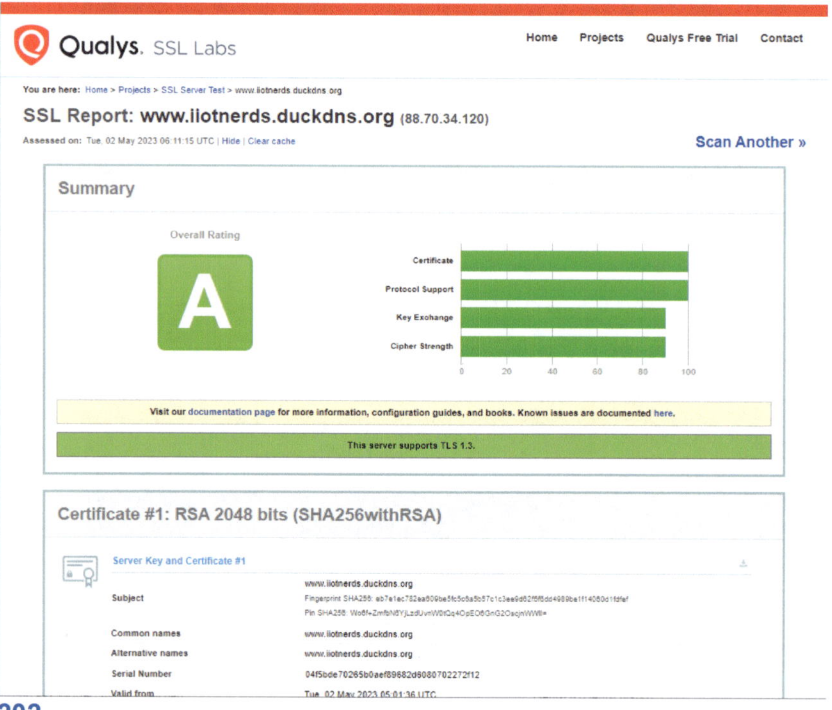

Abb. 202: SSL-Test

Auch sollte der Browser nun eine https-Verbindung anzeigen (vgl. Abbildung 203):

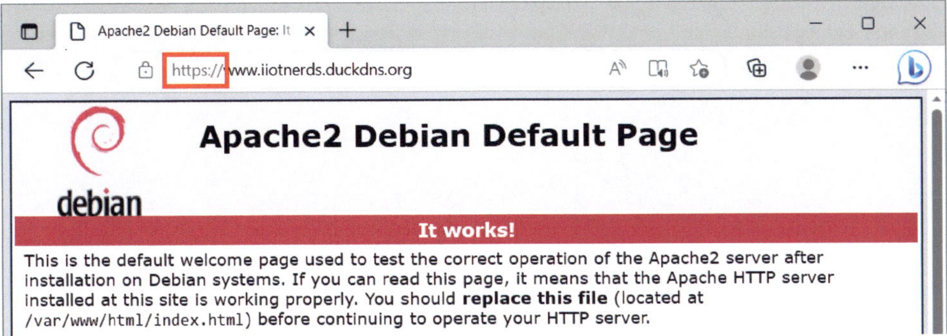

Abb. 203: https-Verbindung

Tipp: Let's Encrypt-Zertifikate für andere Server erstellen

Selbstverständlich lassen sich auch Let's Encrypt-Zertifikate für andere Server erstellen:

```
sudo certbot certonly --standalone -d example.com -d www.example.com
```

Schritt 4: automatische Zertifikate-Erneuerung einrichten

Let's Encrypt-Zertifikate verlieren nach drei Monaten ohne weiteres Zutun ihre Gültigkeit. Manuell geht das mit einer Erneuerung:

```
sudo certbot renew
```

Eleganter ist es jedoch, für diesen Vorgang einen Job mit Crontab anzulegen:

```
sudo crontab -e
```

Und dann:

```
0 0 * * 1 certbot renew
```

Speichern Sie die Änderungen und verlasse Sie den Crontab-Editor wieder. Die Einstellung bewirkt, dass einmal die Woche am Montag um 00:00 Uhr eine Verlängerung des Let's Encrypt SSL-Zertifikats angestoßen wird.

Mit `certbot certificates` prüfen Sie die Gültigkeitsdauer Ihrer Zertifikate; `certbot delete` öffnet ein UI zum Löschen.

12 PHP (7.4)

PHP (rekursives Akronym für PHP: Hypertext Preprocessor (ursprünglich Personal Home Page Tools)) ist eine weit verbreitete und für den allgemeinen Gebrauch bestimmte Open Source-Skriptsprache. Sie ist im Gegensatz zu JavaScript eine serverseitig interpretierte Skriptsprache. Das bedeutet, dass der Quelltext nicht an den Webbrowser übermittelt wird, sondern an einen Interpreter auf dem Webserver.

Die folgende Abbildung zeigt den Ablauf (vgl. Abbildung 204):

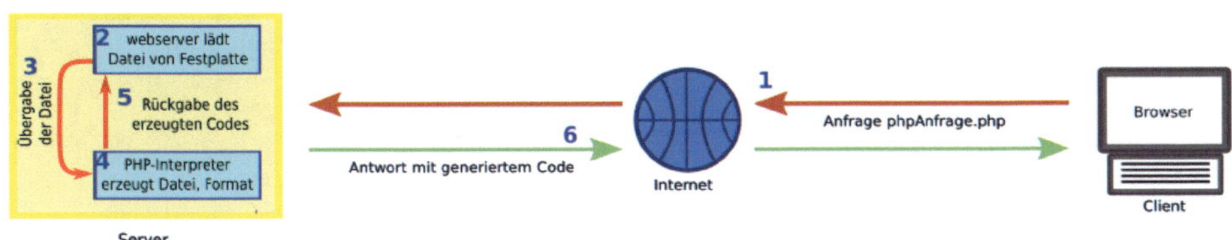

Abb. 204: Client-Server-Kommunikation mit PHP

PHP ist hervorragend für die Webprogrammierung geeignet und kann in HTML eingebettet werden. Die Syntax ist an C und Pearl angelehnt. Folgendes Beispiel zeigt eine html-Anweisungsfolge für eine simple Hallo-Webseite:

```
<!DOCTYPE html>
<html>
  <head>
    <title>Beispiel</title>
  </head>
  <body>
    <p>Hallo, dies ist ein Test!</p>
  </body>
</html>
```

Listing 1: html-Beispiel-Webseite

Das gleiche Ergebnis zeitigt die eingebettete PHP-Funktion `echo()`.

```
<!DOCTYPE html>
<html>
  <head>
    <title>Beispiel</title>
  </head>
  <body>
    <?php echo "Hallo, dies ist ein Test!"; ?>
```

```
  </body>
</html>
```

Listing 2: html-Beispiel-Webseite mit PHP

Die ist nur ein simples Beispiel. Seine Stärken zeigt PHP beim Erzeugen dynamischer Webseiten sowie bei der Verarbeitung von Daten aus Benutzereingaben und Datenbanken.

PHP ist das abschließende Element des ***LAMP-Stacks*** (Linux, Apachen, MySQL, PHP).

12.1 Installation

PHP lässt sich bequem aus dem Raspberry Repository installieren:

```
sudo apt-get update
sudo apt-get install php
```

Die Installation richtet einen Ordner ein:

- /etc/php/<VersionsNr> Daten (Konfiguration, Module, etc.)

Dieser Ordner enthält auch einen Unterordner apache2 für die Konfiguration von Apache.

12.2 PHP nutzen

Der Einstieg über das Nutzen von PHP geht über die Ausgabe einer Info-Seite. Dies ist auch ein probater Weg zu testen, ob die Installation von PHP erfolgreich war. Dies geht am Einfachsten mit einer Datei phpInfo.php im Verzeichnis /var/www/html/:

```
sudo nano /var/www/html/phpinfo.php
```

Der Inhalt der Datei ist folgendermaßen:

```
<?php
 phpinfo();
?>
```

Rufen Sie die Datei im Browser mit http//LINUX_DEVICE_IP/ phpinfo.php (z.B. http://192.168.178.45/phpinfo.php) auf. Der Aufruf erzeugt folgendes Bild (vgl. Abbildung 205):

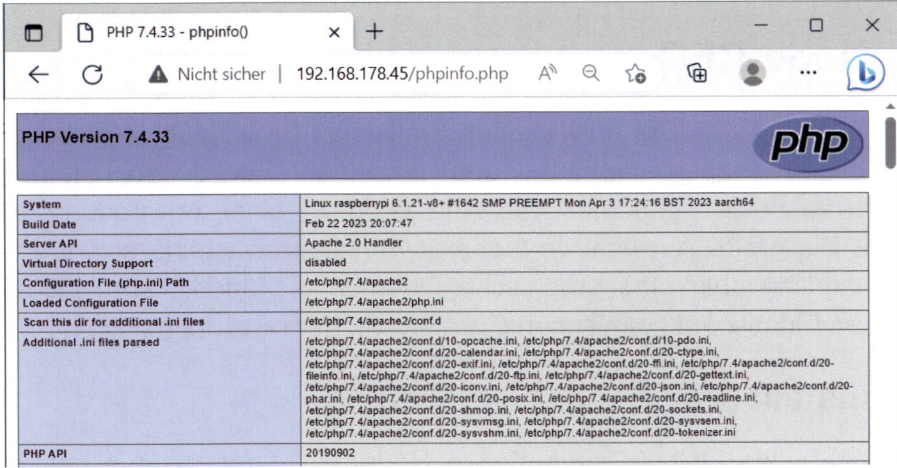

Abb. 205: php Info-Bild

13 Node-RED

Node-RED ist ein von IBM entwickeltes grafisches Prototyping-Werkzeug. Es ermöglicht, Programmabläufe aus einzelnen Funktionsbausteinen zusammen zu setzen und mit Drag And Drop zu einer Anwendung zu verbinden. Die große Auswahl verfügbarer Funktionsbausteine sowie das intuitive Handling über eine graphische Oberfläche prädestinieren Node-RED für den Einsatz auf heimischen Geräten wie dem Raspberry Pi.

13.1 Installation

Zwar ist bei vielen LINUX-Distributionen Node-RED bzw. node.js bereits vorinstalliert. Dies gilt bis dato jedoch nicht für den Raspberry Pi. Überprüfen lässt sich dies mit der Eingabe von `node -v`. Ergebnis sollte dann Ausgabe der installierten Version (z.B. v8.11.3) sein.

Node-RED installieren

Node-RED bietet eigens für den Raspberry Pi ein maßgeschneidertes Install- und Update-Skript:

```
sudo apt-get update
bash <(curl -sL https://raw.githubusercontent.com/node-red/linux-installers/master/deb/update-nodejs-and-nodered)
```

Das Skript bittet Sie um eine Bestätigung des Installationsprozesses und fragt Sie, ob Sie die Raspberry Pi spezifischen Nodes installieren möchten. Beantworten Sie die Fragen mit `y`. Danach lädt das Skript die notwendigen Pakete herunter und installiert sie (vgl. Abbildung 206).

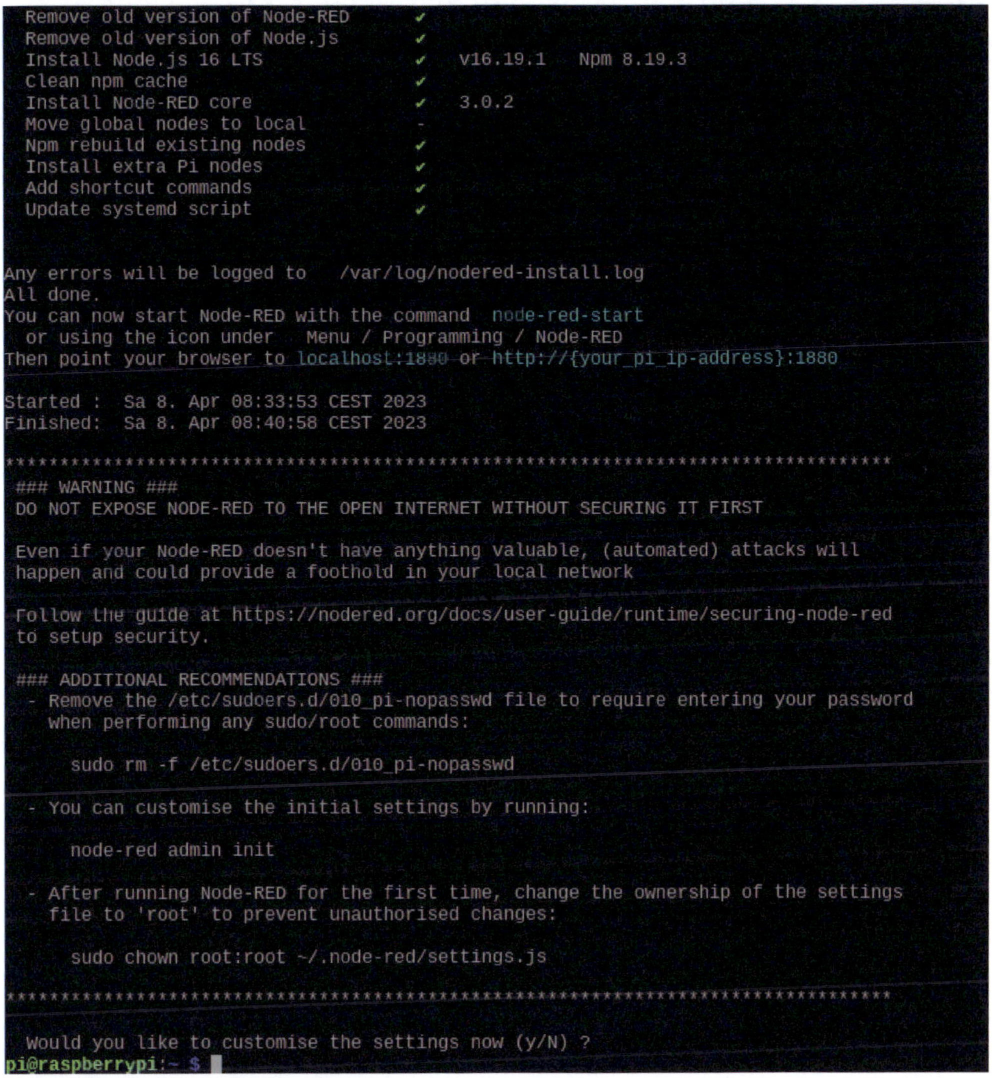

```
  Remove old version of Node-RED          ✔
  Remove old version of Node.js           ✔
  Install Node.js 16 LTS                  ✔   v16.19.1   Npm 8.19.3
  Clean npm cache                         ✔
  Install Node-RED core                   ✔   3.0.2
  Move global nodes to local              -
  Npm rebuild existing nodes              ✔
  Install extra Pi nodes                  ✔
  Add shortcut commands                   ✔
  Update systemd script                   ✔


Any errors will be logged to   /var/log/nodered-install.log
All done.
You can now start Node-RED with the command  node-red-start
  or using the icon under   Menu / Programming / Node-RED
Then point your browser to localhost:1880 or http://{your_pi_ip-address}:1880

Started :  Sa 8. Apr 08:33:53 CEST 2023
Finished:  Sa 8. Apr 08:40:58 CEST 2023

**********************************************************************************
 ### WARNING ###
 DO NOT EXPOSE NODE-RED TO THE OPEN INTERNET WITHOUT SECURING IT FIRST

 Even if your Node-RED doesn't have anything valuable, (automated) attacks will
 happen and could provide a foothold in your local network

 Follow the guide at https://nodered.org/docs/user-guide/runtime/securing-node-red
 to setup security.

 ### ADDITIONAL RECOMMENDATIONS ###
  - Remove the /etc/sudoers.d/010_pi-nopasswd file to require entering your password
    when performing any sudo/root commands:

      sudo rm -f /etc/sudoers.d/010_pi-nopasswd

  - You can customise the initial settings by running:

      node-red admin init

  - After running Node-RED for the first time, change the ownership of the settings
    file to 'root' to prevent unauthorised changes:

      sudo chown root:root ~/.node-red/settings.js

**********************************************************************************

  Would you like to customise the settings now (y/N) ?
pi@raspberrypi:~ $
```

Abb. 206: Node-RED Installation

Die Node-RED spezifischen Dateien befinden sich im Ordner .node-red des Home-Verzeichnisses. Aktivieren Sie ggf. im ***Dateimanager → Ansicht*** das Anzeigen versteckter Dateien.

Node-RED starten

Node-RED startet nicht automatisch. Öffnen Sie ein Terminal und starten Sie Node-Red mit `node-red-start` (vgl. Abbildung 207). Alternativ geht das auch mittels der graphischen Benutzeroberfläche und dem Icon unter ***Menu → Programming → Node-RED***.

```
pi@pi4:~ $ node-red-start

Start Node-RED

Once Node-RED has started, point a browser at http://192.168.178.215:1880
On Pi Node-RED works better with the Firefox or Chrome browser

Use   node-red-stop                              to stop Node-RED
Use   node-red-start                             to start Node-RED again
Use   node-red-log                               to view the recent log output
Use   sudo systemctl enable nodered.service      to autostart Node-RED at every boot
Use   sudo systemctl disable nodered.service     to disable autostart on boot

To find more nodes and example flows - go to http://flows.nodered.org

Starting as a systemd service.
21 Dec 08:12:23 - [info]
Willkommen bei Node-RED!
===================
21 Dec 08:12:23 - [info] Node-RED Version: v1.2.6
21 Dec 08:12:23 - [info] Node.js  Version: v12.20.0
21 Dec 08:12:23 - [info] Linux 5.4.51-v7+ arm LE
21 Dec 08:12:24 - [info] Paletten-Nodes werden geladen
21 Dec 08:12:28 - [info] Einstellungsdatei: /home/pi/.node-red/settings.js
21 Dec 08:12:28 - [info] Kontextspeicher: 'default' [ module=memory]
21 Dec 08:12:28 - [info] Benutzerverzeichnis: /home/pi/.node-red
21 Dec 08:12:28 - [warn] Projekte inaktiviert: editorTheme.projects.enabled=false
21 Dec 08:12:28 - [info] Flow-Datei: /home/pi/.node-red/flows_pi4.json
21 Dec 08:12:28 - [info] Neue flow-Datei wird erstellt
21 Dec 08:12:29 - [warn]
---------------------------------------------------------------------
Die Datei mit den Datenflowberechtigungsnachweisen wird mit einem vom System generierten Schlüssel verschlüsselt.
Wenn der vom System generierte Schlüssel aus irgendeinem Grund verloren geht, werden Ihre Berechtigungsnachweise
Die Datei kann nicht wiederhergestellt werden. Sie müssen sie löschen und erneut eingeben.
Ihre Berechtigungsnachweise.
Sie sollten Ihren eigenen Schlüssel mit Hilfe der Option 'credentialSecret' in
Ihre Einstellungsdatei. Node-RED wird dann Ihre Berechtigungsnachweise erneut verschlüsseln.
Datei mit dem ausgewählten Schlüssel beim nächsten Deployen einer Änderung verwenden.
---------------------------------------------------------------------
21 Dec 08:12:29 - [info] Server wird jetzt auf http://127.0.0.1:1880/ ausgeführt.
21 Dec 08:12:29 - [info] Flows starten
21 Dec 08:12:29 - [info] Flows gestartet
```

Abb. 207: Node-RED Start

Der Startprozess gibt einige Meldungen zur Information aus (wesentlich ist u.a. die IP-Adresse, unter der der Node-RED-Server erreichbar ist; hier 192.168.178.215:1880) und endet mit der Mitteilung, dass die Flows gestartet sind.

Öffnen Sie ein Terminal, um Node-RED mit `node-red-stop` zu beenden.

Als Systemprozess starten Sie Node-RED mit:

```
sudo systemctl start nodered.service
```

Richten Sie ggf. den Start von Node-RED beim Bootvorgang ein:

```
sudo systemctl unmask nodered.service
sudo systemctl enable nodered.service
```

Den aktuellen Status des Dienstes erfahren Sie mit:

```
sudo systemctl status nodered.service
```

Node-RED nutzt verschiedene Dateien im Dateisystem:

- <Homeverzeichnis>/.node-red
  Ordner mit Unterordnern für die Konfiguration, etc.
- ~/.node-red/settings.js:
  Standardvoreinstellungen; die Daten sind als JSON hinterlegt. Achten

Sie bei Änderungen darauf, die Konventionen von JSON (z.B. Schlüssel-/Wert-Paare) einzuhalten

- ~/.node-red/flows_<Rechnername>.json.
  alle Flows; <Rechnername> ist der Name (der Hostname) des Rechners, auf dem Node-RED läuft (z.B. raspberrypi).

Hinweis: Logging

Node-RED unterstützt aktuell nur das Logging an eine Konsole. Die Anweisung `node-red-log` dupliziert die Logmeldungen, wenn Node-RED während des Bootvorgangs gestartet wurde und Meldungen auf eine Konsole ausgegeben werden sollen.

13.2 Node-RED administrieren

Wie die meisten Softwarepakete ist Node-RED nach der Installation betriebsbereit. Sobald jedoch die Entwicklungen über die ersten Schritte in einer Testumgebung hinausgehen, wächst die Notwendigkeit weitergehende Einstellungen vorzunehmen.

13.2.1 Passwortschutz einrichten

Nach der Installation ist Node-RED nicht gesichert. D.h. jeder der Zugang im und zum eigenen Netz hat, kann auf den Node-RED-Editor zugreifen und so Flows verändern und über spezielle Nodes auf den gesamten Rechner zugreifen. Eine Authentifizierung mittels Passwort kann helfen, dies zu vermeiden.

Das zu verwendende Passwort ist als Hash in der Konfigurationsdatei settings.js abgelegt. Richten Sie den Passwortschutz wie folgt ein:

Schritt 1: Admin-CLI-Tool besorgen

Für das Generieren des Passworthashes ist das Admin-CLI Tool notwendig. In der Regel müssen Sie es aber noch nachinstallieren.

```
sudo npm install -g node-red-admin
```

Bei der Installation kann es zu einigen Warn- und Fehlerhinweisen kommen; diese können aber i.d.R. ignoriert werden.

Schritt 2: einen Passwort-Hash erzeugen

Erzeugen Sie jetzt den Passwort-Hash:

```
sudo node-red-admin hash-pw
```

Es erfragt das Passwort (z.B. raspberry) und gibt den Hash aus (siehe Abbildung 208).

```
pi@pi4:~ $ sudo node-red-admin hash-pw
Password:
$2a$08$1GOift3/vyTCnbXBQPDOuuGhKNJODzLUJsX3uQanCy4C2/mgV5utu
pi@pi4:~ $
```

Abb. 208:Node-RED Passwort-Hash

Sichern Sie mit Copy und Paste den Hash zunächst einmal in eine leere Text-Datei.

Schritt 3: setting.js anpassen

Öffnen Sie die Datei settings.js mit einem Editor (z.B. `nano /home/pi/.node-red/settings.js`). Suchen Sie den bereits vorgegebenen aber auskommentierten Bereich **`Securing Node-Red`**. Entfernen Sie die Kommentarzeichen und ergänzen Sie den Schlüssel **`password`** durch Copy und Paste mit dem generierten Passwort-Hash wie folgt:

```
adminAuth: {
  type: "credentials",
  users: [{
    username: "admin",
    password: "<der-generierte-Hash>",
  permissions: "*"
  }]
},
```

Der `*` bei **`permissions`** besagt, dass der Benutzer **`admin`** alle Berechtigungen haben soll; der Eintrag **`read`** erlaubt nur lesenden Zugriff.

Nach einem Neustart erscheint nach dem Browseraufruf des Node-RED-Editors eine Login-Maske, in der sich der Benutzer authentifizieren muss (siehe Abbildung 209).

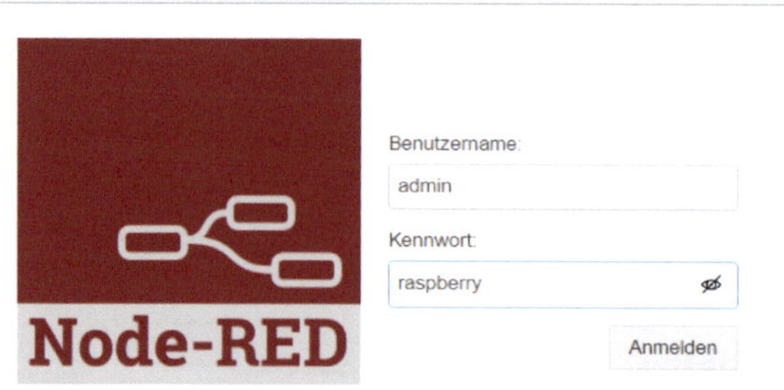

Abb. 209:Node-RED Browser-Login

13.2.2 Verbindung über SSL / TSL

Erhöhen Sie die Sicherheit der Verbindung durch den Einsatz von SSL / TLS. Erstellen Sie hierfür zunächst ein selbst-signiertes Zertifikat mit einem Privaten-Schlüssel (vgl. Kapitel 10.4):

```
openssl req -new -days 3650 -newkey rsa:4096bits -
sha512 -x509 -nodes -out nodeRED.crt -keyout
nodeRED.key -subj "/CN=localhost"
```

Öffnen Sie die Node-RED-Konfigurationsdatei (z.B. `nano /home/pi/.node-red/settings.js`). Suchen Sie den Bereich `////https object` und aktivieren Sie das JSON-Objekt `https`:

Starten Sie Node-RED neu. Überprüfen Sie mit `node-red-log`, ob Node-RED die Änderungen akzeptiert hat. Eine entsprechende Meldung signalisiert, dass nunmehr https aktiviert ist (siehe Abbildung 210).

```
22 Dec 10:17:44 - [info] Flows starten
22 Dec 10:17:44 - [info] Flows gestartet
22 Dec 10:17:44 - [info] Server wird jetzt auf https://127.0.0.1:1880/ ausgeführt.
```

Abb. 210:Node-RED Server mit SSL

Sie gelangen nunmehr im Browser mit:
`https://LINUX_DEVICE_IP:1880/`
(z.B. `https://192.168.178.215:1880/`) zum Node-RED-Editor. Da es sich um ein selbst signiertes Zertifikat handelt, gibt der Browser selbstverständlich auch hier eine Warnung aus.

Tipp: der Überallzugriff

Zuweilen besteht der Wunsch von Überall auf Node-RED zugreifen zu können. Hier bietet sich ein VPN-Tunnel wie z.B. ngrok an. Alternativ können Sie auch über DDNS mit einem Let's Encrypt vorgehen. Ändern Sie die settings.js entsprechend ab (privkey.pem und cert.pem). Denken Sie auch daran den Zugriff auf die Dateien zu gestatten (Dateipfad, Dateiname). Der Aufruf könnte dann z.B. sein:
https://iiotnerds.duckdns.org:1880

13.3 Node-RED nutzen

Der Einstieg in die Anwendung und Arbeitsweise von Node-RED soll an dieser Stelle mit einem kleinen Beispiel (ein „Hallo-Welt-Flow") erfolgen.

Die Anbindung der im Verlaufe des Buches behandelten Datenbanken schließt sich mit ebenfalls kleinen Beispielen an.

Der Node-RED-Editor

Node-RED lauscht standardmäßig auf Port 1880. Öffnen Sie einen Browser und geben Sie http://LINUX_DEVICE_IP:1880/ (z.B. http://192.168.178.215:1880/) ein, sodass Sie direkt zum Node-RED-Editor gelangen (siehe Abbildung 211).

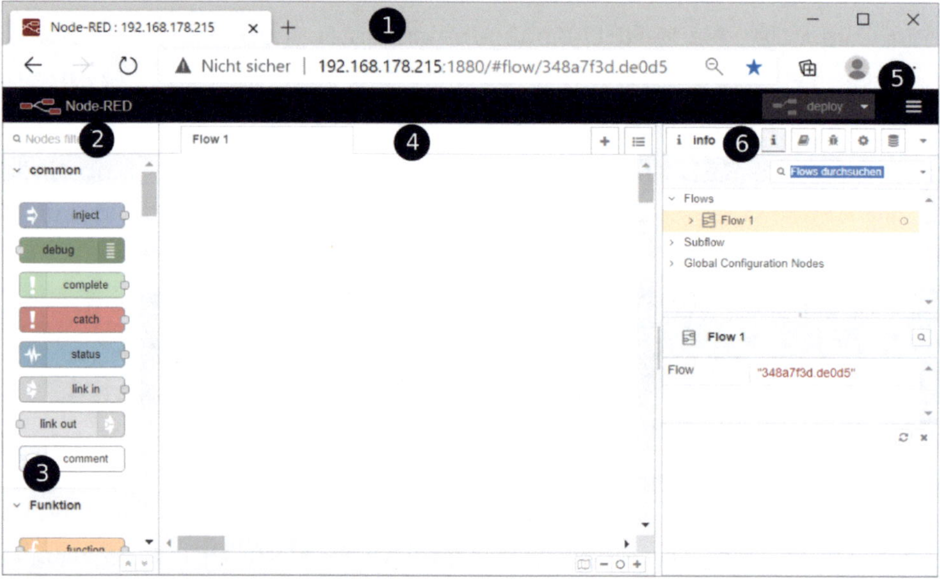

Abb. 211:Node-RED Editor im Browser

Der Node-RED-Editor gliedert sich im Browser in verschiedene Bereiche:

1. ausgewählte IP-Adresse und Portnummer.
2. die Palette der einzelnen Nodes. Diese sind zur besseren Übersichtlichkeit in Gruppen angeordnet.
3. ein Node. An einer oder mehreren Schmalseiten des Nodes befinden sich quadratische Kästchen. Dies sind Verknüpfungspunkte (Eingänge/Ausgänge) zu anderen Nodes.
4. der Flow-Design-Bereich; hier werden die einzelnen Flows entwickelt.

   Sie besorgen sich die benötigten Nodes, indem Sie sie von der Palette in den Designbereich ziehen. Verknüpfen Sie die Nodes, indem Sie mit gedrückter Maustaste Verknüpfungspunkte verbinden (n:n-Beziehung). Zur Bearbeitung markierte Objekte sind orange gefärbt (Verbindungen) bzw. orange umrandet (Nodes). Mit gedrückter Maustaste lassen sich mehrere Objekte durch Ziehen eines Rechtecks für Verschiebe-, Kopier- oder Löschvorgänge auswählen.

5. Schaltfläche *DEPLOY* und Dropdown-Menü.

   Die Schaltfläche *DEPLOY* (dt.: bereitstellen) schaltet die entwickelten Flows und deren Änderungen produktiv.

   Über das Dropdown-Menü haben Sie Zugang zu weiteren Funktionen, wie z. B. Import oder Export von Flows, Benutzereinstellungen und Verwalten der Palette der Nodes.

6. Reiter für weitere Informations- und Einrichtungsmöglichkeiten.

7. Ein Klick auf das kleine Dreieck am rechten Rand öffnet ein Dropdown-Menü. Ein Klick auf einen der Einträge zeigt weitere Informationen zu dem gewählten Thema.

   - Der Reiter *INFO* gibt Informationen zu dem aktuell markierten Node aus. Hier lohnt sich insbesondere ein Blick auf den Bereich NODE-HILFE, der neben einer Kurzbeschreibung auch Hinweise zu verarbeiteten Daten und deren Struktur enthält.
   - Der Reiter *DEBUGGING* gibt neben Systemmeldungen im Zusammenspiel mit dem debug-Node auch wertvolle Informationen zum Inhalt der verarbeiteten Daten aus.
   - Der Reiter *KONFIGURATION* erlaubt das Konfigurieren entsprechender Nodes.
   - Der Reiter *KONTEXTDATEN* betrifft in Node-RED zwischengespeicherte Daten.
   - Ist ein Dashboard konfiguriert, ermöglicht ein Reiter *ELEMENTE* das Anpassen und Verändern von Elementen.

Ein „Hallo-Welt-Flow“

Ziehen Sie eine *inject*-Node und einen *debug*-Node von der Palette in den Flow-Design-Bereich und verbinden Sie die beiden Nodes. Doppelklicken Sie auf den *inject*-Node, sodass Sie den Node bearbeiten können (siehe Abbildung 212).

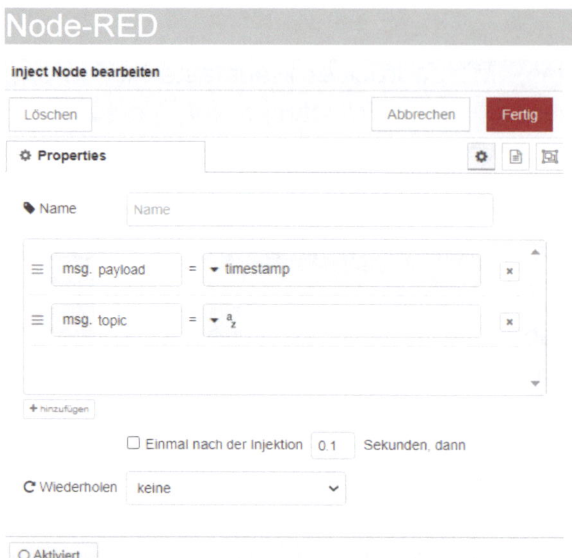

Abb. 212: „Hallo Welt“ Node-RED inject-Node

Wählen Sie anstelle von „timestamp“ aus der Auswahlliste ***azString*** und geben Sie „Hallo Welt“ ein. Klicken Sie auf ***Fertig***. An beiden Nodes befindet sich nun an der echten oberen Ecke ein blauer Kreis; dies bedeutet, dass die Nodes noch nicht „deployd“ wurden. Auch leuchtet die Schaltfläche ***Deploy*** als Hinweis auf ein ausstehendes Deploy rot. Klicken Sie auf die Schaltfläche, um den Flow zu implementieren.

Klicken Sie nun auf den linken grauen Knopf des *inject*-Nodes, um den Prozess dieses Flows in Gang zu setzen. Öffnen Sie durch einen Klick den Reiter ***Debugging*** (siehe Abbildung 213).

Abb. 213: „Hallo Welt“ Node-RED Debug-Ausgabe

Tipp: ‚Debug-Ausgabe verlängern

Bei komplexen Aufgabenstellungen kann eine umfangreichere Debug-Ausgabe hilfreich sein. Sie können die maximale Länge der Ausgabe des *debug*-Nodes (Voreinstellung ist 1.000) mit dem Eintrag **`debugMaxLength`** (z.B. **debugMaxLength: 5000**) in der Konfigurationsdatei settings.js erhöhen.

13.4 InfluxDB und Node-RED

Dieser Abschnitt befasst sich damit, wie Sie Daten aus der InfluxDB ziehen und diese in einem Dashboard anzeigen können. Es soll vom Ansatz eine Parallele zu den Anzeigen von InfluxDB-Daten mit Chronograf bzw. Grafana sein.

Fehlende Nodes installieren

Sie benötigen noch einige Nodes, die nicht in der Standardinstallation von Node-RED enthalten sind.

Zum einen sind dies Nodes, die die InfluxDB betreffen. Installieren Sie diese nach über ***Menu → Palette verwalten → Installieren*** und suchen Sie nach „influx" (siehe Abbildung 214).

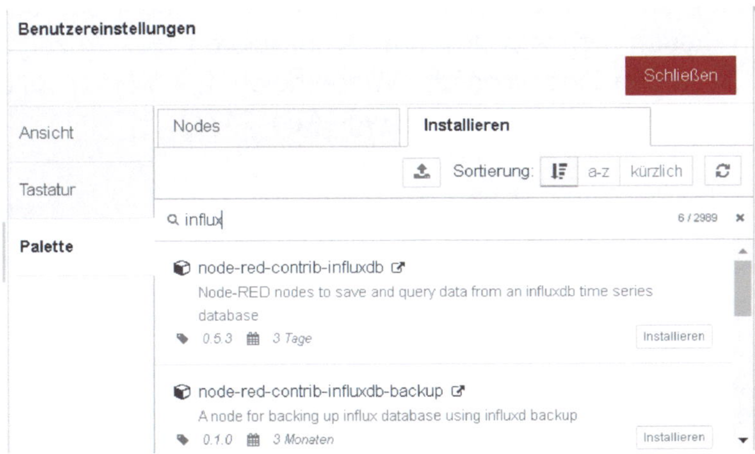

Abb. 214: Node-RED influx-Nodes installieren

Klicken Sie bei dem Eintrag node-red-contrib-influxdb auf ***installieren*** und bestätigen sie noch einmal mit ***installieren***. Schließen Sie den Dialog. In der Gruppe „Speicher" der Palette befinden sich drei neue Nodes (siehe Abbildung 215).

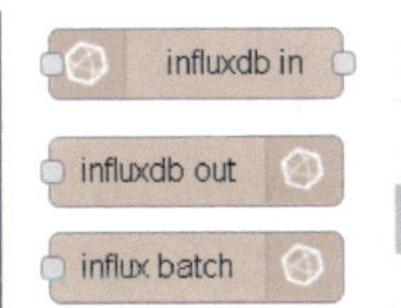

Abb. 215: Node-RED influx-Nodes

Ein vierter Node, den Sie allerdings nicht sehen, verantwortet die Konfiguration der Verbindung zur InfluxDB.

Zum anderes sind dies verschiedene Dashboard-Nodes. Verfahren Sie in gleicher Wiese hinsichtlich der Installation („node-red-dashboard").

Den Flow bauen

Erstellen Sie den Flow, indem Sie verschiedene Nodes in den Editor-Bereich ziehen und miteinander verbinden (vgl. Abbildung 216).

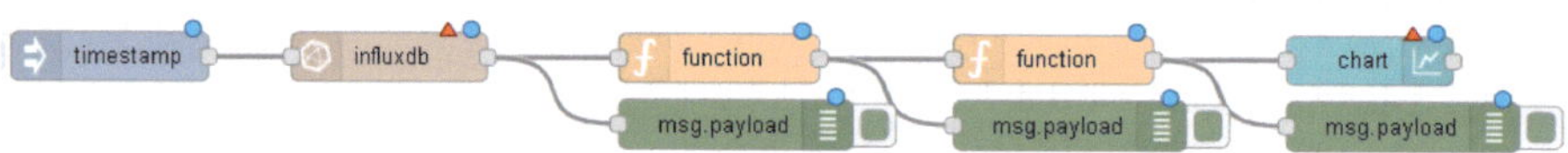

Abb. 216: Node-RED influx-Flow Query RaumKlima

Neben den bekannten blauen Punkten sehen Sie nun auch rote Dreiecke bei einigen Nodes. Dies ist der Hinweis, dass bei diesen Nodes zwingende Konfigurationsangaben fehlen. Aber der Reihe nach: Der *inject*-Node soll jede Minute einen neuen Prozess für das Aktualisieren der Anzeige anstoßen. Ändern Sie in den Eigenschaften „Wiederholen" auf ***Intervall*** und setzen Sie die Zeitspanne auf alle ***1 Minuten*** (vgl. Abb. 217).

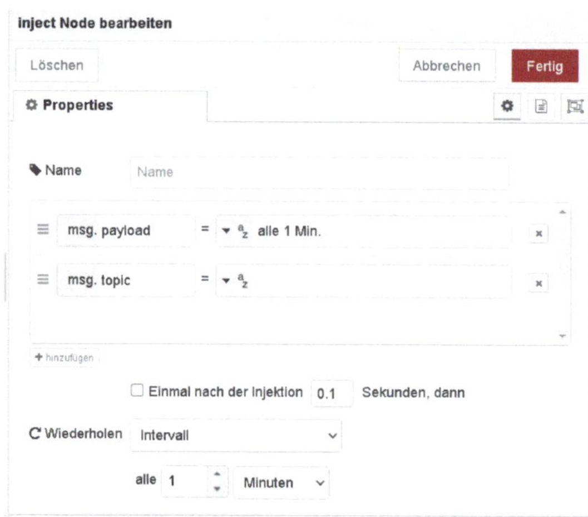

Abb. 217: Node-RED influx-Flow Query RaumKlima inject-Node

Als nächstes widmen Sie sich dem *influxdb-in*-Node. Hier gilt es zwei Einstellungen vorzunehmen. Die wichtigste ist die Festlegung des Servers. Klicken Sie auf den Schreib-Icon bei Server, um die Serverdaten aufzunehmen. Tragen Sie hier die InfluxDB-Zugangsdaten (Host, Datenbankname sowie ggf. Benutzername und Passwort) ein (vgl. Abbildung 218).

influxdb in Node bearbeiten > **influxdb Node bearbeiten**
Löschen
Abbrechen
Aktualisieren
Properties
Version 1.x
Host 127.0.0.1
Port 8086
Database RaumDB
Benutzername admin
Kennwort ••••••••
Enable secure (SSL/TLS) connection
Name
Aktiviert
4 -Nodes verwenden diese Konfiguration

Abb. 218: Node-RED influx-Flow Query RaumKlima influxdb-Node

Nach ***Aktualisieren*** gelangen Sie wieder zum *influxdb-in*-Node. Fügen Sie noch die Datenbankabfrage unter Query ein. Sie ist identisch mit der Query-Abfrage unter influx und lässt sich mit dem InfluxDB-CLI wunderbar erstellen und testen (vgl. Abbildung 219).

```
SELECT mean("Luftfeuchte") AS "mean_Luftfeuchte" FROM
"RaumKlima" WHERE time > now() - 24h GROUP BY time(10m)
FILL(null).
```

Abb. 219: Node-RED influx-Flow Query RaumKlima influxdb-in-Node

Es schließen sich zwei *funktion*-Nodes an. *funktion*-Nodes enthalten Code, der alle jene Aufgaben abdecken soll, die durch gegebene Node-RED-Nodes nicht oder nur unzureichend zu erledigen sind. Der erste *funktion*-Node setzt in den JSON-Objekten die Bezeichnungen um (`time` nach `x` und `mean_Luftfeuchte` nach `y`) und gibt sie als neues msg-Objekt `msg.data` aus.

```
let data = [];
for (let element of msg.payload) {
  data.push({"x":element.time,
"y":element.mean_Luftfeuchte});
}
msg.data = data;
return msg;
```

Aus diesem Grund muss die Ausgabe des zugeordneten *debug*-Nodes (dies ist der zweite *debug*-Node) auch als Ausgabe **msg.data** haben.

Der funktion-Node setzt **msg.data** dann in das Format um, das der *chart*-Node erwartet.

```
msg.topic = "Data set 1";
series = [];
data = [];
labels = [];
series.push("Field1");
labels.push("Field2");
data.push(msg.data);
msg.payload = [{"series":series, "data":data,"labels":
labels}];
return msg;
```

Als letztes vervollständigen Sie noch den *chart*-Node (vgl. Abbildung 220). Nutzen Sie wie zuvor den Schreib-Icon um neue Objekte zu definieren (z.B. bei Group).

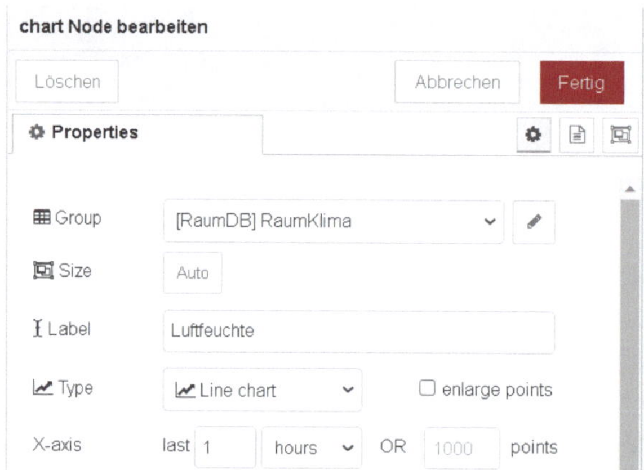

Abb. 220: Node-RED influx-Flow Query RaumKlima chart-Node

Klicken Sie auf ***deploy***, um den Flow in Gang zu setzen.

Das Node-RED Dashboard lässt sich wie der Node-RED-Editor allerdings mit dem Zusatz /ui aufrufen (also z.B. http://192.168.178.215:1880/ui). Nach all dem sollte der Browser folgendes anzeigen (vgl. Abb. 221).

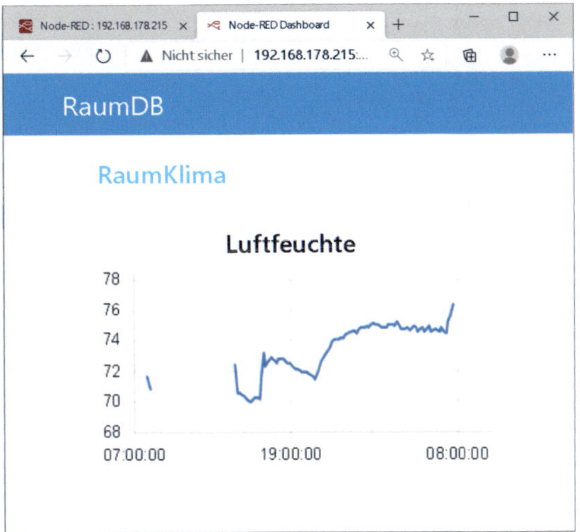

Abb. 221: Node-RED Dashboard RaumKlima

Warnmeldung ergänzen

Selbstverständlich lässt sich der Flow auch erweitern dergestalt, dass Node-RED ähnlich wie Grafana (vgl. Kapitel 8) eine Warnmeldung über Telegram versendet. Sie benötigen lediglich vier zusätzliche Nodes, die Sie an den *influxdb-in*-Node andocken (vgl. Abbildung 222). Installieren Sie jedoch vorab node-red-contrib-telegrambot.

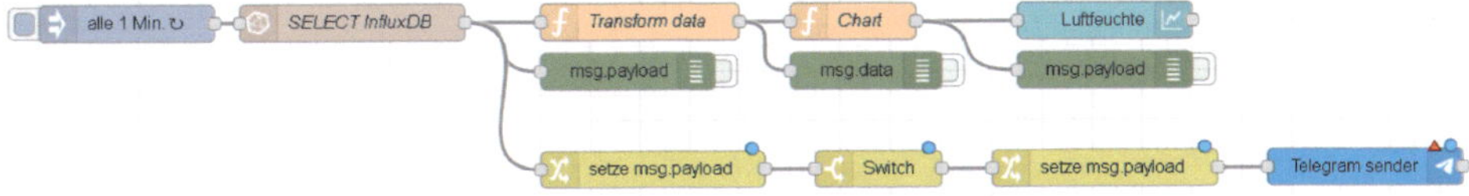

Abb. 222: Node-RED influx-Flow Query RaumKlima mit Warnmeldung

Der erste *change*-Node soll die Einhaltung des Schwellenwertes überprüfen. Dies erfolgt anhand des des letzten Elementes der gelieferten Wertetabelle, das die aktuellsten Daten enthält. Zum Zuge kommt ein Ausdruck dem eine JSONata-Query-Abfrage zugrunde liegt (vgl. Abb. 223):

```
payload[-1].mean_Luftfeuchte > 65
```

Abb. 223: Node-RED influx-Flow Query Warnmeldung change-Node

Die Ausgabe des Nodes ist bei Überschreiten des Schwellenwertes **`true`**, anderenfalls **`false`**.

Excurs JSONata

JSONata (http://docs.jsonata.org/) stellt eine Lightweight-Abfrage- und -Transformationssprache für JSON-Daten dar. Es ist in JavaScript implementiert. Da Node-RED auf node.js beruht, können Sie auf JSONata auch in den entsprechenden Nodes zurück greifen. Entwickeln und probieren können Sie Ihren JSONata-Ausdruck im Browser. Benutzen Sie hierzu https://try.jsonata.org/. Ein kleines Video-Tutorial finden Sie auf der erwähnten JSONata-Startseite.

Der anschließende *switch*-Node leitet eine Nachricht nur weiter, wenn **`msg.payload`** den Inhalt ***wahr ist*** (Debug-Inhalt **`true`**; vgl. Abb. 224):

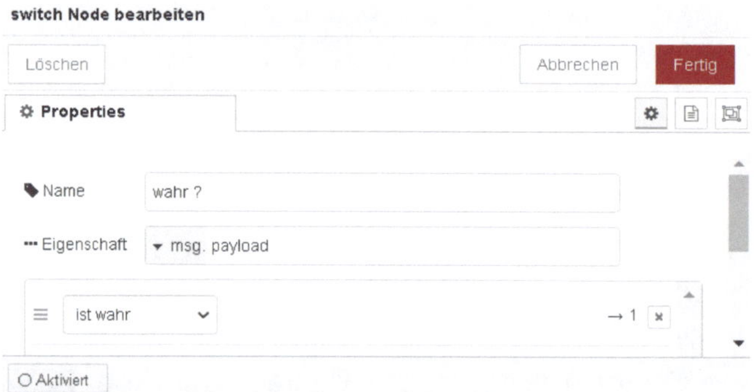

Abb. 224: Node-RED influx-Flow Query Warnmeldung *switch*-Node

Der *change*-Node erstellt die Nachricht in einer für den *telegram-sender*-Node gerechten Form (vgl. Abbildung 225). **`msg.payload`** enthält dann die Daten, wie Sie sie auch bei Grafana vorgegeben haben.

```
{
  "chatId": 602067158,
  "type": "message",
  "content": " Luftfeuchtigkeit in Küche überschritten"
}
```

Abb. 225: Node-RED influx-Flow Query Warnmeldung *change*-Node

Der *telegram-sender*-Node sendet die Nachricht. Nehmen Sie über das Schreibwerkzeug auch hier die Bot-Einstellungen ähnlich wie bei den Einstellungen zu Grafana vor (vgl. Abbildung 226).

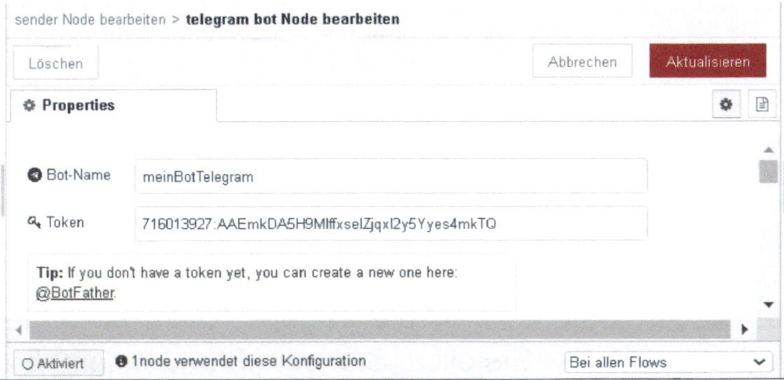

Abb. 226: Node-RED influx-Flow Query Warnmeldung *telegram-sender*-Node

Nach dem deploy erhalten Sie bei jedem Datenbankabruf eine Nachricht, bei dem Node-RED ein Überschreiten des Schwellenwertes feststellt. Mit etwas Programmieraufwand (Stichwort Kontextdaten) lässt sich der Flow so ausbauen, dass eine Meldung nur bei Überschreiten und dann wieder bei Unterschreiten versandt wird.

13.5 MariaDB und Node-RED

Dieser Abschnitt zeigt den Anschluss von MariaDB (oder jeder anderen „reguläre“ MySQL-Datenbank) an Node-RED.

Fehlende Nodes installieren

Besuchen Sie ***Menu → Palette verwalten → Installieren*** und suchen Sie nach „mysql“ (vgl. Abbildung 227).

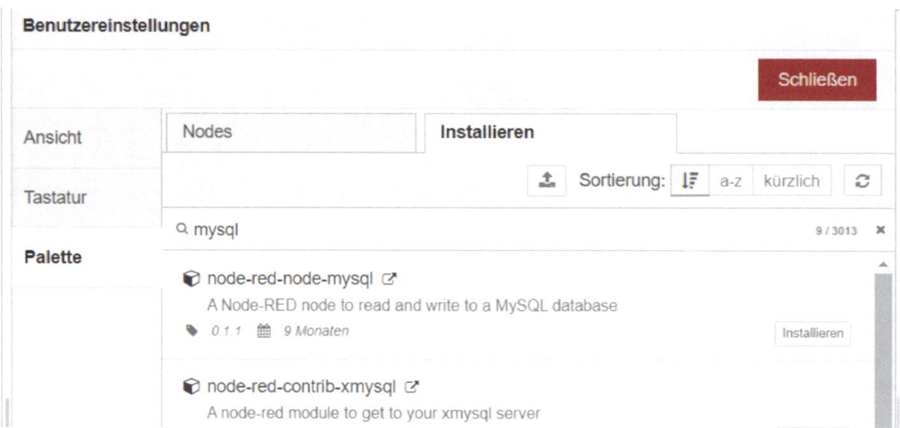

Abb. 227: Node-RED mysql-Nodes installieren

Klicken Sie bei dem Eintrag node-red-node-mysql auf ***installieren*** und bestätigen sie noch einmal mit ***installieren***. Schließen Sie den Dialog. In der Gruppe „Speicher“ der Palette befinden sich ein neuer Node (vgl. Abbildung 228).

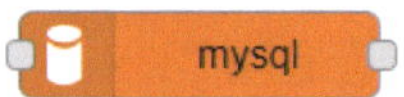

Abb. 228: Node-RED mysql-Node

Flow „Daten einfügen“ bauen

Dieser Flow soll einen neuen Datensatz in die Tabelle RaumDaten der RaumDB einfügen (vgl. Kapitel 4). Erstellen Sie den Flow, indem Sie verschiedene Nodes in den Editor-Bereich ziehen und miteinander verbinden (vgl. Abbildung 229).

Abb. 229: Node-RED MariaDB-Flow Daten einfügen RaumDaten

Richten Sie den Flow nun ein.

Der *inject*-Node soll den einzufügenden Datensatz initiieren. Geben Sie die Abfrage als String unter `msg.topic` ein (vgl. Abbildung 230).

```
INSERT INTO RaumDaten (ZiID, ZiName, qm, Schalter,
Steckdosen)   VALUES (4, 'Kinderzimmer', 12, 1, 2);
```

inject Node bearbeiten

Löschen Abbrechen Fertig

Properties

Name RaumDaten einfügen

msg. payload = []

msg. topic = INSERT INTO RaumDaten (ZIID, ZIName, qm, Schalter, Steckdosen) VALUES (4, 'Kinderzimmer', 12, 1,

Abb. 230: Node-RED MariaDB-Flow Daten einfügen *inject*-Node

Als nächstes kümmern Sie sich um den *MySQLdatabase*-Node. Hier gilt es zwei Einstellungen vorzunehmen. Die wichtigste ist die Festlegung des Servers. Klicken Sie auf den Schreib-Icon bei Database, um die Serverdaten aufzunehmen. Tragen Sie hier die MariaDB-Zugangsdaten (Host, Port, Benutzername, Passwort und Datenbankname) ein (vgl. Abbildung 231).

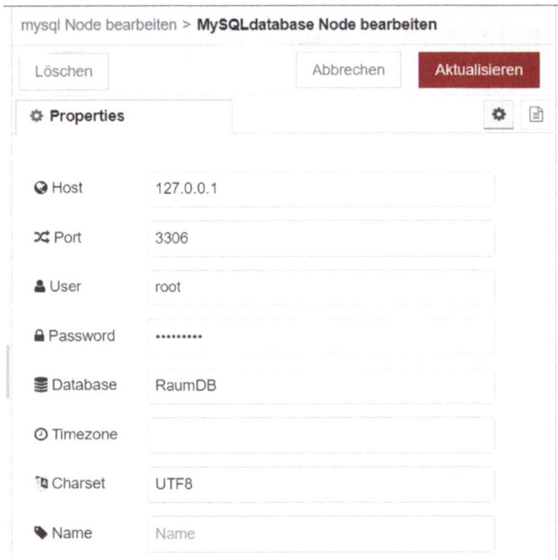

Abb. 231: Node-RED MariaDB-Flow Daten einfügen MySQL-database-Node

Der *debug*-Node dienst nur zur Kontrolle.

Klicken Sie auf ***deploy***. Den Erfolg der Aktion können Sie im Node-RED Debug-Bereich oder in der Datenbank selbst ablesen (vgl. Abbildung 232).

Abb. 232: Node-RED MariaDB-Flow Daten einfügen Debug-Ausgabe

Flow „CPU-Daten sichern" bauen

Selbstverständlich kann Node-RED im Zusammenspiel mit MariaDB auch System-Kenndaten speichern. Die ist ein Beispiel, die CPU-Temperatur und die CPU-Last als Zeitserie zu sichern.

Erstellen Sie als erstes eine Tabelle in Ihrer Datenbank; z.B.:

```
CREATE TABLE cpu_metrics (
  id INT NOT NULL AUTO_INCREMENT,
  cpu_load INT(2) NOT NULL,
  cpu_temp INT(2) NOT NULL,
  Zeitstempel TIMESTAMP,
  PRIMARY KEY (id));
```

Erstellen Sie dann den Flow, indem Sie verschiedene Nodes in den Editor-Bereich ziehen und miteinander verbinden vgl. Abbildung 233).

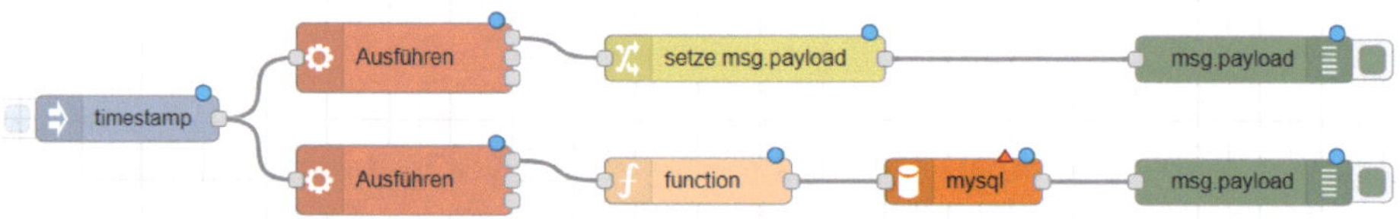

Abb. 233: Node-RED MariaDB-Flow Daten einfügen cpu_metrics

Richten Sie den Flow nun ein.

Der *inject*-Node soll lediglich in bestimmten Zeitabständen den Prozess anstoßen. Setzen Sie Wiederholen auf Intervall alle 5 Minuten (vgl. Abbildung 234).

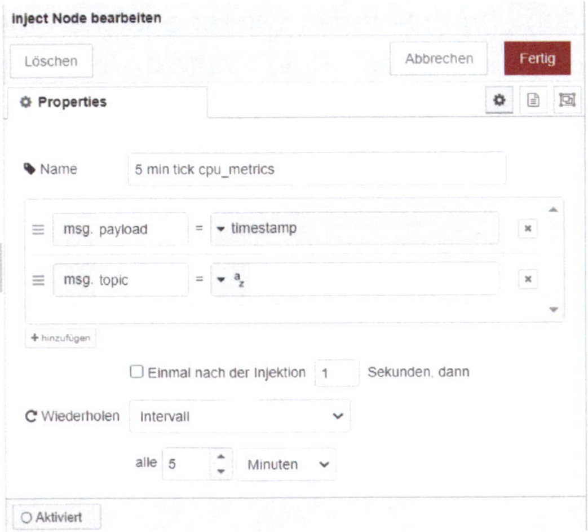

Abb. 234: Node-RED MariaDB-Flow cpu_metrics einfügen *inject*-Node

Die *exec*-Nodes setzen befehle auf Shell-Ebene ab. Für die CPU-Temperatur und die CPU-Last sind das unterschiedliche Befehle, sodass zwei Nodes nötig sind. Schneiden Sie die Eigenschaften des ersten Node für den Empfang der CPU-Temperatur zu und setzen sie als Befehl ein:

```
/opt/vc/bin/vcgencmd measure_temp | egrep -o "[0-9]+\.
[0-9]+?"
```

Wählen Sie noch ***Ausgabe wartet bis der Befehl vollständig ausgeführt wurde***, da das Ergebnis ja in die Weiterverarbeitung fließen soll (vgl. Abbildung 235).

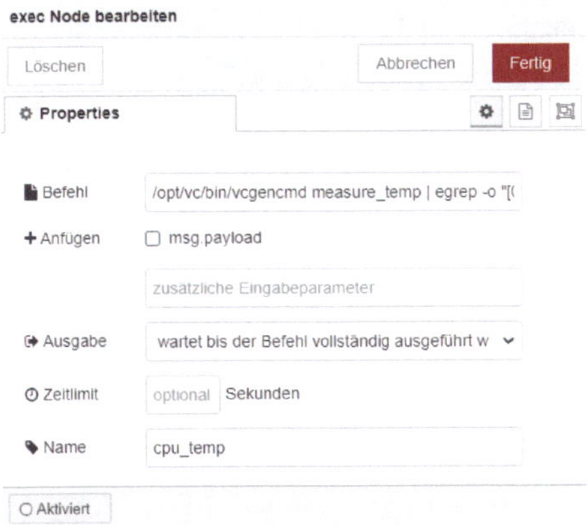

Abb. 235: Node-RED MariaDB-Flow cpu_metrics einfügen Ausführen-Node

Verfahren Sie mit dem zweiten *exec*-Node für die CPU-Last gleichermaßen. Der Befehl ist hier:

```
top -d 0.5 -b -n2 | grep Cpu | tail -1 | awk '{print
100-$8}'
```

Als nächstes kümmern Sie sich um den *change*-Node. Dieser speichert die CPU-Temperatur aus **`msg.payload`** in einer Flow-Kontext-Variablen namens cpu_temp, damit sie später mit dem Ergebnis der CPU-Last zusammengeführt werden kann (vgl. Abbildung 236).

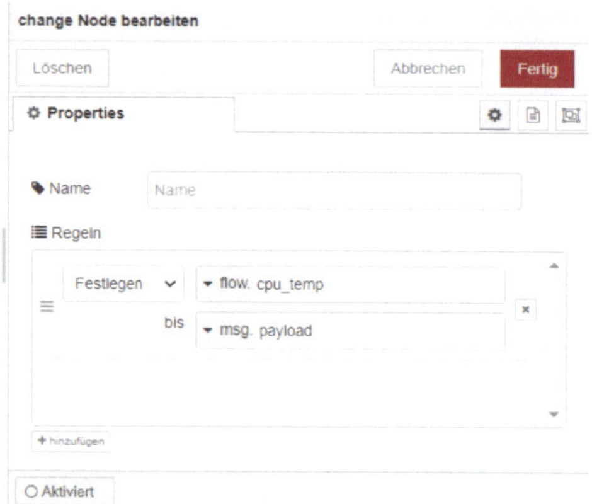

Abb. 236: Node-RED MariaDB-Flow cpu_metrics einfügen *change*-Node

Der *funktion-Node* soll die beiden Messwerte mit einem Zeitstempel zu einer INSERT-Query zusammen setzen. Der Wert für die CPU-Last entnimmt er der Flow-Kontext-Variablen *cpu_temp*, der für die CPU-Temperatur liefert **`msg.payload`**. Die komplette Anweisung legt der *function-Node* ins msg.topic an, da sie der *MySQLdatabase*-Node dort erwartet. Der Code ist demnach:

```
var dateNow = new Date();
var cpu_temp  = flow.get('cpu_temp') || 0
msg.topic = "INSERT INTO cpu_metrics (cpu_load,
cpu_temp, Zeitstempel) ";
msg.topic = msg.topic + "VALUES (";
msg.topic = msg.topic + msg.payload.replace("\n","") +
", " ;
msg.topic = msg.topic + cpu_temp.replace("\n","") + ",
" ;
msg.topic = msg.topic  + "\"" +  dateNow.toLocale-
String()  + "\"";
msg.topic = msg.topic + ");";
return msg;
```

Den *MySQLdatabase*-Node haben Sie bereits konfiguriert. Sie müssen daher die Einstellungen nur noch bestätigen. Die *debug*-Nodes dienen nur der Kontrolle.

Klicken Sie auf ***deploy*** und beobachten Sie die Debug-Ausgabe (vgl. Abbildung 237)) bzw. die Datenbankeinträge.

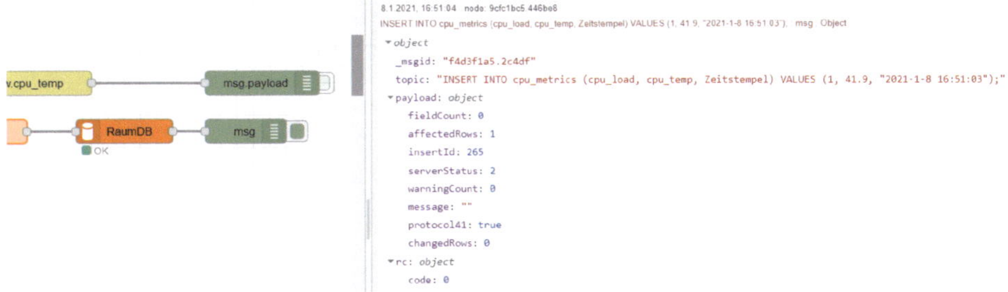

Abb. 237: Node-RED MariaDB-Flow Daten einfügen Debug-Ausgabe

Flow „MariaDB Messdaten anzeigen“ bauen

Natürlich darf ein Flow nicht fehlen, der die soeben gespeicherten Daten anzeigt. Bauen Sie einen Flow entsprechend der nachstehenden Abbildung (vgl. Abbildung 238).

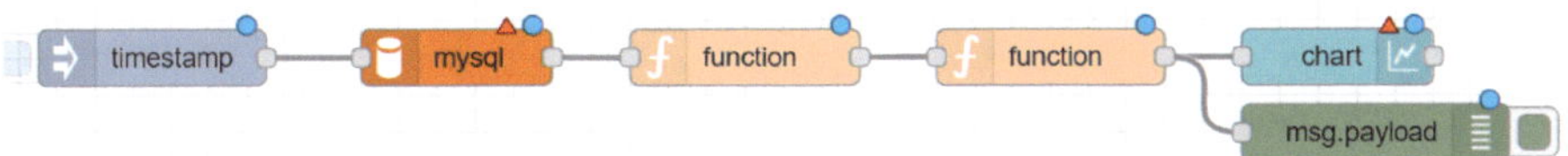

Abb. 238: Node-RED MariaDB-Flow cpu_metrics anzeigen

Richten Sie den Flow nun ein.

Der *inject*-Node soll wiederum nur den Prozess anstoßen und gleichzeitig dem *MySQLdatabase*-Node die Query zuspielen. Diese lautet:

```
select * from cpu_metrics ORDER BY id DESC LIMIT 20;
```

Hier gibt es zwei Anmerkungen. `LIMIT 20` begrenzt die Anzahl der zurückzugebenden Datenreihen. Damit ist allerdings das Problem verbunden, dass die nach `id` ersten Datenreihen also die älteren das Vorrecht haben und zuerst geliefert werden. `DESC` kehrt die Sortierfolge um und gibt als erstes den jüngsten Eintrag zurück.

Der folgende *function*-Node stellt für die Anzeige wieder die korrekte chronische Reihenfolge her. Der Code ist:

```
let data = [];
for (var i = 0, j = msg.payload.length-1; i < msg.pay-
load.length;
    i++, j--) {
    data.push({"x":msg.payload[j].Zeitstempel,
               "y":msg.payload[j].cpu_temp});
```

```
}
msg.data = data;
return msg;
```

Der nächste *function*-Node bastelt die Eingabe für den *chart*-Node.

```
msg.topic = "Data set 1";
series = [];
data = [];
labels = [];
series.push("Field1");
labels.push("Field2");
data.push(msg.data);
msg.payload = [{"series":series, "data":data,"labels":
labels}];
return msg;
```

Vervollständigen Sie noch den *chart*-Node Ihren Vorstellungen entsprechend und klicken Sie auf ***deploy***. Das Dasboard zeigt eine Kurve der jüngsten 20 Messwerte (vgl. Abbildung 239).

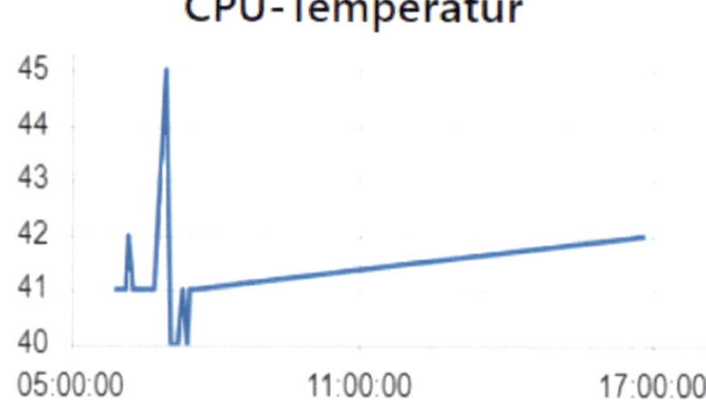

Abb. 239: Nod- RED MariaDB-Flow cpu_metrics anzeigen

Bei aller Ehrfurcht vor der Leistungsfähigkeit von Node-RED und MariaDB bleibt, doch das Gefühl, dass zumindest für Zeitreihen über Systemdaten InfluxDB und Telegraf komfortabler sind.

MySQLdatabase unterliegt bei Node-RED auch noch der Restriktion, dass die Konfiguration nur eine Datenbank zulässt. Alle Tabellen müssen daher in einer Datenbank sein, damit sie mit Node-RED angesprochen werden können.

13.6 SQLite und Node-RED

Dieser Abschnitt zeigt den Anschluss von SQLite an Node-RED.

Fehlende Nodes installieren

Suchen Sie ***Menu → Palette verwalten → Installieren*** und suchen Sie nach „sqlite“ (vgl. Abbildung 240).

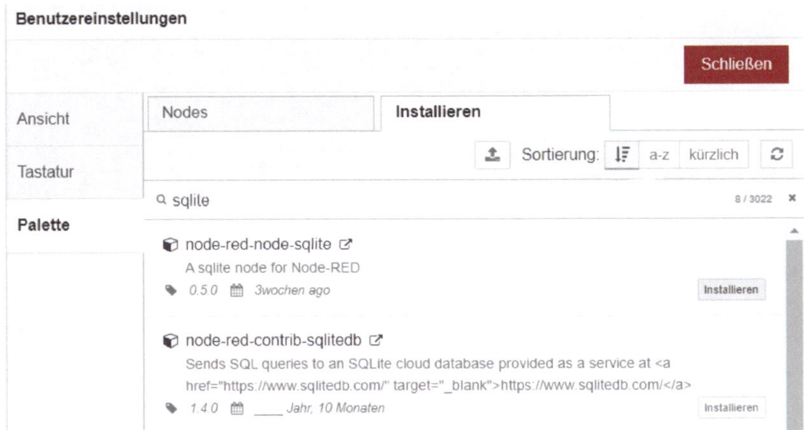

Abb. 240: Node-RED sqlite-Nodes installieren

Klicken Sie bei dem Eintrag node-red-node-sqlite auf ***installieren*** und bestätigen sie noch einmal mit ***installieren***. Schließen Sie den Dialog. In der Gruppe „Speicher“ der Palette befinden sich ein neuer Node. Die Installation dauert eine geraume Weile und der Node taucht in der Palette tatsächlich auf, erst lange nachdem der Installationsprozess in den Benutzereinstellungen als abgeschlossen gekennzeichnet ist (vgl. Abbildung 241).

Abb. 241: Node-RED *sqlite*-Node

Ein weiterer Node ist für die Konfiguration der Verbindung zu SQLite.

Flow „Daten einfügen“ bauen

Dieser Flow soll ebenfalls einen neuen Datensatz in die Tabelle RaumDaten der RaumDB einfügen. Erstellen Sie den Flow, indem Sie verschiedene Nodes in den Editor-Bereich ziehen und miteinander verbinden (vgl. Abbildung 242).

Abb. 242: Node-RED sqlite-Flow Daten einfügen RaumDaten

Richten Sie den Flow nun ein.

Der *inject*-Node soll den einzufügenden Datensatz initiieren. Geben Sie die Abfrage als String unter `msg.topic` ein (vgl. Abbildung 243).

```
INSERT INTO RaumDaten (ZiID, ZiName, qm, Schalter,
Steckdosen)   VALUES (4, 'Kinderzimmer', 12, 1, 2);
```

inject Node bearbeiten
Löschen | Abbrechen | Fertig
Properties
Name: RaumDaten einfügen
msg. payload = []
msg. topic = INSERT INTO RaumDaten (ZiID, ZiName, qm, Schalter, Steckdosen) VALUES (4, 'Kinderzimmer', 12, 1,

Abb. 243: Node-RED sqlite-Flow Daten einfügen *inject*-Node

Als nächstes tragen Sie im *sqliteconfig*-Node den Pfad zur Datenbank ein (vgl. Abbildung 244).

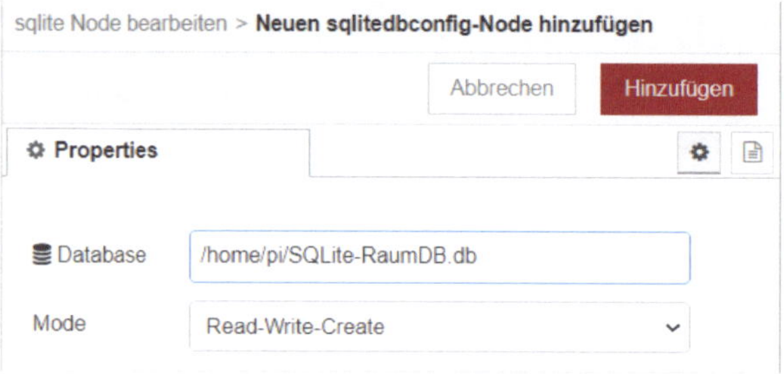

sqlite Node bearbeiten > Neuen sqlitedbconfig-Node hinzufügen
Abbrechen | Hinzufügen
Properties
Database: /home/pi/SQLite-RaumDB.db
Mode: Read-Write-Create

Abb. 244: Node-RED sqlite-Flow Daten einfügen sqliteconfig-Node

Der *debug*-Node dient nur zur Kontrolle.

Klicken Sie auf ***deploy***. Den Erfolg der Aktion können Sie im Node-RED Debug-Bereich (vgl. Abbildung 245) oder in der Datenbank selbst ablesen.

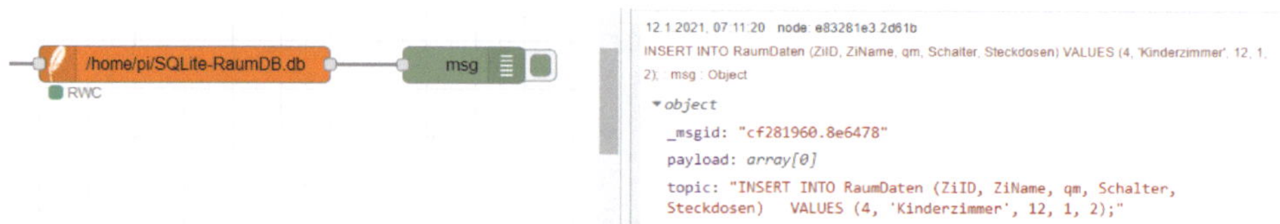

Abb. 245: Node-RED sqlite-Flow Daten einfügen Debug-Ausgabe

Flow „CPU-Daten sichern“ bauen

Selbstverständlich kann Node-RED im Zusammenspiel mit SQLite auch System-Kenndaten speichern. Die ist ein Beispiel, die CPU-Temperatur und die CPU-Last als Zeitserie zu sichern.

Erstellen Sie als erstes eine Tabelle in Ihrer Datenbank; z.B.:

```
CREATE TABLE cpu_metrics(
  id INTEGER PRIMARY KEY AUTOINCREMENT NOT NULL,
  cpu_load INT(2) NOT NULL,
  cpu_temp INT(2) NOT NULL,
  Zeitstempel TIMESTAMP );
```

Erstellen Sie dann den Flow, indem Sie verschiedene Nodes in den Editor-Bereich ziehen und miteinander verbinden (vgl. Abbildung 246).

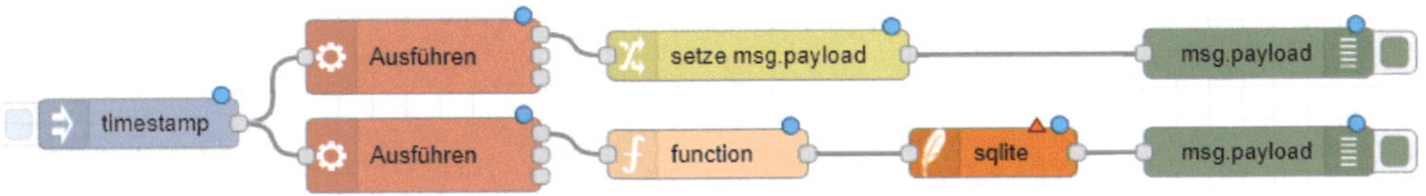

Abb. 246: Node-RED SQLite-Flow Daten einfügen cpu_metrics

Richten Sie den Flow nun ein.

Der *inject*-Node soll lediglich in bestimmten Zeitabständen den Prozess anstoßen. Setzen Sie Wiederholen auf Intervall alle 5 Min. (vgl. Abb. 247).

inject Node bearbeiten
Löschen | Abbrechen | Fertig
Properties
Name: 5 min tick cpu_metrics
msg. payload = timestamp
msg. topic =
+ hinzufügen
Einmal nach der Injektion 1 Sekunden, dann
Wiederholen: Intervall
alle 5 Minuten
Aktiviert

Abb. 247: Node-RED SQLite-Flow cpu_metrics einfügen *inject*-Node

Die *exec*-Nodes setzen befehle auf Shell-Ebene ab. Für die CPU-Temperatur und die CPU-Last sind das unterschiedliche Befehle, sodass zwei Nodes nötig sind. Schneiden Sie die Eigenschaften des ersten Nodes für den Empfang der CPU-Temperatur zu und setzen sie wieder als Befehl ein:

```
/opt/vc/bin/vcgencmd measure_temp | egrep -o "[0-9]+\.
[0-9]+?"
```

Wählen Sie noch ***Ausgabe wartet bis der Befehl vollständig ausgeführt wurde***, da das Ergebnis ja in die Weiterverarbeitung fließen soll (vgl. Abb. 248).

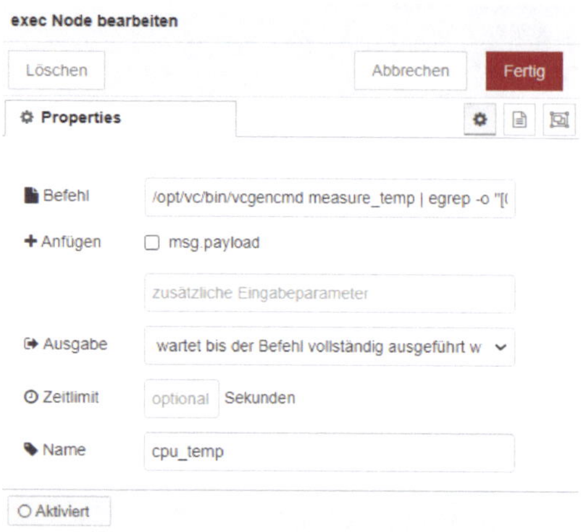

exec Node bearbeiten

Löschen Abbrechen Fertig

Properties

Befehl /opt/vc/bin/vcgencmd measure_temp | egrep -o "[(

Anfügen msg.payload

zusätzliche Eingabeparameter

Ausgabe wartet bis der Befehl vollständig ausgeführt w

Zeitlimit optional Sekunden

Name cpu_temp

Aktiviert

Abb. 248: Node-RED SQLite-Flow cpu_metrics einfügen *exec*-Node

Verfahren Sie mit dem zweiten *exec*-Node für die CPU-Last gleichermaßen:

```
top -d 0.5 -b -n2 | grep Cpu | tail -1 | awk '{print
100-$8}'
```

Es folgt der *change*-Node. Dieser speichert die CPU-Temperatur aus **`msg.payload`** in einer Flow-Kontext-Variablen namens *cpu_temp*, damit sie später mit dem Ergebnis der CPU-Last zusammengeführt werden kann (vgl. Abb 249).

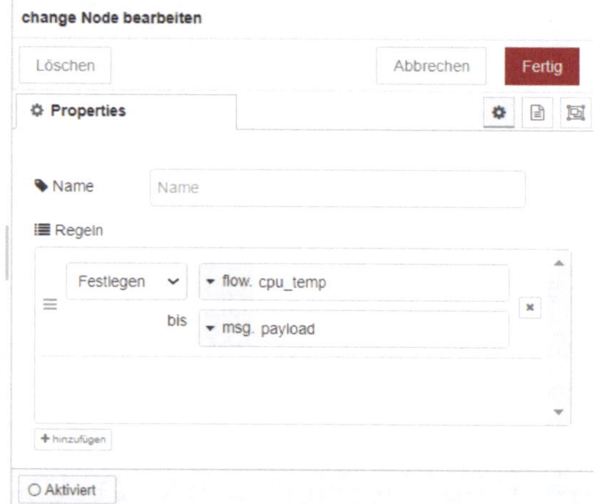

Abb. 249: Node-RED SQLite-Flow cpu_metrics einfügen *change*-Node

Der *funktion*-Node soll die beiden Messwerte mit einem Zeitstempel zu einer INSERT-Query zusammen setzen. Der Wert für die CPU-Last entnimmt er der Flow-Kontext-Variablen *cpu_temp*, der für die CPU-Temperatur liefert **`msg.payload`**. Die komplette Anweisung legt der *function*-Node in **msg.topic** an, da sie der SQLite-Node dort erwartet. Der Code ist demnach:

```
var dateNow = new Date();
var cpu_temp  = flow.get('cpu_temp') || 0
msg.topic = "INSERT INTO cpu_metrics (cpu_load,
cpu_temp,Zeitstempel) ";
msg.topic = msg.topic + "VALUES (";
msg.topic = msg.topic + msg.payload.replace("\n","") +
", " ;
msg.topic = msg.topic + cpu_temp.replace("\n","") + ",
" ;
msg.topic = msg.topic  + "\"" +  dateNow.toLocale-
String()  + "\"";
msg.topic = msg.topic + ");";
return msg;
```

Den *SQLite-Node*-Node haben Sie bereits konfiguriert. Sie müssen daher die Einstellungen nur noch bestätigen. Die *debug*-Nodes dienen nur der Kontrolle.

Klicken Sie auf ***deploy*** und beobachten Sie die Debug-Ausgabe (vgl. Abbildung 250) bzw. die Datenbankeinträge.

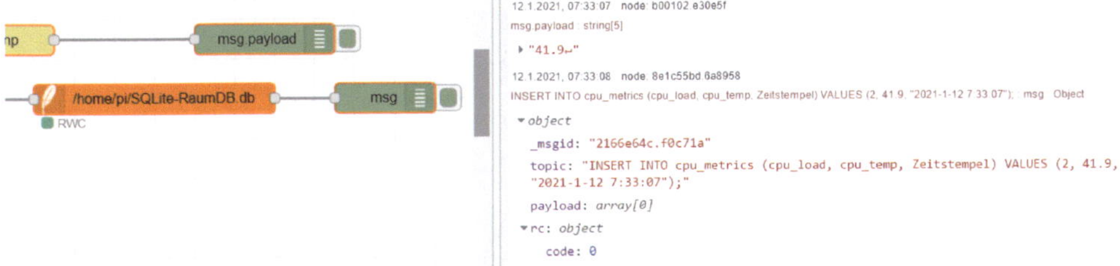

Abb. 250: Node-RED SQLite-Flow cpu_metrics einfügen Debug-Ausgabe

Flow „ SQLite-Datenbank Messdaten anzeigen“ bauen

Natürlich darf ein Flow nicht fehlen, der die soeben gespeicherten Daten anzeigt. Bauen Sie einen Flow entsprechend der nachstehenden Abbildung (vgl. Abbildung 251).

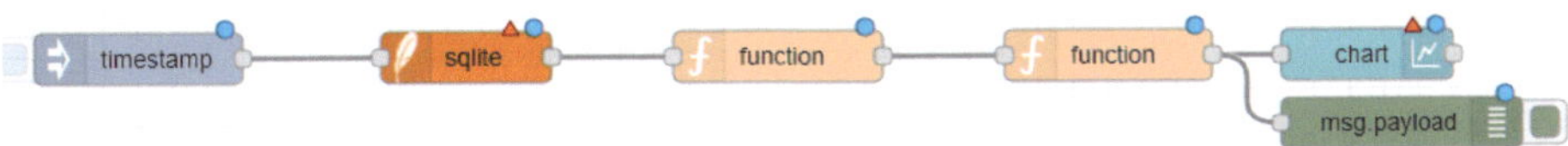

Abb. 251: Node-RED SQLite-Flow cpu_metrics anzeigen

Richten Sie den Flow nach bekanntem Muster ein.

Der *inject*-Node soll wiederum nur den Prozess anstoßen und gleichzeitig dem SQLite-Node-Node die Query zuspielen. Diese lautet:

```
select * from cpu_metrics ORDER BY id DESC LIMIT 20;
```

LIMIT 20 begrenzt wieder die Anzahl der zurückzugebenden Datenreihen. Damit ist allerdings das Problem verbunden, dass die nach *id* ersten Datenreihen also die älteren das Vorrecht haben. **DESC** kehrt die Sortierfolge um und liefert als erstes den jüngsten Eintrag.

Der folgende *function*-Node stellt für die Anzeige wieder die korrekte chronische Reihenfolge her. Der Code ist:

```
let data = [];
for (var i = 0, j = msg.payload.length-1; i < msg.pay-
load.length;i++, j--) {
    data.push({"x":msg.payload[j].Zeitstempel,
"y":msg.payload[j].cpu_temp});
}
msg.data = data;
return msg;
```

Der nächste *function*-Node bastelt die Eingabe für den *chart*-Node.

```
msg.topic = "Data set 1";
series = [];
data = [];
labels = [];
series.push("Field1");
labels.push("Field2");
data.push(msg.data);
msg.payload = [{"series":series, "data":data,"labels":
labels}];
return msg;
```

Vervollständigen Sie noch den *chart*-Node Ihren Vorstellungen entsprechend und klicken Sie auf ***deploy*** (vgl. Abbildung 252).

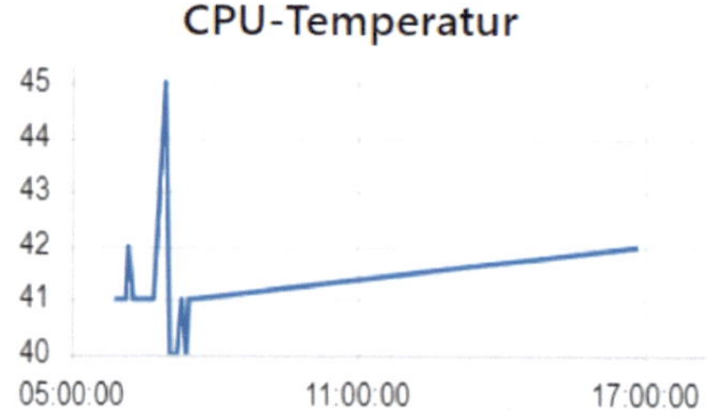

Abb. 252: Node-RED SQLite-Flow cpu_metrics anzeigen

13.6 SQLite und Node-RED

SQLite unterliegt bei Node-RED jedoch ebenfalls der Restriktion, dass die Konfiguration nur eine Datenbank zulässt. Alle Tabellen müssen daher in einer Datenbank sein, damit sie mit Node-RED angesprochen werden können.

14 Systemadministration über das Web

Ihr Raspberry Pi ist eingerichtet und einige Server sind aufgesetzt. Dies ist der häufig der Zeitpunkt wo sich der Wunsch oder die Notwendigkeit entwickelt, nicht nur verschiedene Zustandsdaten bezüglich Ihres Gerätes wie Prozessorauslastung oder Speicherbelegung in ansprechender Form zu erhalten (vgl. z.B. Kapitel 7), sondern es auch aus der Ferne über das Web zu administrieren. Zur Wahl stehen mehrere Fernverwaltungsprogramme (z.B. Webmin, Cockpit, Linux Dash). In diesem Kapitel möchte ich Ihnen zwei Alternativen vorstellen.

14.1 Cockpit

Cockpit (https://cockpit-project.org/) ist eine von von Red-Hat gesponserte Management Konsole, mit der sich ein Server umfassend grafisch über den Webbrowser administrieren lässt und Auskunft über die wichtigsten Betriebsdaten Ihres Raspberry Pi's gibt.

14.1.1 Installation

Folgen Sie nachstehenden Schritten:

1. Pakete installieren

   Aktualisieren Sie die Paketlisten und installieren Sie Cockpit.

   ```
   sudo apt-get update
   sudo apt-get install -y cockpit
   ```

2. Cockpit starten

   Starten Sie abschließend Cockpit mit einer der beiden Kommandos:

   ```
   sudo systemctl start cockpit
   ```

3. Start von cockpit beim Boot

   Richten Sie erforderlichenfalls den Start von Cockpit beim Boot-Vorgang ein:

   ```
   sudo systemctl unmask cockpit
   sudo systemctl enable cockpit.socket
   ```

Cockpit selbst benötigt nur Systemressourcen, wenn es aktuell durch einen Benutzer genutzt wird. Nach einer bestimmten Zeit von Inaktivität versetzt sich Cockpit in einen Ruhemodus.

Die Installation richtet auch einen Ordner /etc/cockpit ein. Dies beinhaltet nicht das Erstellen einer Konfigurationsdatei /etc/cockpit/cockpit.conf. Sie ist normalerweise nicht erforderlich und muss bei Bedarf (z.B. Vereinbaren von anderen WebService-Parametern) manuell angelegt werden.

14.1.2 Cockpit nutzen

Cockpit ist über Port 9090 zu erreichen. Wenn Sie einen anderen Port bevorzugen, müssen Sie die Einstellung `ListenStream` in der für Systemd bestimmten Konfigurationsdatei `cockpit.socket` (diese ist meist im Ordner /usr/lib/systemd/system/) anpassen. Veranlassen Sie anschließend Systemd, die Änderungen zu übernehmen:

```
sudo systemctl daemon-reload
sudo systemctl restart cockpit.socket
```

Wichtig ist nun natürlich auch bei der Nutzung einer Firewall die Freischaltung des Ports (Stichwort: Iptables). Öffnen Sie einen Browser und geben Sie http://LINUX_DEVICE_IP:9090/ (z.B. http://192.168.178.45:9090/) ein. Sie gelangen zum Anmeldebildschirm (vgl. Abbildung 253).

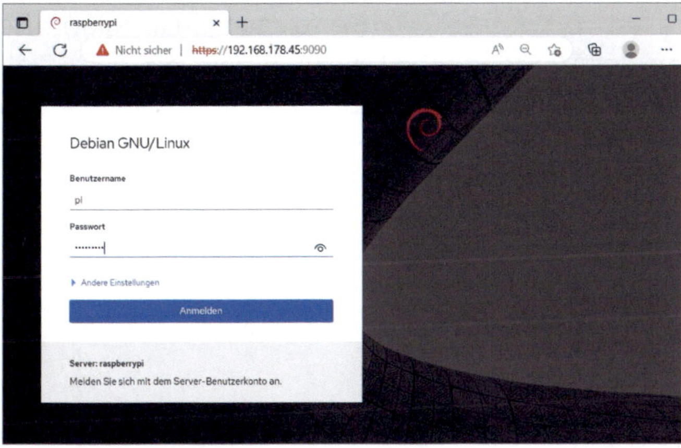

Abb. 253: Cockpit im Browser

Geben Sie Ihren Benutzernamen (z.B. pi), das Kennwort (z.B. raspberry) ein und aktivieren Sie ggf. das Kontrollkästchen „Mein Passwort für Administrationsaufgaben verwenden“. Es öffnet sich der Cockpit-Überblicks-Fenster (vgl. Abbildung 254).

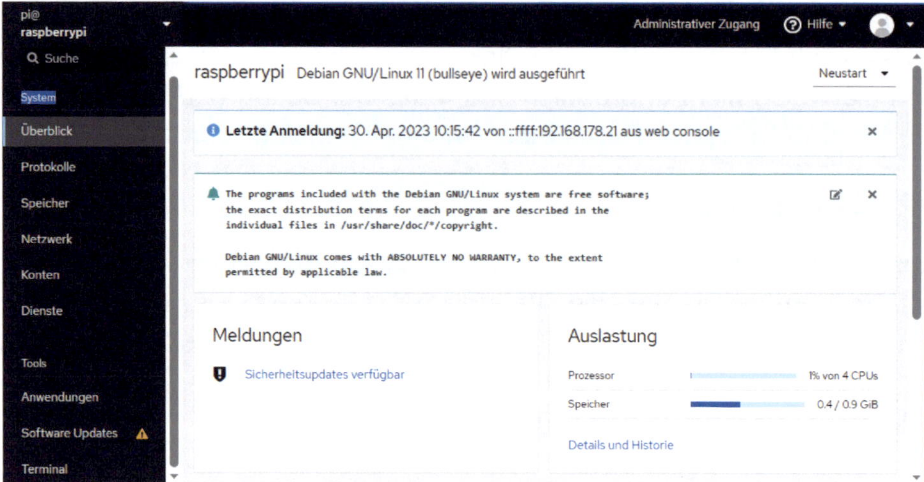

Abb. 254: Cockpit Fenster Überblick

Lassen Sie sich detaillierte Informationen zu bestimmten Themen anzeigen, indem Sie in der linken Bildlaufleiste auf den jeweiligen Eintrag klicken. Durch Klick auf das Benutzer-Icon in der ersten Zeile oben links gelangen Sie zu den persönlichen Einstellungen, wo Sie u.a. auch die Spracheinstellungen auf Deutsch ändern können.

Ein interessantes Feature ist ***Cockpit-PCP*** (Performance-Co-Pilot). Es erlaubt auch System-Daten der Vergangenheit zu sammeln mit dem Ziel, bei Problemen eine breitere Basis von Daten zur Analyse zu haben. Sie Installieren PCP in der Kachel ***Konfiguration*** über ***Gespeicherte Metriken aktivieren*** (vgl. Abbildung 255).

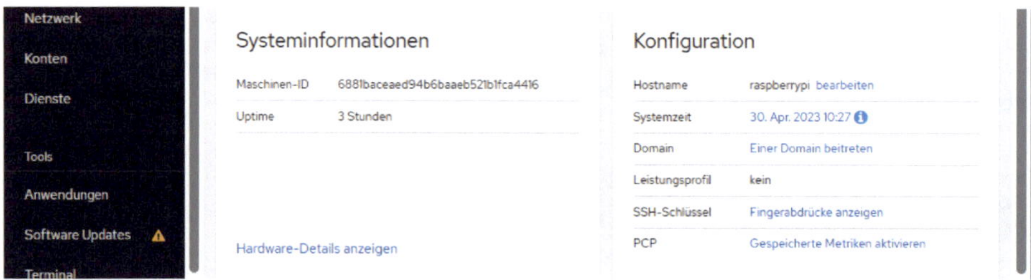

Abb. 255: Cockpit Gespeicherte Metriken aktivieren

Das Installieren des PCP-Paketes dauert eine Weile; anschließend haben Sie aber eine bedeutend detailliertere Übersicht über Ihr System (vgl. Abbildung 256).

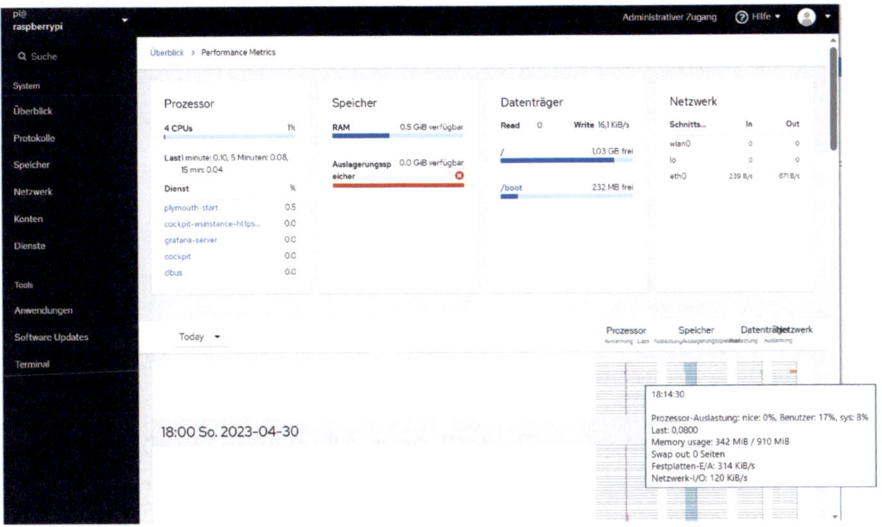

Abb. 256: Cockpit Gespeicherte PCP aktiviert

PCP-Daten lassen sich auch mit Grafana auswerten. Folgen Sie bei Interesse der Beschreibung unter https://cockpit-project.org/blog/pcp-grafana.html.

Tipp: Docker

Cockpit kann Container über Docker verwalten. Diese Funktionalität ist im Cockpit-Docker-Paket enthalten. Cockpit kommuniziert mit dem Docker-Daemon über seine API über den Unix-Socket /var/run/docker.sock. Alternativ kann eine Docker-Unix-Gruppe erstellt werden, in der jedes Mitglied dann auf die Docker-API zugreifen und Root-Berechtigungen für das System erhalten kann.

14.1.3 Cockpit mit SSL

Im Hintergrund erzwingt Cockpit eine gesicherte Verbindung via HTTPS und leitet HTTP-Anfragen automatisch um. Dabei kommt ein im Rahmen der Installation bzw. Start selbst signiertes Zertifikat zum Einsatz. Sie erkennen dies daran, dass beim Aufruf der Weboberfläche von Cockpit der Browser eine Sicherheitswarnung ausgibt. Eine Ausnahme bildet der Zugriff über http://localhost:9090 auf den Server selbst. Hierbei erlaubt Cockpit auch unverschlüsselte Verbindungen.

Das aktuell verwendete Zertifikat lässt sich mit `sudo remotectl certificate` anzeigen. Bei unveränderter Konfiguration verweist dies i.d.R. auf die Datei /etc/cockpit/ws-certs.d/0-self-signed.cert. Das Zertifikat-Management ist Bestandteil von Kapitel 10. Nachstehende Kommandos erstellen ebenfalls ein selbst signiertes Zertifikat; dies verhindert jedoch wie dargelegt nicht die Browserwarnung.

```
openssl req -x509 -newkey rsa:4096 -sha256 -nodes -
keyout cockpit.key -out cockpit.crt -subj "/
CN=localhost" -days 3650
cat cockpit.key cockpit.crt > cockpit.cert
chmod 444 cockpit.cert
sudo cp cockpit.cert /etc/cockpit/ws-certs.d/
cockpit.cert
```

14.2 Webmin

Webmin (https://www.webmin.com/) stellt eine Alternative zu Cockpit dar. Es ist ebenfalls eine webbasierte Oberfläche für die Systemadministration unter Unix. Es verspricht, das manuelle Bearbeiten von Unix-Konfigurationsdateien wie /etc/passwd überflüssig zu machen und die Verwaltung eines Systems über die Konsole oder remote zu ermöglichen. Auf der Seite mit den Standardmodulen finden Sie eine Liste aller in Webmin integrierten Funktionen (https://www.webmin.com/standard.html).

14.2.1 Installation

Es gibt mehrere Wege, Webmin zu installieren:

- ein neues Repository auf dem System einrichten und mit apt installieren.
- das Debian-Paket von der Webmin-Seite herunter laden und mit dpkg installieren.
- eine gepackte Datei herunter laden und mit einem Skript installieren.

Die folgenden Schritte beschreiben die Skript gesteuerte Installation

1. Webmin-Archiv auswählen
   Gehen Sie auf die Webmin-Downloadseite (https://www.webmin.com/download.html).
   Kopieren Sie den Link bei „Unix tar/gzip format“ (z.B. https://prdownloads.sourceforge.net/webadmin/webmin-1.962.tar.gz).

2. Webmin-Archiv besorgen

   Öffnen Sie ein Terminal. Erstellen Sie ggf. ein Verzeichnis für Webmin (`mkdir webmin`) und gehen Sie in das Verzeichnis (`cd webmin`).

   Holen Sie im nächsten Schritt mit `wget` das Archiv.

```
wget https://prdownloads.sourceforge.net/webadmin/
webmin-1.962.tar.gz
```

3. Archiv entpacken

   Sie haben nun ein Archiv (z.B. webmin-1.962.tar.gz) im Ordner webmin. Entpacken Sie das Archiv:

   ```
   tar -zxvf webmin-1.962.tar.gz
   ```

   Sie können das Archiv schon jetzt löschen:

   ```
   sudo rm *.tar.gz
   ```

4. Installation starten

   Wechseln Sie in das entpackte Webmin-Verzeichnis (z.B. `cd webmin-1.962`). Führen Sie schließlich das Setup-Skript aus:

   ```
   sudo ./setup.sh
   ```

   Der Kommand-Prompt fragt Sie nach einigen Einstellungen. Die meisten können Sie mit *ENTER* überspringen. Die Angabe eines Passwortes ist jedoch Pflicht (z.B. ***admin***, ***raspberry***). Wählen Sie auch, ob SSL zum Einsatz kommen (*y*, ***n***) und ob Webmin beim Boot starten soll *y*, ***n***).

Im Setup getroffenen Einstellungen können Sie später im Browser bequem ändern. Der Installer zeigt Ihnen abschließend auch den Browserbefehl für den Webmin-Aufruf (vgl. Abbildung 257).

```
Attempting to start Webmin mini web server..
Starting Webmin server in /home/pi/webmin/webmin-1.962
..done

*********************************************************************
Webmin has been installed and started successfully. Use your web
browser to go to

  http://pi4:10000/

and login with the name and password you entered previously.
```

Abb. 257: Webmin-Installation

Hinweis: fehlende Abhängigkeiten

In Ausnahmefällen kann es bei der Installation zu fehlenden Abhängigkeiten kommen. Lösen Sie die mit `sudo apt-get install -y perl libnet-ssleay-perl openssl libauthen-pam-perl libpam-runtime libio-pty-perl apt-show-versions python` auf.

Webmin starten bzw. stoppen Sie manuell mit:

```
sudo /etc/webmin/start
sudo /etc/webmin/stop
```

14.2.2 Webmin nutzen

Webmin präsentiert sich im Browser nach der Anmeldung mit Benutzernamen und Passwort zunächst mit einem Dashboard, das eine Übersicht über die wichtigsten System-Metriken enthält (vgl. Abb. 258).

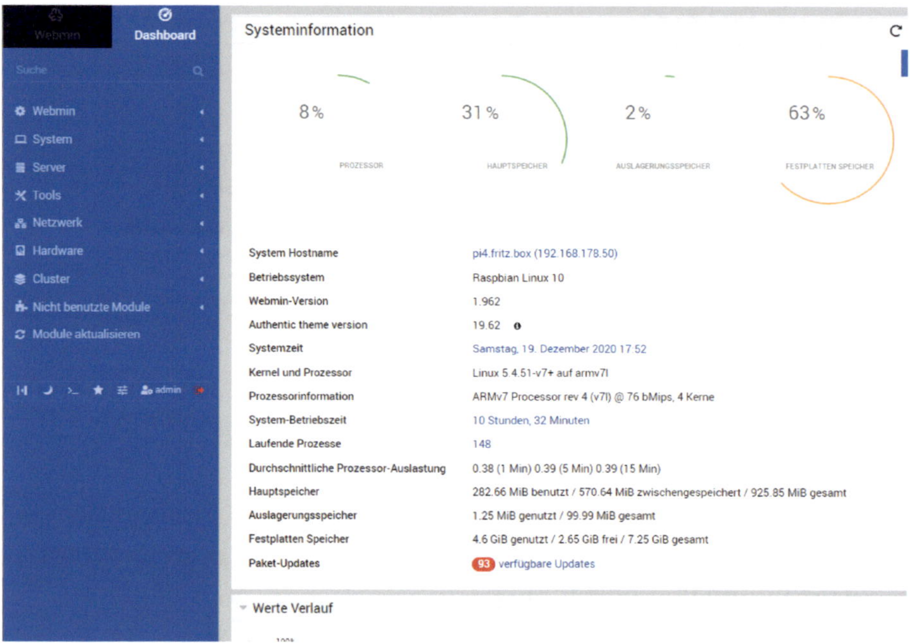

Abb. 258: Webmin-Dashboard

Entdecken Sie die Vielzahl an Informationen und Einstellungen, indem Sie die Punkte der Sidebar aufrufen. Eine Diskussion dieser Vielfalt würde an dieser Stelle den Rahmen sprengen.

Eine Ausnahme soll es dennoch geben: weitere Module installieren. Sie haben Webmin zunächst in der minimalen Version installiert. Sie beinhaltet ein Grundgerüst. Die Modul-Datenbank von Webmin (https://www.webmin.com/standard.html) bietet jedoch hunderte zusätzliche Module. Nutzen Sie den Pfad ***Webmin → Webmin-Konfiguration → Webmin*** Module, um Module nachzuladen.

Tipp: System sichern

Berücksichtigen Sie, dass Sie mit der Anmeldung bei Webmin umfangreiche Administrationsrechte haben (wie bei `sudo`). Führen Sie vor einer Änderung im System sicherheitshalber ein Backup durch. Nichts ist zeitraubender und frustrierender, als ein „zerschossenes" System wieder herstellen zu müssen.

14.3 Webmin versus Cockpit

Beide Angebote sind Open-Source und dank graphischer Oberfläche einfach zu nutzen. In annähernd monatlichen Abständen gibt es neue Features und Weiterentwicklungen.

Die monatlichen Downloads für Installationen sind zwar weitgehend gleich; dennoch ist Webmin vielleicht etwas populärer. Dies kann auf dem Umstand beruhen, dass die Möglichkeiten von Webmin sehr breit gefächert sind. Aus Sicht des einen oder anderen Nutzers geht dies vielleicht zu Lasten der Übersichtlichkeit.

Daher ist Cockpit vor allem für Neustarter interessant. Alle Basisfunktionen sind an Bord; die Weboberfläche ist gut und konsistent gestaltet. Nachteilig wirkt sich allerdings die karge Dokumentation aus.

15 Docker

Docker (https://www.docker.com/) ist eine Software, die die Bereitstellung von Anwendungen vereinfacht, indem sie die nötigen Pakete in ***Container*** packt. Ihr Ziel ist es, Dateien auf einfache Weise zu transportieren und zu installieren – Sie müssen nur den Container starten und sind fertig. Aufwendige Installationen, bei denen Sie zunächst andere Vorbereitungen treffen müssen, lassen sich so deutlich vereinfachen. Gleichzeitig trennen und verwalten Container die Ressourcen eines Rechners. In gewisser Weise verhalten sich die Container wie extrem leichtgewichtige, modulare virtuelle Maschinen (vgl. Abbildung 259).

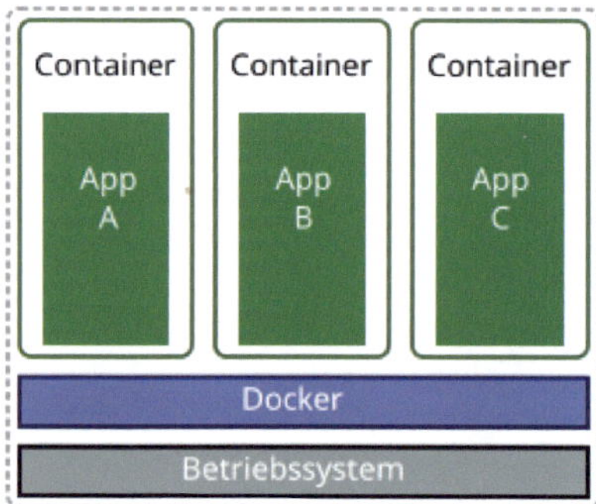

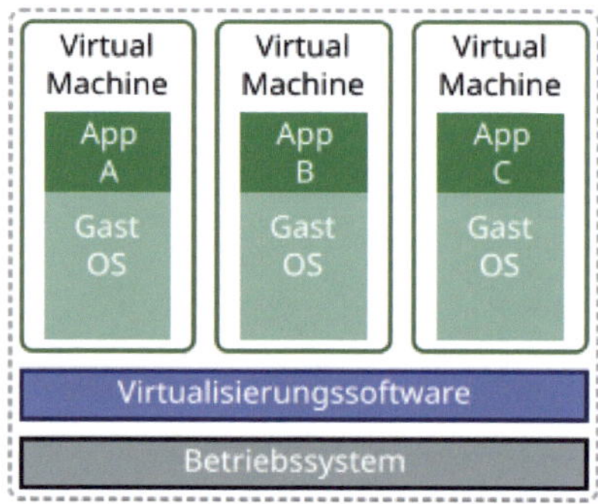

Abb. 259: Docker

Die Basis von Docker sind Linux-Techniken wie Cgroups und Namespaces. Docker läuft auf Windows-, macOS- und Linux-Maschinen und sogar auf dem Raspberry Pi. Der Ursprung datiert aus 2013.

Begriffe

In der Arbeit mit Docker begegnen Ihnen einige neue neue Begriffe:

- ***Image***: Ein Image ist ein Speicherabbild eines Containers. Es selbst besteht aus mehreren schreibgeschützten ***Layern***, die also nicht verändert werden können. Ein Image ist portabel, kann in Repositories gespeichert und anderweitig zur Verfügung gestellt werden.
- ***Container***: Container ist die Bezeichnung für die aktive Instanz eines Images. Ein Container befindet sich demnach in der Ausführung bzw. aktiven Beschäftigung. Er endet automatisch sobald er kein Programm mehr ausführt bzw. der Auftrag abgearbeitet ist. Die erzeugten Daten gehen verloren, es sei denn sie sind auf einem externen Volume ausgelagert.

- ***Layer***: Ein Layer ist Teil eines Images und enthält einen Befehl oder eine Datei, die dem Image hinzugefügt wurde. Layer erlauben die Historie eines Images nachzuvollziehen.
- ***Dockerfile***: Eine Dockerfile ist eine Textdatei, die mit verschiedenen Befehlen ein Image beschreibt. Diese werden bei der Ausführung abgearbeitet und für jeden Befehl wird ein einzelner Layer angelegt.

Fundstelle für Docker-Images sind Einrichtungen wie Docker Hub oder Artifactory. Diese verwalten Repositories, die einen Satz gleichnamiger Images mit verschiedenen Versionen haben.

15.1 Installation und Test

An dieser Stelle möchte ich etwas von der generellen Linie des Buches, die einem Raspberry OS Bullseye 64-Bit folgt abweichend und auch die 32-Bit-Variante vorstellen.

Raspberry OS bullseye 32-Bit

Die Installation und die Funktionskontrolle umfassen wenige Schritte:

Das Docker-Team bietet für die Installation auf einem 32-Bit-Raspberry Pi ein eigenes Installationsskript an. Mit dem folgenden Befehl laden Sie es herunter und führen es aus:

```
curl -fsSL https://get.docker.com | sh
```

Der gesamte Vorgang nimmt einige Zeit in Anspruch. Am Ende sollten Sie eine Bildschirmausgabe gemäß Abbildung 260 erhalten.

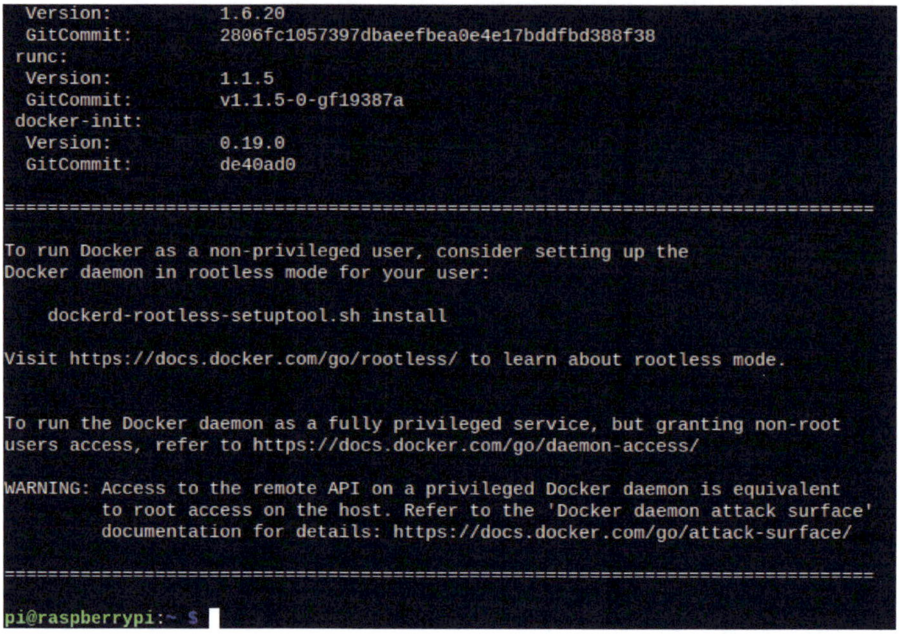

```
  Version:          1.6.20
  GitCommit:        2806fc1057397dbaeefbea0e4e17bddfbd388f38
 runc:
  Version:          1.1.5
  GitCommit:        v1.1.5-0-gf19387a
 docker-init:
  Version:          0.19.0
  GitCommit:        de40ad0

================================================================================

To run Docker as a non-privileged user, consider setting up the
Docker daemon in rootless mode for your user:

    dockerd-rootless-setuptool.sh install

Visit https://docs.docker.com/go/rootless/ to learn about rootless mode.


To run the Docker daemon as a fully privileged service, but granting non-root
users access, refer to https://docs.docker.com/go/daemon-access/

WARNING: Access to the remote API on a privileged Docker daemon is equivalent
         to root access on the host. Refer to the 'Docker daemon attack surface'
         documentation for details: https://docs.docker.com/go/attack-surface/

================================================================================

pi@raspberrypi:~ $
```

Abb. 260: Docker auf dem Raspberry Pi installieren – Abschlussmeldungen

Weiter geht es mit dem *Abschnitt Docker* starten.

Excurs: der Rootless-Mode von Docker

Zu Anbeginn hatte Docker ein gravierendes Architekturproblem. Docker-Container sind leichtgewichtig, weil sie sich ein zugrunde liegendes Betriebssystem teilen. Im Gegensatz dazu stehen virtuellen Maschinen, die jeweils ihr eigenes enthalten (vgl. Abbildung 259).

Um auf das Host-Betriebssystem und seine verschiedenen Funktionen und Dienste nutzen zu können, mussten Docker-Container anfangs einen Daemon mit Root-Rechten verwenden. Dies hatte eine massive Sicherheitsschwachstelle: Wenn ein böswilliger Angreifer einen schlecht konstruierten Container kapert, könnte er diesen Root-Zugang nutzen, um die Sicherheitsüberprüfungsfunktion zu umgehen mit allen denkbaren Folgen.

Zwischenzeitlich versucht Docker, dem Problem mit dem ***Rootless-Modus*** zu begegnen, indem es Infrastruktur und Container voneinander isoliert. Der Rootless-Modus erzeugt einen weniger privilegierten, nicht-root-fähigen Daemon. Dieser kann eine vollständige Docker-Engine und einen Container-Stack ohne Root-Rechte aufbauen und so eine sicherere Umgebung schaffen. Der Nachteil ist, dass das Ausführen von Docker im Rootless-Modus erheblichen zusätzlichen Aufwand erfordert.

Raspberry OS bullseye 64-Bit

Auf einem 64-Bit OS ist das Verfahren etwas aufwändiger. Die Docker-Dokumentation (https://docs.docker.com/engine/install/debian/) sieht drei Wege vor. Ich konzentriere mich auf die Methode, die auf ein APT-Repository zurück greift.

Der erste Teil befasst sich mit dem Set-up des Repositories.

Schritt 1: Set up Repository – APT-Paketliste aktualisieren

Aktualisieren Sie den APT-Paketindex und installieren Sie notwendige Pakete, damit `apt` ein Repository über HTTPS verwenden kann:

```
sudo apt-get update
sudo apt-get install ca-certificates curl gnupg
```

Schritt 2: Set up Repository – Docker's official GPG key hinzufügen

Fügen Sie den offiziellen Docker-GPG-Key hinzu:

```
sudo install -m 0755 -d /etc/apt/keyrings
curl -fsSL https://download.docker.com/linux/debian/gpg
| sudo gpg --dearmor -o /etc/apt/keyrings/docker.gpg
sudo chmod a+r /etc/apt/keyrings/docker.gpg
```

Schritt 3: Set up Repository – Kommando

Verwenden Sie den folgenden Befehl, um das Repository einzurichten:

```
echo \
  "deb [arch="$(dpkg --print-architecture)" signed-
by=/etc/apt/keyrings/docker.gpg] https://download.do-
cker.com/linux/debian \
  "$(. /etc/os-release && echo "$VERSION_CODENAME")"
stable" | \
  sudo tee /etc/apt/sources.list.d/docker.list > /dev/
null
```

Der 2. Teil befasst sich mit der Installation der Docker Engine.

Schritt 4: Install Docker Engine – Paketlisten aktualisieren

Aktualisieren Sie wieder die Paketlisten

```
sudo apt-get update
```

Schritt 5: Install Docker Engine - Engine installieren

Installieren Sie die Pakete.

```
sudo apt-get install docker-ce docker-ce-cli contai-
nerd.io docker-buildx-plugin docker-compose-plugin
```

Docker starten

Frühere Versionen des Installations-Skriptes haben automatisch Docker gestartet und ihn als beim Boot zu berücksichtigenden Systemdienst eingerichtet. Überprüfen Sie, ob Docker ausgeführt wird mit:

```
sudo systemctl status docker
```

Starten Sie ggf. Docker mit:

```
sudo systemctl start docker
```

Start von Docker beim Boot:

```
sudo systemctl unmask docker
sudo systemctl enable docker
```

Schritt 3: Docker testen

Die erfolgreiche Installation können Sie wiederum mit folgender Anweisung testen:

```
sudo docker run hello-world
```

Die Bildschirmausgabe protokolliert das Geschehen (siehe Abbildung 261).

```
pi@raspberrypi:~ $ sudo docker run hello-world
Unable to find image 'hello-world:latest' locally
latest: Pulling from library/hello-world
70f5ac315c5a: Pull complete
Digest: sha256:bb7e5ca9ec99f4e438e06c5e42577c30927962b04443285b5180bbd17d72fa57
Status: Downloaded newer image for hello-world:latest

Hello from Docker!
This message shows that your installation appears to be working correctly.

To generate this message, Docker took the following steps:
 1. The Docker client contacted the Docker daemon.
 2. The Docker daemon pulled the "hello-world" image from the Docker Hub.
    (arm64v8)
 3. The Docker daemon created a new container from that image which runs the
    executable that produces the output you are currently reading.
 4. The Docker daemon streamed that output to the Docker client, which sent it
    to your terminal.

To try something more ambitious, you can run an Ubuntu container with:
 $ docker run -it ubuntu bash

Share images, automate workflows, and more with a free Docker ID:
 https://hub.docker.com/

For more examples and ideas, visit:
 https://docs.docker.com/get-started/

pi@raspberrypi:~ $
```

Abb. 261: Docker hello-world-image

Das Image für einen Test mit einer anderen Version von Raspberry Pi OS muss ggf. angepasst werden; z.B. *armhf/hello-world*.

Lassen Sie sich die aktuelle Docker-Version anzeigen:

```
sudo docker version
```

Informationen über den laufenden Docker-Prozess erhalten Sie mit:

```
sudo docker info
```

Docker Container erstellen

Das Kommando `docker run <image>` (s.o.) erstellt einen Container und führt ihn aus. Docker lädt das Image herunter (pulling), wenn es nicht lokal vorhanden ist.

Das reicht so aber nur im einfachsten Fall. In aller Regel braucht der Container aber noch einige Informationen mehr. Die Übergabe erfolgt mittels bestimmter Parameter. Die wichtigsten sind:

- `-it`: öffnet eine Terminal-Session, über die Sie das Geschehen verfolgen können.

  Sie kehren mit **Strg+q** bzw. **Strg+p** zur Kommandoebene zurück; der Docker-Container läuft aber im Hintergrund weiter.

Benutzen Sie `sudo docker attach <myName>`, um wieder in die Ausgabe zurückzukehren (z.B. `sudo docker attach mynodered`).

- `-p 1880:1880`: stellt eine Verbindung von Port 1880 zu Port 1880 im Container her, auf dem die Anwendung läuft (hier: Node-RED; vgl. Abbildung 262).

- `-d`: startet einen Container im getrennten Modus (als Daemon im Hintergrund). Standardmäßig werden Container, die im getrennten Modus gestartet wurden, beendet, wenn der Root-Prozess, der zum Ausführen des Containers verwendet wurde, beendet wird, es sei denn, Sie geben auch die Option `--rm` an. Wenn Sie `-d` mit `--rm` verwenden, wird der Container entfernt, wenn er beendet wird oder wenn der Daemon beendet wird, je nachdem, was zuerst eintritt.

- `-v feld1:feld2`: Volumes sind der bevorzugte Mechanismus zum Beibehalten von Daten, die von Docker-Containern generiert und verwendet werden. Die Angabe erfolgt über das `-v`-Flag. Es hat typischerweise zwei Felder getrennt durch Doppelpunktzeichen (`:`). Die Felder müssen in der richtigen Reihenfolge sein.

  Bei benannten Volumes ist das erste Feld der Name des Volumes und ist auf einem bestimmten Hostcomputer eindeutig (lokale Datei). Bei anonymen Datenträgern wird das erste Feld weggelassen.

  Das zweite Feld ist der Pfad, in dem die Datei oder das Verzeichnis im Container bereitgestellt werden (Container-Verzeichnis).

  Beispiel: `-v node_red_data:/data` bindet das Node-RED-Datenverzeichnis in das Verzeichnis /data des Docker-Containers ein.

- `--name <myName>`: legt einen benutzerdefinierten Namen für Ihren Container fest (z.B. *mynodered*). Wenn Sie diese Option auslassen, vergibt Docker automatisch einen Fantasienamen.

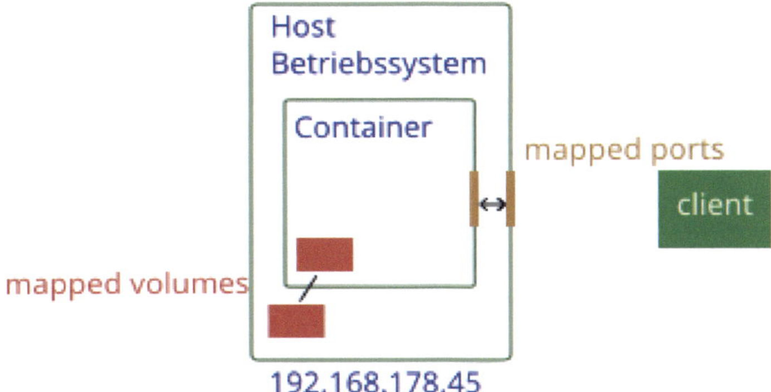

Abb. 262: Docker mapped Ports und Volumes

Information zu weiteren Optionen finden Sie unter https://docs.docker.com/engine/reference/commandline/run/.

Docker Container - anzeigen, starten, stoppen und löschen

Docker Container anzeigen

Identifizieren Sie die ausgeführten Docker Container auf Ihrem Host mit `docker ps` (siehe Abbildung 263):

```
pi@raspberrypi:~ $ sudo docker ps
CONTAINER ID   IMAGE               COMMAND                  CREATED            STATUS
  PORTS                                      NAMES
13896cde93a3   nodered/node-red    "./entrypoint.sh"    34 minutes ago    Up 34 minutes (healthy)
  0.0.0.0:1880->1880/tcp, :::1880->1880/tcp    mynodered
pi@raspberrypi:~ $
```

Abb. 263: Docker Liste der ausgeführten Container

`docker ps -a` zeigt Ihnen alle Container an (siehe Abbildung 264):

```
pi@raspberrypi:~ $ sudo docker ps -a
CONTAINER ID   IMAGE               COMMAND                  CREATED            STATUS
  PORTS                                      NAMES
13896cde93a3   nodered/node-red    "./entrypoint.sh"    39 minutes ago    Up 38 minutes (healthy)
  0.0.0.0:1880->1880/tcp, :::1880->1880/tcp    mynodered
6ea466b4d542   hello-world         "/hello"                 16 hours ago      Exited (0) 16 hours ago
                                             priceless_thompson
pi@raspberrypi:~ $
```

Abb. 264: Docker Liste der ausgeführten Container

Vorhandene Docker Container starten

Die bereits vorhandenen Docker Container können sie wieder starten. Sie benötigen entweder die Container ID oder den Container Namen (`docker start <container_name>` oder `docker start <container_id>`). Beides lässt sich mit `docker ps -a` anzeigen.

```
sudo docker start priceless_thompson
```

```
sudo docker start 6ea466b4d542
```

Die Option `--attach` (`-a`) fügt STDOUT/STDERR an und leitet Nachrichten weiter. Folgender Befehl führt beispielsweise bei bestehendem Container zu einer Ausgabe nach Abbildung 261.

```
sudo docker start -a priceless_thompson
```

Alternativ bietet sich der `docker restart` an. Er initiiert einen Stopp und dann einen Start aus. Wenn der Container bereits gestoppt ist, ist es funktional dasselbe wie `docker start`. Der Unterschied besteht darin, dass der Docker-Neustart robuster ist, wenn Sie versuchen, die Operation für einen Container auszuführen, der möglicherweise bereits ausgeführt wird.

```
sudo docker restart priceless_thompson
```

Laufenden Container stoppen

Hier tritt die `stop`-Anweisung an die Stelle der `start`-Anweisung. Auch das stoppen kann über die Container ID oder den Container Namen erfolgen. Die Befehle wären dann `docker stop <container_name>` oder `docker stop <container_id>`.

Docker Container löschen

Sie löschen Container mit docker rm (`docker rm <container_name>` oder `docker rm <container_id>`).

```
sudo docker rm priceless_thompson
```

Das Image ist jedoch weiter vorhanden.

`sudo docker run hello-world` generiert dann aus dem weiter vorhandenen Image einen neuen Container.

Docker Images - anzeigen und löschen

Einen Überblick über die auf Ihrem Gerät mit Docker verwalteten Images erhalten Sie mit (siehe Abbildung 265):

```
sudo docker images
```

```
pi@raspberrypi:~ $ sudo docker images
REPOSITORY    TAG       IMAGE ID       CREATED          SIZE
hello-world   latest    b038788ddb22   21 hours ago     9.14kB
pi@raspberrypi:~ $
```

Abb. 265: Docker Liste der Images

Nach der Installation hat die angezeigte Tabelle keine Einträge.

Images löschen Sie mit:

```
sudo docker rmi <image>
```

Also z.B.:

```
sudo docker rmi hello-world
```

Löschen aller unbenutzten oder unreferenzierten Images, Container, Volumen und Netzwerke

Docker bietet einen einzelnen Befehl zur Bereinigung beliebiger Ressourcen (Images, Container, Volumen und Netzwerke), die unreferenziert (d.h. nicht mit einem Container verknüpft) sind:

```
sudo docker system prune
```

Um auch angehaltene Container und alle nicht verwendeten Images zu entfernen (nicht nur unreferenzierte Images), fügen Sie dem Befehl das Flag `-a` hinzu:

```
sudo docker system prune -a
```

Docker-Befehle ohne Root-Rechte ausführen

Standardmäßig müssen Sie Docker-Befehle mit Root-Rechten ausführen. Möchten Sie Docker als Nicht-Root-Benutzer bedienen, müssen Sie den gewünschten Benutzer zur Docker-Gruppe hinzufügen.

Prüfen Sie das Vorhandensein der Gruppe *docker* (siehe Abbildung 266):

```
grep docker /etc/group
```

```
pi@raspberrypi:~ $ grep docker /etc/group
docker:x:992:
pi@raspberrypi:~ $
```

Abb. 266: Docker Gruppe

Erstellen Sie die Gruppe *docker* ggf. neu:

```
sudo groupadd docker
```

Mit nachfolgender Anweisung fügen Sie den aktuellen Benutzer der Gruppe *docker* hinzu:

```
sudo usermod -aG docker $USER
```

Die Änderung erlangt aber erst nach einem Log-out und anschließendem Log-in Wirksamkeit. Alternativ können Sie die Gruppenrichtlinien neu laden mit:

```
newgrp docker
```

Prüfen Sie den Erfolg zum Beispiel mit:

```
docker ps -a
```

15.2 Mosquitto in Docker ausführen

Geben Sie also folgenden Befehl ein, um Mosquitto in einem Docker-Container auszuführen:

```
sudo docker run -p 1883:1883 -p 9001:9001 --name mymos-
quitto eclipse-mosquitto:1.6.8
```

Docker bezieht das Mosquitto-Image (hier: die Version 1.6.8) aus der offiziellen Docker-Registry und startet die Anwendung (siehe Abbildung 267).

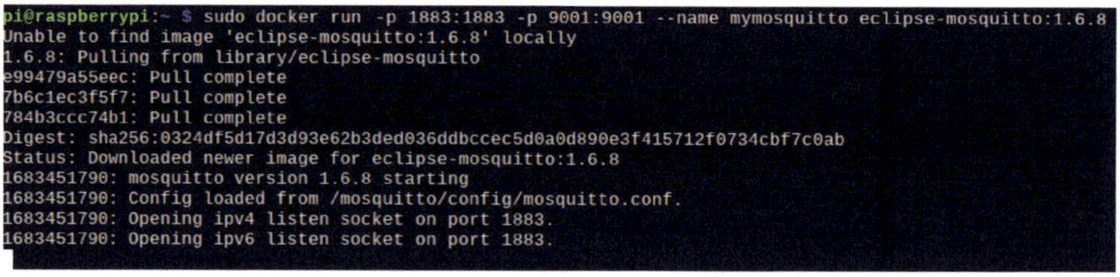

```
pi@raspberrypi:~ $ sudo docker run -p 1883:1883 -p 9001:9001 --name mymosquitto eclipse-mosquitto:1.6.8
Unable to find image 'eclipse-mosquitto:1.6.8' locally
1.6.8: Pulling from library/eclipse-mosquitto
e99479a55eec: Pull complete
7b6c1ec3f5f7: Pull complete
784b3ccc74b1: Pull complete
Digest: sha256:0324df5d17d3d93e62b3ded036ddbccec5d0a0d890e3f415712f0734cbf7c0ab
Status: Downloaded newer image for eclipse-mosquitto:1.6.8
1683451790: mosquitto version 1.6.8 starting
1683451790: Config loaded from /mosquitto/config/mosquitto.conf.
1683451790: Opening ipv4 listen socket on port 1883.
1683451790: Opening ipv6 listen socket on port 1883.
```

Abb. 267: Mosquitto in einem Docker-Container ausführen

Sie landen in einer Terminal-Session (beenden mit **Strg+c**).

Einen Neustart erreichen Sie mit:

```
sudo docker restart mymosquitto
```

Mosquitto testen

Ausgangspunkt ist die Installation von *mosquitto-clients*.

```
sudo apt-get install mosquitto-clients
```

Geben Sie in jeweils getrennten Terminals die nachstehenden Befehle ein (siehe auch Kapitel 9).

```
mosquitto_sub -h localhost -v -t test
mosquitto_pub -h localhost -t test -m "Hallo"
```

Externe Datenträger anbinden

Häufig ist es nötig, externe Datenträger an Mosquitto anzubinden – so z.B. um Logging-Informationen zu erhalten oder Mosquitto mit einem Passwort abzusichern. Dafür wurden im Image wurden drei Verzeichnisse erstellt, die für die Konfiguration, den persistenten Speicher und die Protokolle verwendet werden können:

- /mosquitto/config
- /mosquitto/data
- /mosquitto/log

Das folgende Beispiel geht von einer anzubindenden Konfigurationsdatei und einem herauszuführenden Logging aus.

Schritt 1: alten Container entfernen

Stoppen Sie zunächst den mosquitto-Container und löschen Sie ihn:

```
sudo docker stop mymosquitto
sudo docker rm mymosquitto
```

Schritt 2: externe Datenträger vorbereiten

Ausgangspunkt ist ein Ordner docker-files. Er soll alle auszutauschenden Ordner und Dateien enthalten. Richten Sie diesen Ordner in Ihrem home-Verzeichnis (wie in den Beispielen), unter /opt oder an anderer geeigneter Stelle ein. Wichtig ist – und das gilt auch für alle folgenden Ordner / Dateien - die Berücksichtigung der Linux-Zugriffsberechtigungsstrategie.

Erstellen Sie in dem Ordner docker-files die Mosquitto-Konfigurationsdatei mosquitto.conf mit folgendem Inhalt:

```
persistence true
persistence_location /mosquitto/data/
log_dest file /mosquitto/log/mosquitto.log
```

Setzen Sie noch die notwendigen Berechtigungen.

Erstellen Sie weiter in docker-files einen Unterordner mosquitto mit zwei Ordnern data und log mit den passenden Berechtigungen.

Schritt 3: neuen Container erstellen

Setzen Sie für die drei externen Datenträger beim `docker run` die entsprechenden `-v`-Flags:

```
sudo docker run -p 1883:1883 -p 9001:9001 \
  -v /home/pi/docker-files/mosquitto.conf:/mosquitto/
config/mosquitto.conf \
  -v ./docker-files/mosquitto/data:/mosquitto/data  \
  -v ./docker-files/mosquitto/log:/mosquitto/log \
  --name mymosquitto eclipse-mosquitto:1.6.8
```

Den Inhalt der Log-Datei können Sie sich ansehen mit:

```
sudo cat /home/pi/docker-files/mosquitto/log/mosquit-
to.log
```

Weiter Informationen finden Sie in DockerHub unter https://hub.docker.com/_/eclipse-mosquitto.

15.3 InfluxDB in Docker ausführen

Für den Betrieb von InfluxDB in Docker ist eine statische IP-Adresse erforderlich. Sie richten Sie in:

- Ihrem Router order
- durch Änderung der dhcpcd.conf (`sudo nano /etc/dhcpcd.conf)`

  Suchen Sie die Zeile **`# Example static IP configuration`** und entfernen Sie Kommentarzeichen bei **`#interface eth0`**. Vergeben Sie dann die statische IP-Adresse.

InfluxDB 1.x

InfluxDB benötigt einen externen Datenträger (hier: ./docker-files/influxdb) mit den entsprechenden Berechtigungen.

Geben Sie also folgenden Befehl ein, um InfluxDB in einem Docker--Container auszuführen:

```
sudo docker run -it -d -p 8086:8086 \
  -v ./docker-files/influxdb:/var/lib/influxdb \
  --name=influxdb influxdb:1.8
```

Docker bezieht wieder das InfluxDB-Image aus der offiziellen Docker--Registry und startet die Anwendung (siehe Abbildung 268).

```
pi@raspberrypi:~ $ sudo docker run -it -d -p 8086:8086 \
  -v ./docker-files/influxdb:/var/lib/influxdb \
  --name=influxdb influxdb:1.8
Unable to find image 'influxdb:1.8' locally
1.8: Pulling from library/influxdb
755944445ece: Pull complete
7979fe7914af: Pull complete
36eb1b4119fb: Pull complete
838e43c16448: Pull complete
685def524101: Pull complete
8271e7c0a37c: Pull complete
bd4637f29df9: Pull complete
Digest: sha256:89bd72ed93c7c2f23f663e968c82234d3c8520d3979018b55cd5e629dd3cc628
Status: Downloaded newer image for influxdb:1.8
aa0cbe15b98100d42defa6ed7262f75ef1ab10b5a4feab8029629c9b157ea938
pi@raspberrypi:~ $
```

Abb. 268: InfluxDB 1.x in einem Docker-Container ausführen

Sie können nun wie gewohnt mit InfluxDB 1.x arbeiten. Das Command-Line-Interface (CLI) rufen Sie auf mit:

```
sudo docker exec -it influxdb influx
```

Die folgenden Anweisungen richten im Vorgriff auf den Einsatz von Telegraf eine Datenbank *telegraf* und einen Benutzer *telegraf* ein (siehe Abbildung 269).

```
CREATE DATABASE telegraf
USE telegraf
CREATE USER telegraf WITH PASSWORD 'telegraf' WITH ALL
PRIVILEGES
GRANT ALL ON telegraf TO telegraf
exit
```

```
pi@raspberrypi:~ $ sudo docker exec -it influxdb influx
Connected to http://localhost:8086 version 1.8.10
InfluxDB shell version: 1.8.10
> CREATE DATABASE telegraf
> USE telegraf
Using database telegraf
> CREATE USER telegraf WITH PASSWORD 'telegraf' WITH ALL PRIVILEGES
> GRANT ALL ON telegraf TO telegraf
> exit
pi@raspberrypi:~ $
```

Abb. 269: InfluxDB für Telegraf vorbereiten

InfluxDB 2.x

InfluxDB 2.x benötigt einen externen Datenträger (hier: ./docker-files/influxdb2) mit den entsprechenden Berechtigungen.

Geben Sie also folgenden Befehl ein, um InfluxDB in einem Docker--Container auszuführen:

```
sudo docker run -it -d -p 8086:8086 \
  -v ./docker-files/influxdb2:/var/lib/influxdb \
  --name=influxdb2 influxdb:latest
```

Docker

Docker bezieht wieder das InfluxDB-Image aus der offiziellen Docker--Registry und startet die Anwendung (siehe Abbildung 270).

```
pi@raspberrypi:~ $ sudo docker run -it -d -p 8086:8086 \
  -v ./docker-files/influxdb2:/var/lib/influxdb \
  --name=influxdb2 influxdb:latest
Unable to find image 'influxdb:latest' locally
latest: Pulling from library/influxdb
b5d25b35c1db: Pull complete
8e980dde75d0: Pull complete
1dfd9ebb6ce6: Pull complete
f4fb470a28ff: Pull complete
d4b6a269269b: Pull complete
ca8cedefc667: Pull complete
de6b3fb5f737: Pull complete
4d02413eed32: Pull complete
27eb8cdfc21e: Pull complete
f8cd6ae8950c: Pull complete
Digest: sha256:c329d32475b1da4205df2e66408ef46689bc77198ecb72f7e87924e7cd109c9d
Status: Downloaded newer image for influxdb:latest
ea587e1c621c0b1b0b4833ca597d34c69f8c9d00e72cf89ed100e9c51093a11f
pi@raspberrypi:~ $
```

Abb. 270: InfluxDB 2.x in einem Docker-Container ausführen

Die erste Anmeldung (hier mit: 192.168.178.45:8086) führt auch hier zum Willkommens-Fenster (vgl. Abschnitt 3.1.2).

Geben Sie Benutzername, Passwort, erste Organisation und erster Bucket-Name ein. im Hinblick auf Telegraf könnten dies «telegraf», «telegraf», «myHome» und «telegraf» sein. Das Folgefenster zeigt den bekannten Zustand nach der Erstanmeldung (siehe Abbildung 271).

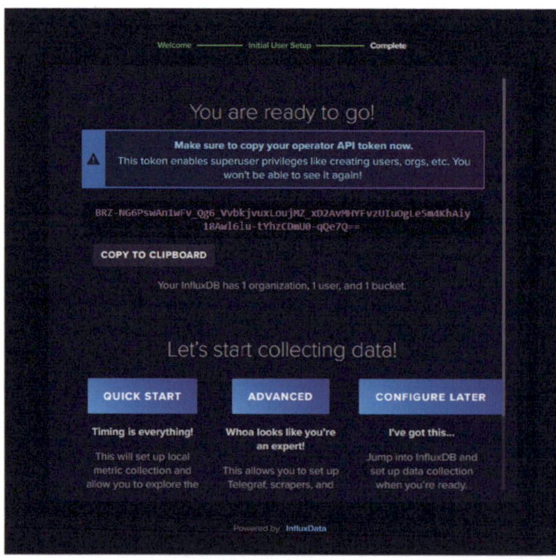

Abb. 271: InfluxDB 2.x Access-Token nach Erstanmeldung

Notieren Sie sich den Token (hier: **BRZ-NG6PswAn1wFv_Qg6_Vvbkjvux-LoujMZ_xD2AvMHYFvzUIuOgLe5m4KhAiy18Awl6lu-tYhzCDmU0-**

qQe7Q==) und gehen Sie über eine der drei Flächen z.B. ***ADVANCED*** weiter. InfluxDB verfügt nun über einen Bucket *telegraf*, der zur Nutzung einlädt. Ändern Sie ggf. über ***SETTINGS*** noch die Retention-Period bei ***OLDER THAN*** auf ***7 days***.

Sie können aber auch mit dem InfluxDB-CLI arbeiten. Nachstehende Anweisung listet die angelegten Buckets auf.

```
sudo docker exec -it influxdb2 influx bucket list -o
myHome -t BRZ-NG6PswAn1wFv_Qg6_VvbkjvuxLoujMZ_xD2AvM-
HYFvzUIuOgLe5m4KhAiy18Awl6lu-tYhzCDmU0-qQe7Q==
```

Weiter Informationen finden Sie in DockerHub unter https://hub.docker.com/_/influxdb.

15.4 Telegraf in Docker ausführen

Ziel soll die Speicherung von Telegraf gesammelten System-Daten in einer InfluxDB sein. Dabei unterscheiden sich die Einstellungen in Abhängigkeit von der Datenbank-Version.

Gemeinsame Schritte

Schritt 1: das Telegraf-Image besorgen

Besorgen Sie sich das Image (siehe Abbildung 272):

```
sudo docker pull telegraf
```

```
pi@raspberrypi:~ $ sudo docker pull telegraf
Using default tag: latest
latest: Pulling from library/telegraf
755944445ece: Already exists
7979fe7914af: Already exists
6aa8c9e6c6ec: Pull complete
b874fc3b8d1f: Pull complete
7c4999085195: Pull complete
a48d309463e3: Pull complete
Digest: sha256:eca409015d6b5bcb1b1a5c067c0d28b1d69e28bffbeca8ee2542575089bc2c32
Status: Downloaded newer image for telegraf:latest
docker.io/library/telegraf:latest
pi@raspberrypi:~ $
```

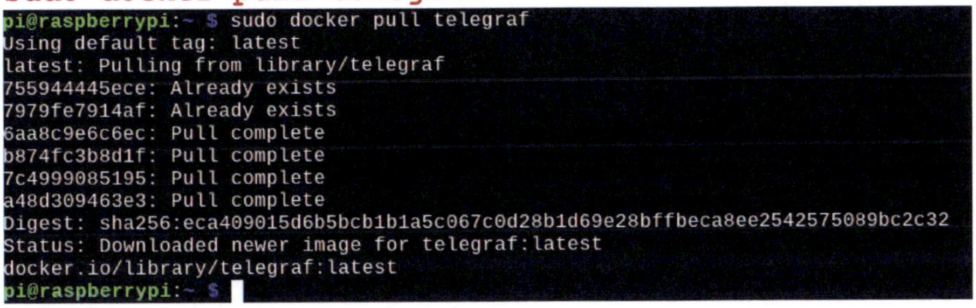

Abb. 272: Telegraf-Image besorgen

Schritt 2: Beispielkonfiguration erstellen

Generieren Sie zunächst eine Beispielkonfiguration und speichern Sie diese als telegraf.conf auf dem Host:

```
sudo docker run --rm telegraf telegraf config >
telegraf.conf
```

Das dauert eine Weile Danach befindet sich im home-Verzeichnis eine Datei telegraf.conf. Sie haben aber noch keinen *telegraf*-Container!

Schritt 3: output-Plugin konfigurieren

Als nächstes geht es an die Konfiguration des Output-Plugins

```
sudo nano telegraf.conf
```

Hier untercheiden sich InfluxDB 1.x und InfluxDB 2.x.

<u>InfluxDB 1.x</u>

Suchen Sie die Einstellungen für das InfluxDB-1.x-Output-Plugin (`outputs.influxdb`). Aktivieren Sie das Plugin, indem Sie das Kommentarzeichen entfernen. Verfahren Sie ebenso bei folgenden Einstellungen (immer schon mit den entsprechenden Werten:

- `urls = ["http://192.168.178.45:8086"]`

  Dies ist die IP-Adressse des Hosts, auf dem die InfluxDB läuft
- `database = "telegraf"`
- `skip_database_creation = true`

  Die InfluxDB-Datenbank ist angelegt; deshalb kann das automatische Einrichten entfallen.
- `username = "telegraf"`
- `password = "telegraf"`

In der Übersicht sieht das etwa wie folgt aus:

```
# # Configuration for sending metrics to InfluxDB
[outputs.influxdb]]
#   ## The full HTTP or UDP URL for your InfluxDB
instance.
    urls = ["http://192.168.178.45:8086"]
#
#   ## The target database for metrics; will be created
as needed.
#   ## For UDP url endpoint database needs to be confi-
gured on server side.
    database = "telegraf"
#
#   ## If true, no CREATE DATABASE queries will be
sent.  Set to true when using
```

```
#   ## Telegraf with a user without permissions to
create databases or when the
#   ## database already exists.
    skip_database_creation = true
#
#   ## HTTP Basic Auth
    username = "telegraf"
    password = "telegraf"
```

InfluxDB 2.x

Suchen Sie die Einstellungen für das InfluxDB-2.x-Output-Plugin (`outputs.influxdb`). Aktivieren Sie das Plugin, indem Sie das Kommentarzeichen entfernen. Verfahren Sie ebenso bei folgende Einstellungen (immer schon mit den entsprechenden Werten:

- `urls = ["http://192.168.178.45:8086"]`
- `token = "BRZ ..... f"`

  Der Zugangstoken aus dem vorherigen Abschnitt.
- `organization = "myHome"`
- `bucket = "telegraf"`

In der Übersicht sieht das etwa wie folgt aus:

```
# # Configuration for sending metrics to InfluxDB 2.0
[[outputs.influxdb_v2]]
#   ## The URLs of the InfluxDB cluster nodes.
#   ##
#   ## Multiple URLs can be specified for a single
cluster, only ONE of the
#   ## urls will be written to each interval.
#   ##   ex: urls = ["https://us-west-2-
1.aws.cloud2.influxdata.com"]
   urls = ["http://192.168.178.48:8086"]
#
#   ## Token for authentication.
   token = "BRZ-NG6PswAn1wFv_Qg6_VvbkjvuxLoujMZ_xD2AvM-
HYFvzUIuOgLe5m4KhAiy18Awl6lu-tYhzCDmU0-qQe7Q=="
#
#   ## Organization is the name of the organization you
wish to write to.
   organization = "myHome"
#
```

```
#   ## Destination bucket to write into.
   bucket = "telegraf"
```

Haben Sie noch einen Blick auf das Input-Plugin (`inputs.internal`).

```
# # Collect statistics about itself
[[inputs.internal]]
#   ## If true, collect telegraf memory stats.
#   # collect_memstats = true
```

Schritt 4: Telegraf-Container erstellen und ausführen

Belassen Sie die Telegram-Konfigurationsdatei im home-Verzeichnis oder kopieren Sie sie an einen anderen Ort (hier: /docker-files).

Geben Sie also folgenden Befehl ein, um Telegraf in einem Docker--Container auszuführen:

```
sudo docker run \
  -v $PWD/docker-files/telegraf.conf:/etc/telegraf/
telegraf.conf:ro\
  --name=telegraf telegraf
```

Es dauert eine Weile bis der Container eingerichtet ist und läuft (siehe Abbildung 273):

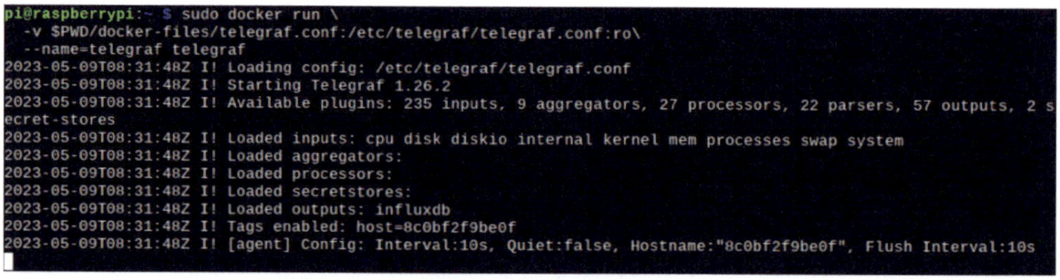

```
pi@raspberrypi:~ $ sudo docker run \
  -v $PWD/docker-files/telegraf.conf:/etc/telegraf/telegraf.conf:ro\
  --name=telegraf telegraf
2023-05-09T08:31:48Z I! Loading config: /etc/telegraf/telegraf.conf
2023-05-09T08:31:48Z I! Starting Telegraf 1.26.2
2023-05-09T08:31:48Z I! Available plugins: 235 inputs, 9 aggregators, 27 processors, 22 parsers, 57 outputs, 2 s
ecret-stores
2023-05-09T08:31:48Z I! Loaded inputs: cpu disk diskio internal kernel mem processes swap system
2023-05-09T08:31:48Z I! Loaded aggregators:
2023-05-09T08:31:48Z I! Loaded processors:
2023-05-09T08:31:48Z I! Loaded secretstores:
2023-05-09T08:31:48Z I! Loaded outputs: influxdb
2023-05-09T08:31:48Z I! Tags enabled: host=8c0bf2f9be0f
2023-05-09T08:31:48Z I! [agent] Config: Interval:10s, Quiet:false, Hostname:"8c0bf2f9be0f", Flush Interval:10s
```

Abb. 273: Telegraf-Container erstellen und ausführen

Sie können sich auch in einem anderen Terminal die ordnungsgemäße Ausführung anzeigen lassen:

```
sudo docker logs -f telegraf
```

Auf der InfluxDB-Seite sollten die Telegraf-Daten eingehen und gespeichert werden (siehe Abbildung 274). Überprüfen Sie dies z.B. mit

```
sudo docker exec -it influxdb influx
USE telegraf
show measurements
```

```
pi@raspberrypi:~ $ sudo docker exec -it influxdb influx
Connected to http://localhost:8086 version 1.8.10
InfluxDB shell version: 1.8.10
> USE telegraf
Using database telegraf
> show measurements
name: measurements
name
----
cpu
disk
diskio
internal_agent
internal_gather
internal_memstats
internal_write
kernel
mem
processes
swap
system
>
```

Abb. 274: Telegraf-System-Daten in InfluxDB

Weiter Informationen finden Sie in DockerHub unter https://hub.docker.com/_/telegraf.

15.5 Grafana in Docker ausführen

Geben Sie also folgenden Befehl ein, um Grafana in einem Docker--Container auszuführen:

```
sudo docker run -d -p 3000:3000 --name=grafana
grafana/grafana
```

Docker bezieht wieder das Grafana-Image aus der offiziellen Docker--Registry und startet die Anwendung (siehe Abbildung 275).

```
pi@raspberrypi:~ $ sudo docker run -d -p 3000:3000 --name=grafana grafana/grafana
Unable to find image 'grafana/grafana:latest' locally
latest: Pulling from grafana/grafana
fd4b2aeb476b: Pull complete
c18071cf1f29: Pull complete
1668dda794aa: Pull complete
6d435a440d7d: Pull complete
e4195cd78bae: Pull complete
4f044efea39c: Pull complete
8bd6a220bab1: Pull complete
907b8eb6c615: Pull complete
51afe8b92c30: Pull complete
Digest: sha256:00a4d2889c2b32f86c50673b1a82cb5b45349f1c24b0a882d11a53518e2ecae4
Status: Downloaded newer image for grafana/grafana:latest
adf43785cfccf7341544ae0a03e19619f526dfc74065e565adc4942e2fa126ae
pi@raspberrypi:~ $
```

Abb. 275: Grafana in einem Docker-Container ausführen

Sie erreichen Grafana wie gewohnt unter http://<host_ip_adresse:3000 (z.B.: http://192.168.178.45:3000). Benutzername / Passwort für das erstmalige Anmelden sind «admin» / «admin»; Sie können das Passwort ändern (z.B. «raspberry»).

Weiter Informationen finden Sie in DockerHub unter https://hub.docker.com/r/grafana/grafana.

15.6 Node-RED in Docker ausführen

Geben Sie also folgenden Befehl ein, um Node-RED in einem Docker--Container auszuführen:

```
sudo docker run -it -p 1880:1880 -v node_red_data:/data
--name mynodered nodered/node-red
```

Docker bezieht das Node-RED-Image aus der offiziellen Docker-Registry und startet die Anwendung (siehe Abbildung 276). Mit einem Befehl sind die komplette Installation und das Starten des Dienstes erledigt.

```
pi@raspberrypi:~ $ sudo docker run -it -p 1880:1880 -v node_red_data:/data --name mynodered nodered/node-red
Unable to find image 'nodered/node-red:latest' locally
latest: Pulling from nodered/node-red
a6b45ace95f4: Pull complete
fda70e3c8913: Pull complete
dc0281435920: Pull complete
67d57a1ee6d6: Pull complete
8a47ee1d653d: Pull complete
8b31a1a18921: Pull complete
f8cb693e313b: Pull complete
4f4fb700ef54: Pull complete
7bf0029a31f4: Pull complete
37f666fd45d0: Pull complete
85e2c14cc42d: Pull complete
fcc9c721c42b: Pull complete
7f859e5c7305: Pull complete
88c70de051be: Pull complete
c8c90df8d1b1: Pull complete
83ed91b60714: Pull complete
f540d8be5509: Pull complete
Digest: sha256:524316b9b84cb5bbfe006c117f3dad31ee806804b12e4b866047a65e2080e92d
Status: Downloaded newer image for nodered/node-red:latest
6 May 06:12:40 - [info]

Welcome to Node-RED
===================

6 May 06:12:40 - [info] Node-RED version: v3.0.2
6 May 06:12:40 - [info] Node.js  version: v16.16.0
6 May 06:12:40 - [info] Linux 6.1.21-v7+ arm LE
6 May 06:12:43 - [info] Loading palette nodes
6 May 06:12:46 - [info] Settings file  : /data/settings.js
6 May 06:12:46 - [info] Context store  : 'default' [module=memory]
```

Abb. 276: Node-RED in einem Docker-Container ausführen

Da Ihr Raspberry Pi wahrscheinlich sehr viel weniger Rechenpower als Ihr Desktoprechner hat, dauert es eine Weile, bis alle nötigen Schritte abgeschlossen sind.

Sie finden Informationen dazu im DockerHub unter https://hub.docker.com/r/nodered/node-red.

15.7 Portainer

Prinzipiell ist Docker gut über die Kommandozeile zu bedienen. Vielfach besteht aber der Wunsch nach einer grafischen Oberfläche. Diese bietet ***Portainer Community Edition*** (portainer-ce, https://docs.portainer.io/start/install-ce/server/docker/linux). Es ist eine schlanke Plattform für Containeranwendungen, der Sie alle Ihre Ressourcen (Container, Bilder, Volumes, Netzwerke und mehr) über eine GUI und/oder eine umfangreiche API verwalten können. Portainer steht als Image zur Installation bereit.

Installation

Schritt 1: Speicherort für Portainer-DB einrichten

Erstellen Sie zunächst ein Docker-Volume, das Portainer Server zum Speichern seiner Datenbank verwenden wird:

```
docker volume create portainer_data
```

Schritt 2: Portainer-Image holen

Laden Sie sich das Portainer-Server-Image herunter

```
sudo docker pull portainer/portainer-ce:latest
```

Schritt 3: Portainer als Container starten

Erstellen und starten Sie den Portainer-Server-Container:

```
docker run -d -p 9000:9000 -p 9443:9443 --name
portainer --restart=always -v /var/run/docker.sock:/
var/run/docker.sock -v portainer_data:/data portainer/
portainer-ce:latest
```

Abbildung 277 zeigt die Befehlsfolge im Terminal.

```
pi@raspberrypi:~/docker_compose $ docker volume create portainer_data
portainer_data
pi@raspberrypi:~/docker_compose $ sudo docker pull portainer/portainer-ce:latest
latest: Pulling from portainer/portainer-ce
772227786281: Pull complete
96fd13befc87: Pull complete
23f2184d3136: Pull complete
96063559028e: Pull complete
4c3b3bc85ff4: Pull complete
875756a49192: Pull complete
c7750855b864: Pull complete
83d2746a9b7d: Pull complete
22ee5f107975: Pull complete
94c7d75d88d7: Pull complete
4f4fb700ef54: Pull complete
Digest: sha256:4488739b16a98364f7ffdb32f1152708ae2b2388add71b9aabbb1ab15275791c
Status: Downloaded newer image for portainer/portainer-ce:latest
docker.io/portainer/portainer-ce:latest
pi@raspberrypi:~ $ docker run -d -p 9000:9000 -p 9443:9443 --name portainer --restart=always -v /var/run/d
ocker.sock:/var/run/docker.sock -v portainer_data:/data portainer/portainer-ce:latest
12d8c511735e698dbb5225246c44638097da7d5b0fb3e5df90bdd03e7251e7d7
pi@raspberrypi:~ $ docker ps
CONTAINER ID   IMAGE                           COMMAND        CREATED          STATUS          PORTS
                                                                                      NAMES
12d8c511735e   portainer/portainer-ce:latest   "/portainer"   20 seconds ago   Up 12 seconds   0.0.0.0:900
0->9000/tcp, :::9000->9000/tcp, 8000/tcp, 0.0.0.0:9443->9443/tcp, :::9443->9443/tcp   portainer
pi@raspberrypi:~ $
```

Abb. 277: Portainer Installation

Erstanmeldung

Portainer lauscht auf die Ports 9000 (http) bzw. 9443 (https). Öffnen Sie in einem Browser ein Portainer-Fenster mit http://Ihre_IP-Adresse>:9000 (z.B. http://192.168.178.45:9000; siehe Abbildung 278).

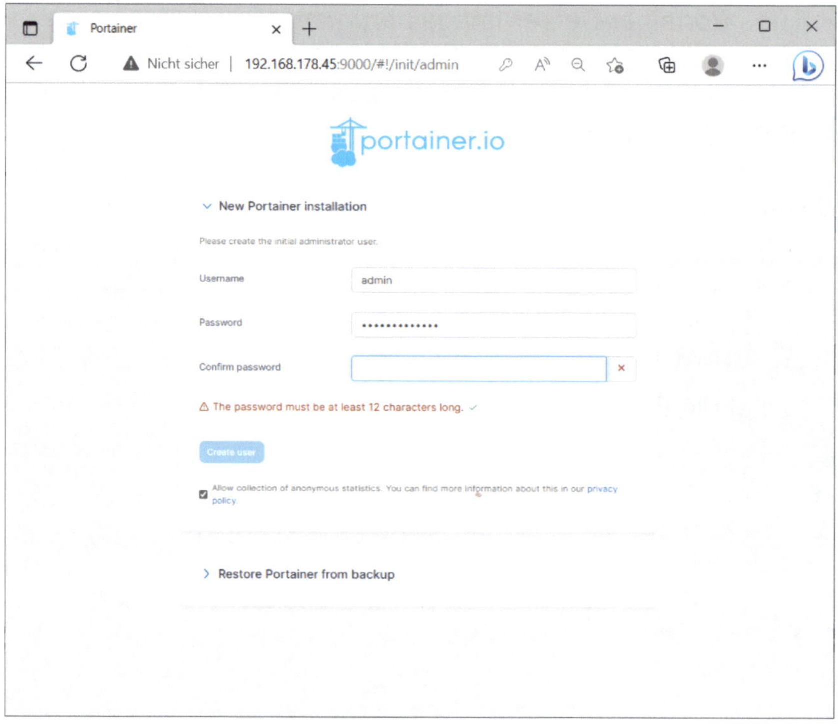

Abb. 278: Portainer-Fenster Erstanmeldung

Vergeben Sie ein (sicheres) Passwort für den User «admin» (z.B. «raspberry012») und gehen Sie mit ***Create User*** zum Set-Up-Assistenten weiter (siehe Abbildung 279).

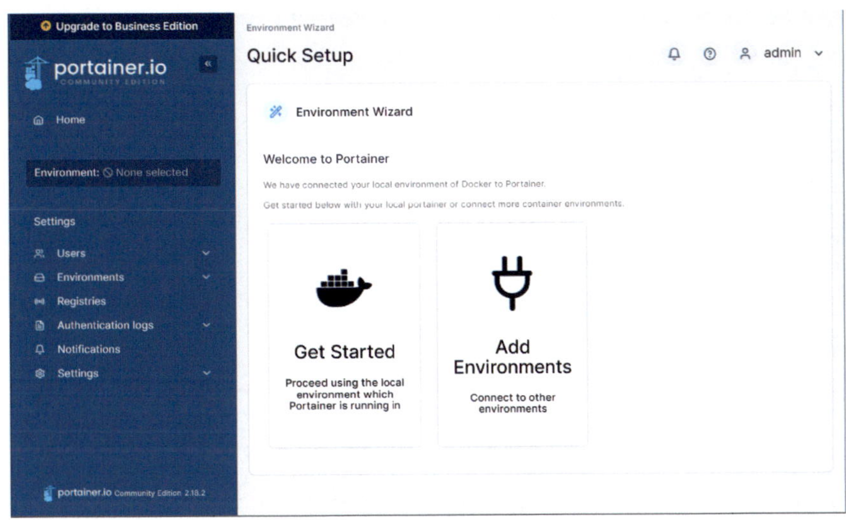

Abb. 279: Portainer Set-up Assistent Erstanmeldung

Der Home-Screen

Die linke Spalte ist geprägt durch das ***Home***-Icon und verschiedene Untermenüs für die Einstellungen (Settings). Sie bewegen sich hier in einem lokalen Environment (Umgebung). ***Home*** zeigt dies an (siehe Abbildung 280).

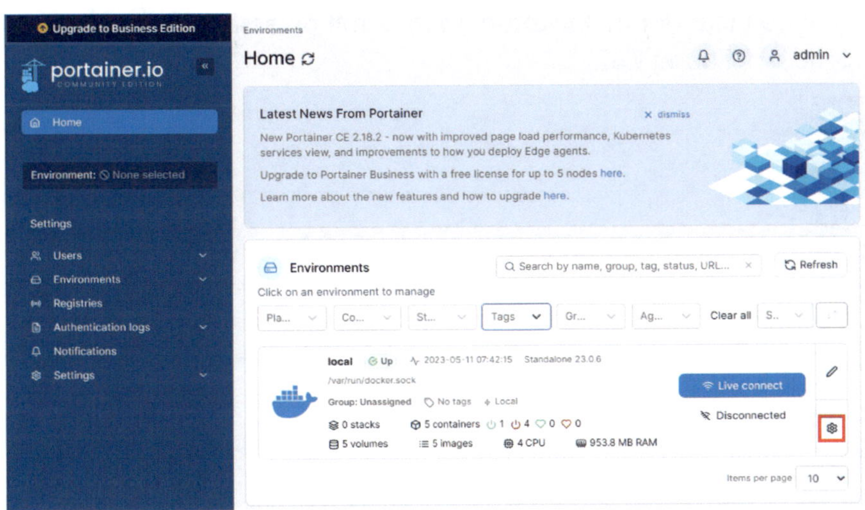

Abb. 280: Portainer Home-Screen

Klicken Sie auf das Einstellungs-Icon, um Ihr Environment (dt.: Umgebung; Software-Umgebung) zu editieren (siehe Abbildung 281).

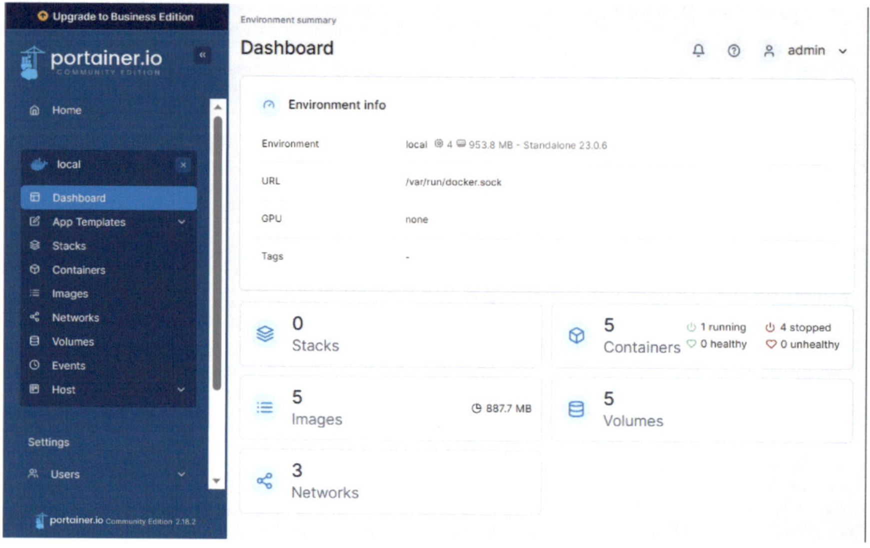

Abb. 281: Portainer Environment Dashboard

In der linken Seitenleiste haben Sie nun wieder verschiedene Untermenüs, um die lokale Umgebung zu verwalten. An dieser Stelle möchte ich ***Events*** etwas hervorheben, denn hier finden Sie wertvolle Hinweise, wenn Ihre Docker-Anwendung Probleme bereitet.

Images / Container verwalten

Images zeigt eine Liste der installierten Images mit diversen Zusatzinformationen an siehe Abbildung 282).

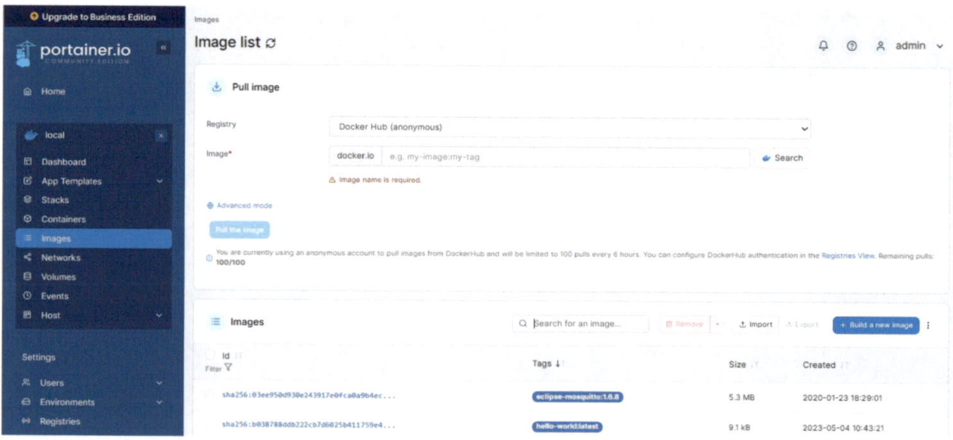

Abb. 282: Portainer - Docker Images

15.7 Portainer

Sie laden ein Image herunter, indem Sie im Abschnitt ***Pull image*** bei ***Image*** den entsprechenden Namen eintragen (z.B. *grafana/grafana*). ***Pull the image*** startet den Installationsprozess.

Die Schaltfläche zeigt *Download in progress*; im Gegensatz zum Pull über ein Terminal haben Sie aber keine weiteren Informationen. Bei erfolgreicher Beendigung haben Sie einen neuen Eintrag «grafana/grafana» in der Image-Liste, der den Vermerk *unused* trägt.

Containers führt zur Verwaltung Ihrer Docker-Container (siehe Abbildung 283).

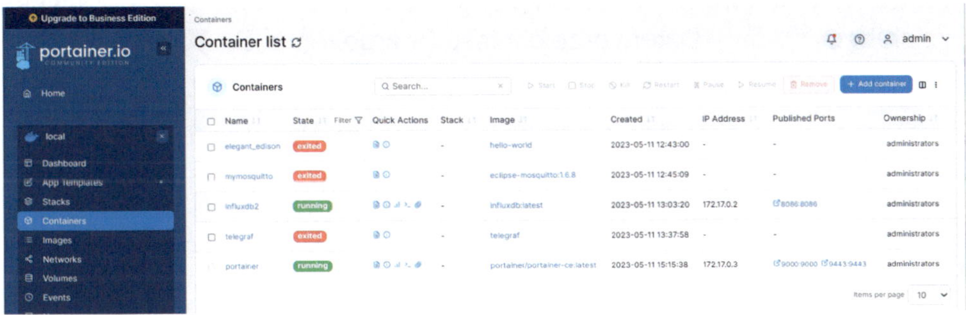

Abb. 283: Portainer - Docker Container

Einen neuen Container erstellen Sie mit ***Add container***. Das entsprechende Fenster gliedert sich in einige Abschnitte mit einer Vielzahl von Einstellungsmöglichkeiten (siehe Abbildung 284).

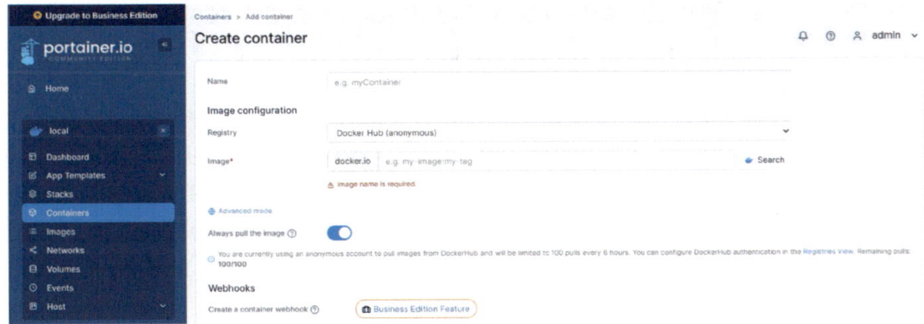

Abb. 284: Portainer create Container

An dieser Stelle soll exemplarisch ein Grafana-Container erstellt werden. Betroffen sind nachstehende Felder:

- ***name***: der benutzerdefinierte Containername (hier: *grafana*)
- ***Image***: der Imagename (hier: *grafana/grafana*)

- Ports: Die Port-Verbindung stellen Sie im Abschnitt ***Networks ports configuration*** ein. ***+ publish new Network port*** blendet eine neue Zeile für die erforderlichen Angaben ein (hier: Port 3000 für grafana; siehe Abbildung 285).

Abb. 285: Portainer create Container - Portangaben

- Datenverzeichnisse: Im Abschnitt ***Advanced container settings*** lassen sich bei ***Volumes*** Datenverzeichnisse bearbeiten (z.B. ***Always***).
- Restart-Verhalten: Im Abschnitt ***Advanced container settings*** lässt sich bei ***Restart policy*** das Verhalten bei einem Neustart festlegen (z.B. ***Always***).

Deploy the container stellt den Container bereit. Der neuen Container taucht dann in der Liste auf.

15.8 Docker Compose

Compose ist ein mächtiges Tool zum Definieren und Ausführen von Docker-Anwendungen mit mehreren Containern. Die Konfiguration der Dienste der Anwendung liegt in einer YAML-Datei. Sie erlaubt mit einem einzigen Befehl, alle Dienste aus Ihrer Konfiguration zu erstellen und zu starten.

Dabei sind bei der Eingabe von Daten für Variablen die Standard-YAML-Regeln zu befolgen. Bei Passwörtern mit Sonderzeichen kann dies bedeuten, dass diese ordnungsgemäß maskiert werden ($ ist das Escape-Zeichen) oder die Variable ordnungsgemäß in Anführungszeichen gesetzt wird.

Compose liegt zwischenzeitlich als fertiges Image vor. Das nachfolgende einfache Beispiel installiert einen ***Nginx***-Server.

Schritt 1: index.html erstellen

Erstellen oder verwenden Sie für Docker-Compose ein eigenes Verzeichnis (z.B. docker-files). Legen Sie in diesem Verzeichnis einen Ordner für die Root-Struktur Ihrer Nginx-Umgebung fest (z.B. app). In diesem Ordner (.docker-files/app) legen Sie eine Datei index.html mit folgendem Inhalt ab:

```
<!doctype html>
<html lang="de">
<head>
    <meta charset="utf-8">
    <title>Docker Compose Demo</title>
    <link rel="stylesheet" href="https://cdn.jsdeli-
vr.net/gh/kognise/water.css@latest/dist/dark.min.css">
</head>
<body>

    <h1>Hallo, dies ist eine Docker Compose Demo
Seite.</h1>
    <p>Der Inhalt ist durch einen Nginx container
bestimmt worden.</p>

</body>
</html>
```

Schritt 2: docker-compose.yml erstellen

Erstellen Sie im Docker-Compose-Verzeichnis (z.B. docker-files) eine Datei docker-compose.yml mit folgendem Inhalt:

```
version: '2.17'
services:
  web:
    image: nginx:alpine
    ports:
      - "8000:80"
    volumes:
      - ./app:/usr/share/nginx/html
```

Die Angabe von **version** muss mit der installierten Docker-Compose-Version einhergehen.

Schritt 3: compose Image besorgen

Besorgen Sie sich das Docker-Compose-Image mit (siehe Abbildung 286):

```
docker run --rm -it docker compose version
```

```
pi@raspberrypi:~ $ docker run --rm -it docker compose version
Unable to find image 'docker:latest' locally
latest: Pulling from library/docker
08409d417260: Pull complete
bf127bdc9f4f: Pull complete
55b4810136f4: Pull complete
7755db036d15: Pull complete
5a3f85b23db6: Pull complete
cf39c0494cbe: Pull complete
f4a1512e3bbb: Pull complete
5ccc04d8fc75: Pull complete
bc47925e6b41: Pull complete
3ad6e81d58bb: Pull complete
3b77d6fe3da4: Pull complete
31f5e86c7e55: Pull complete
7db388f73c37: Pull complete
0dfe7d07c919: Pull complete
Digest: sha256:ed09448da6f2d4bd1ac208a923a2a962cc203dabb60111acd33111728214e93a
Status: Downloaded newer image for docker:latest
Docker Compose version v2.17.3
pi@raspberrypi:~ $
```

Abb. 286: Docker Compose installieren

Hier hat Docker Compose die Version 2.17.3; übertragen Sie die Angabe auch in die .yml-Datei.

Jetzt können Sie Ihre Docker-Umgebung mit Compose hochfahren (siehe Abbildung 287):

`docker compose up -d`

```
pi@raspberrypi:~/docker-files $ docker compose up -d
[+] Running 1/1
 ✔ Container docker-files-web-1  Started                                          5.1s
pi@raspberrypi:~/docker-files $ docker ps
CONTAINER ID   IMAGE                       COMMAND                    CREATED
       STATUS             PORTS
                                 NAMES
0234b29c34ff   nginx:alpine                "/docker-entrypoint.…"    About a minute
 ago    Up 55 seconds     0.0.0.0:8000->80/tcp, :::8000->80/tcp
                                 docker-files-web-1
pi@raspberrypi:~/docker-files $
```

Abb. 287: Compose starten

Compose lädt im Hintergrund das *nginx*-Image herunter, baut den Container und startet ihn. **`docker ps`** zeigt dies auch noch einmal an. Leider vergibt Compose für den neuen Container einen eigenen Namen.

Sie erreichen den Nginx-Web-Server mit http://<Ihre-IP-Adresse>:800 (also z.B. http://192.168.178.45:8000, siehe Abbildung 288):

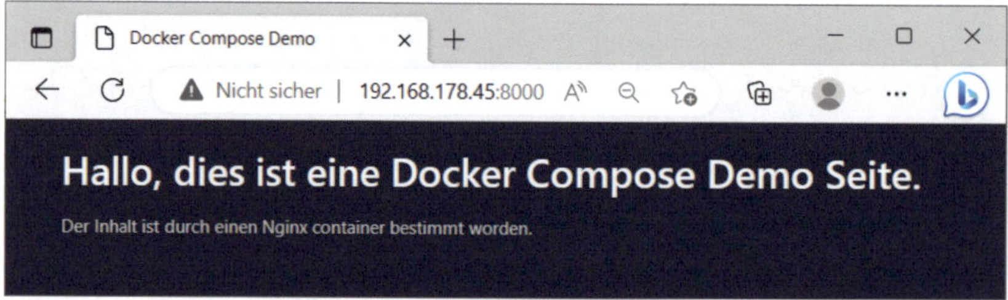

Abb. 288: Nginx über Compose gestartet

Anlage

I. verwendete Versionen

Bezeichnung	Version
Raspberry OS	bullseye
Node-RED	3.0
Node.js	16.20
InfluxDB	2.6
Grafana	9.4

Tabelle 2: Tabelle der verwendeten Versionen

II. Hitzeindex

Der Hitzeindex (HI) ist eine in Einheiten der Temperatur angegebene Größe zur Beschreibung der gefühlten Temperatur auf Basis der gemessenen Lufttemperatur sowie vor allem der relativen Luftfeuchtigkeit. Beide wirken sich auf den menschlichen Organismus aus und beeinflussen das eigentliche Wärmeempfinden. Der HI beschreibt damit die gefühlte Temperatur, die z.B. bei Wärme und einer hohen Luftfeuchtigkeit (schwül-warme Luft) meist als unangenehmer empfunden wird als die gleiche Wärme bei trockener Luft. Ab einem HI von 27 Grad Celsius wachsen die Gefahren für den menschlichen Organismus (von Erschöpfungserscheinungen bis zu drohendem Hitzschlag). Die Berechnung des HI erfolgt nach folgender Formel:

$$HI = c_1 + c_2T + c_3\varphi + c_4T\varphi + c_5T^2 + c_6\varphi^2 + c_7T^2\varphi + c_8T\varphi^2 + c_9T^2\varphi^2$$

Die Parameter zur HI-Berechnung sind (vgl. Tabelle 3):

PARAMETER	IN °C	IN °F
c_1	-8,79	-42,38
c_2	1,61	2,05
c_3	2,34	10,14
c_4	-0,15	-0,23
c_5	$-1{,}231 \cdot 10^{-2}$	$-6{,}838 \cdot 10^{-3}$
c_6	$-1{,}642 \cdot 10^{-2}$	$-5{,}482 \cdot 10^{-2}$
c_7	$2{,}212 \cdot 10^{-3}$	$1{,}229 \cdot 10^{-3}$
c_8	$7{,}255 \cdot 10^{-4}$	$8{,}528 \cdot 10^{-4}$
c_9	$-3{,}582 \cdot 10^{-6}$	$-1{,}990 \cdot 10^{-6}$

Tabelle 3: Faktoren der HI-Berechnung

III. Vergleich der Datenbanken

Vergleich der Systemeigenschaften InfluxDB vs. MariaDB vs. MongoDB vs. MySQL[4]

Name	InfluxDB	MariaDB	MongoDB	MySQL
Datenbankmodell	Time Series DBMS	Relational DBMS	Document Store	Relational DBMS
Sekundäre Datenbankmodelle		Document Store Graph DBMS	Suchmaschine	Document Store
DB-Engines Ranking - Punkte - Rang: über alle im Segment	26,15 27 1	93,61 12 8	457,73 5 1	1.255,45 2 2
Website	www.influxdata.com/-products/influxdb-overview	mariadb.com info	www.mongodb.com	www.mysql.com
Technische Dokumentation	docs.influxdata.com/-influxdb	mariadb.com/kb/-en/library	docs.mongodb-.com/manual	dev.mysql.com/doc
Entwickler		MariaD Foundation (community MariaDB Server)	MongoDB, Inc	Oracle info
Erscheinungsjahr	2013	2009	2009	1995
Aktuelle Version	2.0.2, 2020-11	10.5.8, 2020	4.4.2, 2020-11	8.0.22, 2020
Lizenz info	Open Source info	Open Source info	Open Source info	Open Source info
Implementierungssprache	Go	C und C++	C++	C und C++
Server Betriebssysteme	Linux OS X	FreeBSD Linux Solaris Windows	Linux OS X Solaris Windows	FreeBSD Linux OS X Solaris Windows

4 vgl. https://db-engines.com/de/system

Name	InfluxDB	MariaDB	MongoDB	MySQL
Datenschema	schemafrei	ja	schemafrei	ja
XML Unterstützung	nein	ja		ja
Sekundärindizes	nein	ja	ja	ja
SQL	SQL-ähnliche Query Abfrage	ja	Read-only SQL-Queries über den MongoDB Connector für BI	ja
APIs und andere Zugriffskonzepte	HTTP API JSON over UDP	ADO.NET JD C ODBC Proprietäres native API	Proprietäres Protokoll basierend auf JSON	ADO.NET JD C ODBC Proprietäres native API
Server-seitige Scripts	nein	ja	JavaScript	ja
Partitionierungs-mechanismen info	Sharding	Horiz.Partitionierung, Sharding mittels Spider Storage Engine oder Galera Cluster	Sharding	horizontale Partitionierung, Sharding mit MySQL Cluster oder MySQL Fabric
Berechtigungs-konzept info	Einfache Rechteverwaltung mit Benutzeraccounts	Benutzer mit feingranularem Berechtigungs-konzept entsprechend SQL-Standard	Zugriffsrechte für Benutzer und Rollen	Benutzer mit feingranularem Berechtigungskonzept info

Stichwortverzeichnis

A

Aggregator Plugin....................111
Amazon AWS...........................32
Analytische Dashboards..........118
ANSI-SQL...............................107
Apache...................................16, 197
Attribut...................................78
Autoritativer Name-Server........159

B

backup....................................99
Backup....................................86
Base64....................................192

C

CA..190
Capped Collections..................108
certbot....................................200
Cgroups..................................245
change-Node...........................220f., 227, 233
chart-Node..............................219, 229, 235
Chronograf..............................110, 117f.
Client......................................147
CloudMQTT.............................152
CN..190
Cockpit...................................237
Cockpit-PCP............................239
Collections..............................108
Compose.................................271
Container................................245
Container ID............................252
Continuous Queries.................62
CPU-Daten..............................145
CRON.....................................19
cron-Job..................................162
Cronjob...................................171
CSR..190
curl...66

D

Datenbank...............................28
Datenbankmanagementsystem 28
Datenbankmodell.....................29
Datenbankschema...................29
Datenbasis..............................28
Datendefinition.........................28
Datenstruktur...........................25
Datentypen..............................80
Datenverarbeitung...................25
ddclient...................................162, 176
DDNS-Update-Clien................162
debug-Node............................214
DEPLOY.................................214
DHCP.....................................157
DNS-Resolver.........................159
Docker....................................240, 245
Dockerfile................................246
Domain Name System.............158
DuckDNS................................163
Dynamic Domain Name System 161
DynDNS Service......................178

E

exec-Nodes.............................232

F

Feld-Wert-Paar........................34
field-keys..................................34
field-set....................................34
Firewall....................................238
Flow-Kontext-Variable..............227
Flux...49, 144
Flux predicate function.............53
Fremdschlüssel........................79
FRITZ!Box................................166, 175, 180
function-Node...........................228, 235
funktion-Node...........................218, 227, 233

G

GPG-Key.................................248
Grafana...................................118, 220, 264, 270
Grafana CLI.............................121
Grafana-As-A-Service..............143
Graphite..................................119

H

Hash-Wert................................35
HiveMQ....................................152
HTTP-Authentifizierung............188
HTTP-Response.......................189
HTTPS.....................................188

I

Image.......................................245
influxdata.................................110
InfluxDB...................................16, 29, 107, 119, 124, 216, 257
InfluxDB-CLI.............................218
influxdb-in-Node.......................217
InfluxQL...................................49, 144
inject-Node...............................214, 217, 223, 225, 228, 231f., 235
Input Plugin..............................111
IoT...98
IP-Adresse...............................18
Iptables....................................238
IPv4...157
IPv6...157

J

JavaScript................................204
JSON-Daten.............................221
JSON-Objekt............................218
JSONata..................................220f.

K

Kapacitor.................................110, 117
key performance indicators......118

L

Label.......................................138
LAMP-Stacks...........................205
Layer.......................................246
Logging...................................26

M

MariaDB..................................29, 144, 222
MariaDB Server.......................78
measurement...........................34
metrics....................................76
MongoDB................................29, 107
MongoDB Atlas........................107
Mosquitto................................152, 255
mosquitto_passw.....................152
mosquitto_pub.........................152
mosquitto_sub.........................152
MQTT......................................151
MQTT-Broker...........................151
MQTT-Clients...........................151

MySQL....29, 78, 119
MySQLdatabase-Node....224, 227f.

N

Namespaces....245
NAT....162
Nginx....271
ngrok....184
No-IP....173
Node-RED....145, 265
Node-RED Dashboard....118
Node-RED-Editor....213
Nodes....226
NoSQL-Datenbanken....107

O

openssl....190
Output Plugin....111

P

Panel....60
phpLiteAdmin....101
phpMyAdmin....84, 101
Port-Forwarding....162
Portainer....266
PostgreSQL....29, 119
precision....46
Primary Key....79
Processor Plugin....111
Prometheus....119
Publish....151

R

Raspberry-Pi-Imager....11
Red-Hat....237
relationalen Datenbank....78
Retention Policies....33, 72
rfc3339....46
Root-Name-Server....159
Root-Rechten....254
Rootless-Modus....247
RSA-Schlüssel....190

S

SD Card Formatter....21
SD Karte....20
SD-Karte....11
Secure Copy....18
Server-Zertifikat....155
Shard Group....73
Shards....72
SQLite....98, 229
sqlitebrowser....98
sqliteconfig-Node....231
SSL....87, 101, 155, 187, 198
Stammzertifikat....155
Storage Engine....33
Strategische Dashboards....118
Subscribe....151
switch-Node....221

T

tag-keys....34
tag-set....34
TCP....160
Telegraf....110, 124, 260
Telegram....220
telegram-sender-Node....221f.
TICK-Script....49
TICK-Stack....110
timestamp....34

TLD-Name-Server....................159
TLS..187
topics.......................................152
Tupel..78

U

Überwachungs-Dashboards.....118
UDP...160
USB-Card-Adapter...................20
UUID..35

V

VPN...184
VPN-Tunnel.............................161, 184

W

Webmin....................................241
Win32DiskImager....................13
Windows PowerShell...............15

Y

YAML.......................................271

Z

Zeitreihen.................................32
Zertifikat..................................148